LIBROS X A XII DEL DIGESTO DEL EMPERADOR JUSTINIANO

Texto latino-español
y ensayo introductorio a cargo de
Julio César Navarro Villegas

Amazon Mexico Services

Colección "Digesta Iustiniani Imperatoris" Vol. 4

ISBN-13: 9781706551119 (para la versión impresa)
Printed in the United States of America
with the support of Amazon Mexico Services

ÍNDICE

ENSAYO INTRODUCTORIO
La teoría de las masas de Bluhme y la distribución de las obras contenidas en el Digesto (primera parte)

EL DIGESTO DEL EMPERADOR JUSTINIANO

Libro X

Libro XI

Libro XII

LA TEORÍA DE LAS MASAS DE BLUHME Y LA DISTRIBUCIÓN DE LAS OBRAS CONTENIDAS EN EL DIGESTO (PRIMERA PARTE)

Introducción.

En la primera mitad del siglo XIX, Bluhme publicó un influyente estudio en donde afirmaba haber detectado la existencia de tres masas separadas de obras que los comisionados para la redacción del Digesto debieron leer y extraer, así como de tres comités separados (el sabiniano, el papiniano y el edictal) que debieron leerlos[1]. Esto ha planteado una pregunta para los estudiosos modernos del Derecho Romano: ¿cómo se decidió qué obras debían asignarse a cada masa, y qué obras debían leerse juntas? La localización era crucial, porque Triboniano no podía supervisar personalmente la elección de textos realizada por los comités en los que no pudo participar. ¿Cómo se aseguró de que se escogieran los mejores textos?

Inevitablemente, mucho se obtiene a partir de la reconstrucción realizada por Bluhme y Krueger sobre el orden en que las obras fueron leídas por los comités[2]. Dicha ordenación asigna obras a las respectivas masas con base en las secuencias de inscripciones halladas en los títulos del Digesto e intenta fijar el orden en que fueron leídos y colocados al

---

[1] Cfr. BLUHME, Friedrich, *Die Ordnung der Fragmente in den Pandectentiteln*, en *ZGR*, vol. 4, 1820, Keip Verlag, Frankfurt, 1997, 257-420.

[2] Actualmente se le conoce como "BK Ordo". Cfr. *Ordo librorum iuris veteris*, en MOMMSEN, Therodor *et al.*, *Corpus Iuris Civilis*, vol. 1, *Iustiniani Digesta*, Berlín, 16ª. Ed., 1954, 927-931. Al final del presente ensayo se incluye una versión revisada del *BK Ordo*.

interior de cada masa. Krueger numeró las obras en el supuesto orden en que fueron leídas, colocando primero la masa sabiniana y luego las masas edictal y papiniana. Pese a algunos errores e incertidumbres, su numeración se conserva para el desarrollo del presente ensayo. Sin embargo, dichos errores e incertidumbres no deben exagerarse. La reordenación del *BK Ordo* por parte de Mantovani[3] muestra que, con base en las pruebas disponibles a partir de las inscripciones, al menos 48 de los 1,552 libros leídos por los comisionados, el 3% del total, fueron colocados por Bluhme y Krueger en una masa particular, aunque dicha masa a la cual fueron asignados no puede determinarse con precisión[4].

No obstante lo anterior, durante las siguientes páginas mostraremos que casi la mitad de los libros que Mantovani considera indeterminados fueron colocados en la masa bluhmiana correcta[5], o bien su masa correcta puede fijarse con base en el modo en que los

---

[3] MANTOVANI, Dario, *Digesto e Masse Bluhmiane*, Giuffrè, Milán, 1987, 90-103.

[4] Todas las obras que Mantovani señala en su *Retractatio* (*op. cit.*, nota 4, 90-103), con ID ("impossibile determinazione"), menos la inexistente Próculo 3 *ex posterioribus Labeonis* (BK 266), y Valente 7 *actionum* (BK 272). Las obras restantes como determinables son: Paulo 6 *imperialium sententiarum*, 2 *de censibus*, 1 *de iure patronatus*, 1 *ad SC Silanianum*, 1 *de senatusconsultis*, 1 *ad SC Velleianum*, 1 *de intercessionibus feminarum*, 1 *ad orationem divi Severi*, 1 *ad legem Cinciam*, 1 *de poenis omnium legum*, 1 *ad regulam Catonianam*, 1 *de inofficioso testamento*, 1 *de tacitis fideicommissis*, 1 *de instrumenti significatione*, 1 *de gradibus et adfinibus*, 1 *de officio praefecti urbi*; Venuleyo 6 *de interdictis*; Calistrato 4 *de iure fisci*; Ulpiano 1 *de officio praefecti vigilum*, 1 *de officio praefecti urbi*, 1 *de officio quaestoris*; Arcadio Carisio 1 *de muneribus civilibus*, 1 *de officio praefecti praetorio*; Modestino 1 *de differentia dotis*, 1 *de inofficioso testamento*; Gayo 1 *ad legem Gliciam*, 1 *regularum*; Aquila 1 *responsorum*; Antiano 1 *ad edictum*; Galo 1 *de verborum significatione*; Meciano 1 *ex lege Rhodia*; Marciano 1 *ad SC Turpillianum*; Papiniano 1 ἀστυνομικὸς; Quinto Mucio 1 ὅρων.

[5] Todos los catorce libros elencados en el Apéndice pero sobre los que Mantovani tiene dudas (Paulo 6 –en realidad 2- *imperialium sententiarum*, Quinto Mucio 1 ὅρων, Venuleyo 6 *de interdictis*, Anthiano 1 *ad edictum*). Dos *libri singulares* de Modestino (BK 141, 151) pueden localizarse con seguridad en la masa edictal, pues todos los demás trabajos de Modestino pertenecen a esta masa. Siete *libri singulares* de Paulo (*de iure patronatus*, *ad SC Silanianum*, *ad SC Velleianum*, *de intercessionibus feminarum* y *ad orationem divi Severi* en la masa sabiniana; *de tacitis fideicommissis* y *de instrumenti significatione* en la papinianea) están, en mi opinión, colocados en la masa corta del *BK Ordo*. Esto justificaría 23 de los 48 libros sobre los que hay duda.

autores fueron asignados a sus respectivas masas[6]. Es verdad que buena parte de esa incertidumbre atañe al orden en que las obras fueron leídas al interior de cada masa, una cuestión tocada tan solo de forma marginal en este trabajo.

La colocación en el *BK Ordo* de las obras en sus respectivas masas es altamente confiable. Los principios que rigen dicha colocación han sido estudiados a profundidad. Sin duda que la tarea de asignar autores y obras a las masas recayó en Triboniano como parte de su *rei omnis gubernatio*[7]. En este ensayo introductorio analizaremos cómo fueron asignados los autores y las obras a las tres masas antes de que comenzasen las lecturas y la selección de citas. Salvo incidentalmente, no se centra en las secciones del comentario edictal que después fueron tranferidas de la masa sabiniana al comité edictal[8] o a la ubicación de obras que llegaron después de que los tres comités empezaron a leer la lista de obras asignadas a ellos.

I. Principios que dirigieron la distribución de las obras.

Una serie de factores guiaron el modo en que los autores y las obras fueron asignados a las tres masas y agrupados al interior de cada una de ellas. Analicemos, en primer lugar, los principios que parecen haber guiado la distribución, y luego examinemos el modo en que fueron aplicados a los diferentes autores y masas.

---

[6] Un *liber singularis* de Gayo (¿*ad legem Glitiam*?) debería ir en la masa papinianea y su *liber singularis regularum* debería permanecer allí; uno de Papiniano (ἀστυνομικὸς) va en la masa papinianea o en el Apéndice. Esto cubre otros tres casos dudosos.

[7] Constitución *Deo auctore*, §3: *totam rem faciendam permisimus, ita tamen, ut tui vigilantissimi animi gubernatione res omnis celebretur* (les autorizamos a realizar totalmente la obra, pero con ánimo de que se realice toda ella según la dirección de tu cuidadosísimo ánimo).

[8] BK 108-123; Bluhme (nota 1), §283-287; *vid.* WIEACKER, Franz, *Vom Römischen Recht*, K. F. Koehler, Stuttgart, 2a. ed., 1961, 280-281; HONORÉ, Tony, *et al.*, *How The Digest Commissioners Worked*, en ZSS (RA), número 87, 1970, 276-279.

i. *Cada autor fue asignado a una masa.* Así, Juliano terminó en la masa sabiniana, Modestino en la masa edictal y Papiniano en la masa papinianea. La única excepción es Paulo quien, debido a la cantidad de sus obras, especialmente los *libri singulares*, una parte fue colocada en la sabiniana y otra en la papinianea. La masa en la que un autor es colocado se le denominará "masa básica". Cuando las obras de un autor determinado son leídas en sucesión, como las obras de Modestino en la masa edictal, constituyen lo que se denominará un "grupo autoral"[9].

ii. *La masa básica del autor recibió todas sus obras*, salvo en tres casos.

   a) Una obra suya fue transferida a otra más cuando se necesitó constituir un grupo de obras que tratasen de la misma materia. Así, aunque la masa básica de Papiniano es la masa papinianea, sus *libri 2 de adulteriis* y su *liber singularis de adulteriis* están ubicados en la masa sabiniana, junto con las obras de Ulpiano y Paulo *de adulteriis*, para completar un grupo dedicado al adulterio[10]. A dicho grupo se le denominará "grupo-materia". Las obras de grupos autorales se leen conjuntamente o en sucesión con objeto de facilitar la elección de los mejores textos sobre la materia[11]. Los autores antiguos se copiaron entre sí en buena parte, para así ahorrarse tiempo en leer tratados sobre la misma materia. Sin embargo, un lector debía estar alerta ante la posibilidad de que el

---

[9] Dentro de este grupo autoral (BK 137-151) un *liber singularis* de Modestino (BK 142) junto con dos de Ulpiano (BK 143-144) representan un grupo-materia de obras sobre dispensas para la tutela.

[10] BK 28-31.

[11] Cfr. Constitución Deo auctore §5: *omnibus auctoribus iuris aequa dignitate pollentibus et nemini quadam praerogativa servanda, quia non omnes in omnia, sed certi per certa vel meliores vel deteriores inveniuntur* (brindando a todos los autores de derecho idéntica autoridad y sin reservar prerrogativa alguna a ninguno, pues no todos en todo, sino determinados autores en ciertas materias, han sido considerados mejores o peores). Confirmada por la Constitución Tanta §1: *plus quam trecentis decem milia versuum a veteribus effusa, quae necesse esset omnia et legere et perscrutari et ex his si quid optimum fuisset eligere* (abarcaban más de tres millones de líneas, siendo necesario leer y atentamente indagar por entero, para elegir lo mejor de todos ellos).

autor posterior pudiera añadir, modificar u oponerse al anterior. Con pocas excepciones, las obras relativas a la misma materia fueron leídas en un grupo. Alrededor de un 40% de los libros leídos por la comisión del Digesto fueron leídos en "grupos materia".

b) Una obra autoral sobre un género determinado podría ser transferida de su masa básica a otra masa para componer un grupo de obras del mismo género. A este grupo se le denominará "grupo género". Así, el grupo de los 41 libros de *regulae* de la masa sabiniana[12] incluye el *liber singularis regularum* de Pomponio[13] y los *libri 4 regularum* de Escévola[14], aunque la masa básica de Pomponio es la edictal y la de Escévola, la papinianea, como veremos más adelante. Pero en contraste con los "grupos materia", la transferencia a un "grupo género" era opcional. Por ejemplo, aunque seis de los posibles siete autores de *regulae* se hallan en el grupo de las *regulae* de la masa sabiniana (Neracio, Ulpiano, Escévola, Paulo, Marciano, Pomponio y quizá Gayo), dos no lo están. Los diez libros de *regulae* de Modestino[15] se conservan con sus demás obras en la masa edictal y 12 ó 13 libros de Licinio Rufino[16] también se hallan en la masa edictal. La transferencia con base en el género es opcional debido a que obras del mismo género, a diferencia de obras de la misma materia, no necesariamente analizaron los mismos puntos de la ley.

---

[12] BK 36-40, 42-46 y posiblemente 224. Dos libros sin relación alguna de las *responsa* de Ulpiano están insertados en este grupo (Bk 41). Las razones para tal ubicación se analizan en el inciso c) del segundo capítulo de este ensayo, por lo que el número total de libros del grupo sería 44, lo que convenientemente puede dividirse en dos subgrupos de 22 libros cada uno, el primero constituido por 15 *libri regularum* de Neracio y 7 *libri regularum* de Ulpiano (BK 36-37).

[13] BK 45.

[14] BK 38.

[15] BK 139.

[16] BK 175.

Por ejemplo, las *regulae* podrían tratar sobre casi cualquier tópico. Pero con frecuencia fue conveniente leer juntas obras del mismo género o en sucesión cerrada, ya que un autor posterior podría copiar, desarrollar o disentir de un autor previo sobre ese género.

c) Aunque la materia es controvertida, hay un tercer aspecto en el cual una obra algunas veces fue transferida de la masa básica de un autor a otra. Esto pudo haberse hecho para obtener un grupo numéricamente balanceado. Así, aunque la masa edictal no es la masa básica de Paulo, dos de sus obras (*libri 4 ad Vitellium*, 2 *de iure fisci*)[17] están adjuntadas al "grupo materia" *ad Plautium*[18] en la masa edictal, para así crear un grupo convenientemente divisible en dos subgrupos, cada cual con un número idéntico de libros. Sin embargo, estas transferencias son de menor escala y relativamente raras. Aparte de los seis libros de Paulo mencionados parece haber otros dos casos de transferencia por razones núméricas: los tres libros de Ulpiano *de officio consulis* y el *liber singularis responsorum* de Marcelo, como veremos más adelante.

iii) De las obras que no se transfirieron a otra masa *algunas forman parte de un grupo-materia o de un grupo de género*, pero otras no. A ellas las denominaremos "sueltas". Muchos *libri singulares* están sueltos, debido a tratar tópicos especializados y no necesitan ser leídos con otras obras. La composición de los *libri singulares* no se consideraba un género especial de literatura jurídica. Las obras sueltas son importantes para fijar la masa básica del autor porque, si no forman parte de un grupo-materia o de un grupo-género, no había razón, aparte de la transferencia ocasional por motivos numéricos mencionados en el inciso c),

---

[17] BK 132 y 133.
[18] BK 124-131.

para extraerlas de la masa básica del autor. Esto es importante, por ejemplo, para Gayo, cuya mayoría de obras forman parte de grupos-materia o grupos-género en las masas sabiniana y edictal, pero cuyas obras sueltas se concentran en la masa papinianea, siendo, por ende, su masa básica, como veremos más adelante.

iv) *Hay grupos compuestos*. El grupo juliano de la masa sabiniana[19] es principalmente un grupo autoral pero parcialmente también es un grupo-materia y un grupo-género. Son posibles diversas combinaciones de los tres elementos básicos.

El sistema descrito es minucioso y al principio puede ser difícil de comprender. No debe sorprender esto. Triboniano admiraba enormemente la minuciosidad (*subtilitas*)[20].

En la distribución de los autores por masas el prestigio era importante. La llamada "Ley de Citas" de Valentiniano dio prioridad a las obras de Papiniano, Paulo, Gayo, Ulpiano y Modestino[21]. Triboniano modifica esto, según se aprecia en el denominado *Index auctorum* florentino, que elenca los libros leídos por la comisión del Digesto[22]. Compuesto por alguien cercano a la comisión en una mezcla de griego y latín grequizado, inicia citando a Juliano y luego a Papiniano. Luego de éste el *Index* abandona la importancia y elenca a los autores en presunto orden cronológico. Así, el tercer autor es el

---

[19] BK 14-20.

[20] Constitución *Deo auctore* §6: *Nam qui non suptiliter factum emendat, laudabilior est eo qui primus invenit* (ya que quien enmienda minuciosamente lo hecho es más digno de alabanza que quien primero lo creó) y §14: *tua prudentia una cum aliis facundissimis viris studeat et tam suptili quam celerrimo fini tradere* (Que tu prudencia se afane por realizar todo esto… junto con los demás eruditísimos varones, y conducirlo tanto a feliz como pronto término), constitución *Tanta* §18: *ipse Iulianus legum et edicti perpetui suptilissimus conditor* (ya que el mismo Juliano, agudísimo jurisconsulto y autor del Edicto Perpetuo).

[21] CTh. 1, 4, 3

[22] *Vid*. MOMMSEN, Therodor *et al.*, *Corpus Iuris Civilis*, *op. cit.*, 25-28. Aunque el *Index librorum* está incompleto y contiene algunos errores, es una lista contemporánea.

republicano Quinto Mucio Escévola, del cual la comisión tan solo leyó un libro. El estatus de preminencia de Juliano en la era de Justiniano lo confirma la constitución *Tanta*[23].

La clasificación arroja luz sobre la posición relativa de las tres masas y los comités que las leyeron. Todos los 101 libros de Juliano se ubicaron en la masa sabiniana[24]. De los 62 libros atribuidos a Papiniano 58 terminaron en la masa homónima[25]. La masa sabiniana es, al parecer, la más prestigiosa, siguiéndole la papinianea. La masa edictal no fue pasada por alto, pues se le asignaron todos los 69 libros de Modestino[26], aunque de cualquier modo éste se ubica por debajo de los otros dos. Así, a partir del prestigio de los autores asignados a la masa edictal, esta se ubica en tercer lugar. La masa básica de Ulpiano, como veremos, se ubica en la masa sabiniana, y Gayo en la papinianea. Paulo se comparte en esas dos masas. Así, de los seis principales juristas (Juliano más los cinco señalados en la Ley de Citas), las masas sabiniana y papinianea tienen dos y media cada uno, mientras que la edictal posee uno. Pero la masa sabiniana supera a la papinianea no solo en cuanto a volumen de obras leídas y extractos realizados, sino por adquirir a Juliano, el más grande jurista, en lugar de Papiniano, el segundo más grande, y por adquirir a Ulpiano, mientras que Paulo es compartido por las masas sabininana y papinianea. En el contexto del Digesto, Ulpiano es preferido a Paulo, pues los miembros de la comisión tomaron dos veces más de Ulpiano que de Paulo, es decir, un 41% frente a un 17%.

Repasemos ahora los 37 autores del Digesto con objeto de fijar sus masas básicas. A decir verdad hubo más, pues las inscripciones no distinguían, como lo hace la moderna escolástica, entre varios Paulos[27],

---

[23] *Vid. supra*, nota 20.

[24] *Digesta* 90, *de ambiguitatibus* 1, *ad Urseium Ferocem* 4, *ex Minicio* 6 (BK 14, 17, 18 y 19).

[25] *Quaestiones* 37, *responsa* 19, *definitiones* 2 (BK 180-182).

[26] *Differentiae* 9, *de manumissionibus* 1, *regulae* 10, *de ritu nuptiarum* 1, *de differentia dotis* 1, *excusationes* 6, *responsa* 19, *de enucleatis casibus* 1, *de praescriptionibus* 1, *pandectae* 12, *de hermaticis* 1, *de inofficioso testamento* 1 (BK 137-151).

[27] Cfr. LIEBS, D., *Restauration und Erneuerung: Die lateinishce Literatur von 284 bis 374 n. Chr.*, en HERZOG, Reinhart *et al.* (ed.), *Handbuch del lateinischen Literatur der Antike*, C. H. Beck, Munich, 1989, vol. 5, §§507.1 (Pseudo-Paulo I), 507.2 (Pseudo-Paulo II), 508.3 (Pseudo-Paulo III), 509.1 (Pseudo-Paulo IV).

Escévolas y Ulpianos[28], algunos de los cuales quizá ostentaron auténticamente tales nombres. Así, puede sospecharse que la similitud de nombres fusionó a Cervidio Escévola, el célebre autor de las *Quaestiones, Responsa* y *Digesta*[29], con otro Escévola, autor de un *Quaestionum publice tractatarum liber singularis*[30].

Solo en cinco casos la asignación a una masa básica es incierta. Normalmente la masa básica es aquella en la cual el conjunto de la obra del autor fue leído, pero siempre debemos preguntarnos qué obras, si hubo tales, fueron transferidas a otra masa para formar un grupo-materia o un grupo-género para lograr un balance numérico.

II. Las masas básicas de los autores

a) Autores cuya masa básica es la sabiniana.

Como ya se dijo, las obras del autor más prestigioso, Juliano, se ubican en la masa sabiniana. Están en un grupo[31] que fluctúa entre ciertas obras de Ulpiano[32] y un grupo perteneciente al género elemental de las *institutiones* y *res cottidianae*[33]. El grupo juliano es principalmente un grupo de autor, compuesto por las obras *digesta, de ambiguitatibus, ad Urseium Ferocem* y *ex Minicio*, 101 libro en total[34], pero también se hallan intercalados fragmenso del *digesta* de Alfeno Varo[35], un autor que trabajó en el mismo género. Luego de la última obra de Juliano vienen las *quaestiones* de Africano[36], alumno

---

[28] Cfr. LIEBS, D., *Die Literatur des Umbruchs: von der römischen zur christlichen Literatur: 117 bis 284 n. Chr.*, en SALLMANN, K. (ed.), *Handbuch der lateinischen Literatur der Antike*, C. H. Beck, Munich, 1987, vol. 4, §§428.5 (Pseudo-Ulpiano I), 428.6 (Ulpiano II); Liebs (nota 46), §§507.3 (Ulpiano III), 507.4 (Pseudo-Ulpiano II).
[29] BK 184, 187, 189, 191, 193, 267.
[30] BK 271; cfr. LIEBS, Dieter, *op. cit.*, nota 47, §415.7 (Escévola IV).
[31] BK 14-20.
[32] BK 10-12 ó 13.
[33] BK 21-27.
[34] BK 14 y 17-19.
[35] BK 15-16.
[36] BK 20.

de Juliano cuya obra principal es un comentario a éste. Pero los extractos de Alfeno no han sido intercalados entre las obras de Juliano. El nexo entre ellos es el género *digesta*. Sin embargo, no todos los *digesta* fueron leídos en la misma masa, pues el *digesta* de Celso y el de Marcelo se leen conjuntamente en la masa edictal[37]. La explicación de la decisión de leer los *digesta* de Juliano y Alfeno junto es en parte numérica, basada en el deseo de balancear una lectura realizada por un miembro de la comisión de 62 libros del *digesta* de Juliano con un periodo similar conformado por otras obras relacionadas. Aunque no es el sitio para profundizar sobre el tema, la masa sabiniana es la básica para Juliano, Africano y Alfeno. En ningún otro punto aparecen obras de ellos.

Otros autores pertenecen a la masa sabiniana. Aparte de Juliano, el más importante es Ulpiano. La mayoría de su obra, en 152 ó 153 libros, aparece en la masa sabiniana, aproximadamente 78 libros en la masa edictal y de 6 a 9 en la papinianea. Iniciando por esta última, en ella se incluyen 6 libros sobre fideicomisos[38], los cuales conforman un grupo-materia donde aparecen Valente, Ulpiano, Meciano, Gayo, Paulo y Pomponio[39]. El *BK Ordo* también asigna un lugar casi al final de la masa papinianea a tres *libri singulares* de Ulpiano sobre los *officia* del *praefectus vigilum*[40], del *praefectus urbi*[41] y del *quaestor*[42]. Sin embargo, según Mantovani, los tres pertenecen a una masa indeterminada[43], como sucede con el *liber singularis* de Paulo sobre el prefecto urbano[44], con el cual el de Ulpiano debió haberse agrupado con base en la materia. Ya que la monografía de Paulo sobre el *praefectus vigilum* pertenece a la masa papinianea[45], el *liber*

---

[37] BK 134-135.
[38] BK 195, 203.
[39] BK 194-204.
[40] BK 257.
[41] BK 258.
[42] BK 262.
[43] MANTOVANI, Dario, *op. cit.*, nota 4, §101.
[44] BK 259.
[45] BK 256.

singularis de Ulpiano sobre la misma materia debería ubicarse también en un pequeño grupo-materia. No sabemos dónde se ubican los otros dos *libri singulares*. Por ende, aunque la ubicación de los *libri singulares* sueltos de un autor en una masa por lo común apunta a su masa básica, estos tres *libri* de Ulpiano no muestran que Papiniano fuese su masa básica.

Ello deja las masas sabiniana y edictal. Los 51 libros de Ulpiano *ad Sabinum* encabezan el grupo de comentarios realizados por él, por Paulo y Pomponio en la masa sabiniana[46]. Sus 83 libros *ad edictum praetoris* y *ad edictum aedilium curulium*, agrupados con los de Paulo y Gayo se dividen, aproximadamente en una proporción de 1 a 2, entre las masas sabiniana y la edictal. Los comentarios edictales eran demasiado voluminosos como para ser asignados a un solo comité. Los 7 libros de Ulpiano de *regulae*[47], los 4 *de appellationibus*[48] y los 4 *ad legen Aeliam Sentiam*[49] se ubican en grupos de obras similares en la masa sabiniana[50], mientras que sus 20 libros *ad legem Iuliam et Papiam*[51] entran en la masa edictal con otros comentarios sobre esa ley o leyes[52]. Todas estas entran en grupos-materia y, por tanto, no conforman la masa básica de Ulpiano, aunque entran en su mayoría en la masa sabiniana. Eso deja cierta cantidad de obras sueltas. Sus 10 libros de *disputationes* y los 10 *de omnibus tribunalibus*, junto con 6 de *opiniones* y 6 *de censibus* se ubican en la masa sabiniana[53]. Su *liber singularis de sponsalibus*[54] se considera de masa incierta[55]. Pero sus *libri singulares pandectarum*[56], *de officio curatoris reipublicae*[57] y de *officio*

---

[46] BK 1-3.
[47] BK 37.
[48] BK 64.
[49] BK 71.
[50] BK 36-40, 42-45, 64-67, 70-71.
[51] BK 162.
[52] BK 162-167.
[53] BK 10-13.
[54] BK 32.
[55] MANTOVANI, Dario, *op. cit.*, nota 4, §91.
[56] BK 85.
[57] BK 88.

consularium[58] están confirmados como sabinianos[59]. Estos 35 libros sueltos apuntan a la masa sabiniana como la básica de Ulpiano. Lo prueba el hecho de que tiene dos veces tantos libros en esa masa como en la edictal. Una obra suya no entra en este esquema. Sus 3 libros *de officio consulis*[60] entran en la masa edictal y no se relacionan por la materia o el género con los anteriores *digesta* de Celso y Marcelo[61] o con las obras subsecuentes de Modestino. Esta excepción puede explicarse por razones numéricas, relacionadas con la discusión del lugar de Modestino en la masa edictal, como veremos más adelante.

Había buenas razones para que Triboniano colocase a Ulpiano en la masa sabiniana. Brinda más líneas de texto que ninguno otro (40 ó 41% del Digesto) y, aunque no es el más grande o el segundo más grande jurista, se le considera como el principal autor desde el punto de vista de explicar el derecho. A decir verdad, un texto ulpianeo es el primero en treinta y cinco títulos del Digesto[62]. En armonía con la decisión de considerar a Ulpiano como el autor principal, el comité sabiniano seleccionó citas en un promedio mayor por libro que los otros comités: unas noventa líneas por libro contra sesenta y cinco a setenta y cinco[63].

Aparte de Juliano, Alfeno y Africano, tres autores ven reflejada su obra únicamente en la masa sabiniana. Uno de ellos es Florentino, cuya obra conservada, los 12 libros sobre instituciones[64], encabeza un grupo de obras institucionales de él, Marciano, Ulpiano, Gayo, Calistrato y Paulo[65]. Rutilio Máximo[66] y Claudio Saturnino[67], cada

---

[58] BK 89.
[59] MANTOVANI, Dario, *op. cit.*, nota 4, §93.
[60] BK 136.
[61] BK 134-135.
[62] *Vid.* HONORÉ, Tony, *Ulpian, Pioneer of human rights*, Oxford University Press, Nueva York, 2002, 229.
[63] Sabiniano 90.41; papinianeo 73.54; edictal 65.93. Vid. HONORÉ, Tony *et al.*, *op. cit.*, nota 9, 295, 306 y 314.
[64] BK 21.
[65] BK 21-27.
[66] BK 68.

uno con un *liber singularis*, son otros autores sabinianos. El *Index auctorum* considera a Venuleyo Saturnino y a Claudio Saturnino como el mismo[68], aunque las inscripciones de sus obras los distinguen, pues D. 48, 19, 16 está citado como *libro singulari de poenis paganorum* de Claudio Saturnino, mientras que a D. 48, 19, 15 se le cita como *de officio proconsulis* de Venuleyo Saturnino. Los miembros de la comisión, pero no el compilador del *Index auctorum*, sabían que esos dos autores eran distintos.

Otros autores sabinianos tienen al menos un libro transferido a otra más. Los 16 libros de instituciones[69], los dos de apelaciones[70], los dos de juicios públicos[71], los cinco de reglas[72] y el relativo a la fórmula hipotecaria[73] de Marciano se ubican en los grupos-género o grupos-materias en la masa sabiniana[74]. Aparte de estos 26 libros, su *liber singularis de delatoribus*[75] es una obra suelta en esa masa, lo cual confirma que es su masa básica. Sin embargo, un *liber singularis* está en la masa papinianea[76], formando un pequeño grupo-materia con un *liber singularis* de Paulo[77], ambos dedicados al senadoconsulto Turpiliano[78]. Neracio también pertenece a la masa sabiniana, la cual adquiere no solo 15 libros de reglas[79], encabezando un grupo de *regulae*[80], sino también 7 libros sueltos de *membrana*[81]. Así, la masa sabiniana tiene 22 libros de un total de 25. Sin embargo, tres libros de respuestas se ubican en la masa papinianea donde, dado su

---

[67] BK 92.
[68] *Index auctorum* XXI.
[69] BK 22.
[70] BK 66.
[71] BK 55.
[72] BK 40, 42, 44.
[73] BK 57.
[74] BK 21-27, 36-46, 52-56, 57-58, 64-66.
[75] BK 63.
[76] BK 229.
[77] BK 228.
[78] MANTOVANI, Dario, nota 4, §99.
[79] BK 36.
[80] BK 36-46.
[81] BK 60.

carácter de materia, forman un pequeño grupo-materia con cuatro libros de Paulo *ad Neratium*[82], basados en las *responsa* de Neracio[83]. Mácer probablemente también pertenece a la masa sabiniana, la cual tiene 8 de sus 10 libros. Incluyen sus 2 libros cada uno de juicios públicos[84], del cargo de gobernador[85], de apelaciones[86] y de derecho militar[87]. De estos, los relativos a juicios públicos y apelaciones están agrupados con otros sobre la misma materia[88], pero los del cargo de gobernador y de derecho militar están sueltos. Esto supone como su masa básica a la sabiniana, pero sus dos libros sobre el impuesto de herencia de Juliano (*ad legem vicensimam hereditatium*)[89] entran en la masa edictal inmediata o poco después del grupo de obras relativas a la ley Julia y Papia[90]. No queda claro por qué están en la masa edictal. Por ende, aunque probable, no es seguro que la masa básica de Mácer sea la sabiniana. Arcadio Carisio quizá pertenece a la masa sabiniana, a la cual se asigna su monogafía suelta sobre testigos[91]. El texto *de muneribus civilibus*[92], un largo texto único al final de un título, podría cerrar la masa papinianea, pero entonces, ¿por qué este importante texto está colocado al final del título? Podría ser alternativamente parte del apéndice. Su obra *de officio praefecti praetorio*, en un título con tan solo un texto[93], es inclasificable. Por último, Labeón debería considerarse sabiniano, pues todos los textos del primer libro de su

---

[82] BK 217-218.
[83] Cfr. FERRINI, Contardo, *I libri di Paolo ad Neratium*, en *Opere*, Milán 1929, vol. 2, 229-234; GRENER, R. *Opera Neratii: Drei Textgeschichten*, De Gruyter, Karlsrihe, 1973, 139-150; HONORÉ, Tony, *A study of Neratius & a reflection on method*, en *TRG*, vol. 43, 1975, 238-239; LIEBS, Dieter, *op. cit.*, nota 47, §423.4.
[84] BK 52.
[85] BK 61.
[86] BK 65.
[87] BK 86.
[88] BK 52-56 y 64-66.
[89] BK 168.
[90] BK 169.
[91] BK 62.
[92] BK 260; D. 50, 4, 18.
[93] BK 261; D. 1, 11, 1.

obra *posteriora* comentada por Javoleno y algunos del segundo libro pertenecen a esa masa[94]. La atribución de su obra, por parte del *BK Ordo*[95], a Javoleno fue un error. Las obras sueltas de Javoleno entran en la masa edictal[96], a la cual los *posteriora* de Labeón fueron asignados si se le hubiera considerado como obra de Javoleno. La otra obra independiente de Labeón de la que dispusieron los compiladores, sus πιθανά comentadas por Paulo[97], pertenece al apéndice y, por ende, no sirve para valorar su masa básica.

En consecuencia, la masa sabiniana acumula a diez autores (Alfeno, Africano, Claudio Saturnino, Florentino, Juliano, Labeón, Marciano, Neracio, Rutilio y Ulpiano) y probablemente a dos más (Arcadio y Mácer).

b) Autores cuya masa básica es la papinianea.

El grupo papinianeo[98] es un grupo independiente de 58 libros, pero no incluye todas las obras de Papiniano. Como ya se mencionó, sus 3 libros sobre el adulterio están asignados al comité sabiniano para conformar un grupo de obras de Ulpiano, Papiniano y Paulo sobre dicho tópico[99]. También esta su libro ἀστυνομικὸς, con un solo texto en el Digesto, el cual conforma el título completo *de vi publica et si quod in ea factum esse dicatur*[100]. El *BK Ordo* lo coloca en la masa edictal, luego de los comentarios sobre el edicto de los ediles[101] y antes del grupo transferido de comentarios edictales[102]. Mantovani

---

[94] *Vid.* HONORÉ, Tony, *Labeo's posteriora & the Digest commission*, en WATSON, Alan (ed.), *Daube Noster: Essays on legal history for David Daube*, Scottish Academic Press, Edimburgo (?), 1974, 161-181; MANTOVANI, Dario, *op. cit.*, nota 4, §117 número 48; OSLER, Douglas, *Following Bluhme: a note on Dario montavani 'Digesto e masse Bluhmiane'*, en IURA, Universidad Lateranense, Roma, vol. 39, 1988, 150-153.

[95] BK 94.

[96] BK 152 y 153.

[97] BK 268.

[98] BK 180-182.

[99] BK 28-31.

[100] BK 111; D. 43, 10.

[101] BK 108-110.

[102] BK 112-123.

lo considera como de masa incierta[103]. No hay una razón válida para colocarlo en la masa edictal. O bien pertenece a la masa básica papinianea o bien al apéndice.

Otro autor cuya masa básica es la papinianea es Cervidio Escévola, cuyos 20 libros de *quaestiones* y los 6 de *responsa* están casi al inicio[104]. En ambos casos se leen conjuntamente con la obra de Paulo sobre el mismo género[105], habiendo sido éste último alumno de Escévola[106], por lo que hubo buenas razones para leer estas obras juntas. Los libros de Escévola sobre *regulae*[107] entran en el grupo de *regulae* encabezado por Neracio en la masa sabiniana[108]. Osler ha demostrado convincentemente que los primeros dos libros del *digesta* de Escévola fueron leídos como parte de la masa papinianea[109]. Así que sus 40 libros del *digesta* debieron haber sido asignados a esa masa. Pero no pueden haber sido asignados desde el principio, pues, de lo contrario, habrían sido leídos con las *quaestiones* y las *responsa*, con las cuales se superponen. De hecho, en todo caso debieron haber sido leídos inicialmente en la masa papinianea, pues la práctica de esta masa era leer las obras más importantes casi desde el inicio. Los restantes 38 libros de *digesta* se ubican, en su parte más esencial, en el apéndice[110]. Hay autores cuyas obras conservadas entran en la masa papiniana. Los siete libros de Aburnio Valente sobre fideicomisos[111] encabeza el grupo-materia *fideicommissa* de esa masa[112]. Los seis libros de Hermogeniano de *iuris epitomae*[113] están en un grupo-género junto

---

[103] MANTOVANI, Dario, *op. cit.*, nota 4, §94.
[104] BK 184, 187, 198, 191 y 193.
[105] BK 183, 186, 188, 191, 193.
[106] D. 23, 3, 56, 3. Cfr. LIEBS, Dieter, *op. cit.*, nota 4, §423.
[107] BK 38.
[108] BK 36-46.
[109] OSLER, Douglas, *op. cit.*, nota 115, §§154-157.
[110] BK 267.
[111] BK 194 y 201.
[112] BK 194-204.
[113] BK 206, 208, 210, 212, 214.

con las *sententiae* de Paulo[114], una obra de similar longitud y del mismo tipo y periodo[115], aunque los compiladores difícilmente pudieron haberla conocido. Los veintiún libros de Trifonino de *disputationes* también entran en la masa papinianea[116].

El autor más sorprendente cuya masa básica es la papinianea es Gayo. Sus 42 libros sobre los edictos urbano y provincial y el de los ediles curules[117] están agrupados con las respectivas obras de Ulpiano y Paulo en las masas sabiniana[118] y edictal[119]. Sus quince libros relativos a la ley Julia y Papia[120] entran en el grupo-materia edictal dedicado a esas leyes[121]. Las instituciones y las *res cottidianae*[122] son parte de un grupo-género sabiniano de obras elementales[123]. Su *liber singularis ad formulam hypothecariam*[124] está junto a una obra similar de Marciano en la masa sabiniana para conformar un pequeño grupo-materia[125]. Dos libros sobre fideicomisos[126] entran en ese grupo-materia de la masa papinianea[127]. Todas estas obras están en grupos-materia o grupos-género, distribuidas a lo largo de las tres masas, no sirviéndonos para identificar la masa básica de Gayo. Pero sus obras sueltas, incluyendo 19 libros (3 de reglas[128], 3 de manumisiones[129], 3 de obligaciones verbales[130], 6 relativos a la Ley

---

[114] BK 205, 207, 209, 211, 213.
[115] Cfr. LIEBS, Dieter, *op. cit.*, nota 46, §507.1. *Vid. Römische Jurisprudenz in Africa mit Studien zu den pseudopaulinischen Sentenzen*, Freiburger Rechtsgeschichtliche Abhandlungen, n. F. 44, Berlín, 2ª. Ed., 2005, 41-128.
[116] BK 219 y 221.
[117] BK 7-9, 98-99, 104-107, 110, 114-115, 118-119, 122-123.
[118] BK 4-9.
[119] BK 95-99, 101-110, 112-123.
[120] BK 165.
[121] BK 162-167.
[122] BK 24-25.
[123] BK 21-27.
[124] BK 58.
[125] BK 57.
[126] BK 197.
[127] BK 194-204.
[128] BK 223.
[129] BK 245.
[130] BK 246.

de las XII Tablas[131], 1 de casos[132], 1 de fideicomisos tácitos[133], 1 relativo al senadoconsulto Tertuliano[134] y 1 relativo al senadoconsulto Orficiano[135]), caen en la masa papinianea. Por tanto, esta debe ser la masa básica de Gayo. El *Index auctorum* lista un *liber singularis* "dotalicion"[136], y el *BK Ordo* asigna la misteriosa *Lex Glitia*, con un único texto, a la masa edictal[137]. Sin mbargo, para Mantovani esta última obra es de masa incierta[138]. El *BK Ordo* pone el *liber singularis regularum* de Gayo en la masa papinianea[139], aunque Mantovani considera su masa incierta[140]. Dos o tres de estos 3 *libri singulares* deberían ir en la masa papinianea con otros 19 libros sueltos de Gayo, dando un total de 21 ó 22 en total, pero el *liber singularis regularum* quizá pertenece a la masa sabiniana. Al final, contando las obras que pertenecen a los grupos-materia y a los grupos-género, 23 ó 24 libros de Gayo caen en la masa papinianea contra 40 de la masa edictal y 25 ó 26 en la sabiniana, aunque la papinianea es su masa básica. Esta distribución paradójica, en la que la masa básica tiene menos libros que las otras dos, sirve para honrar a la masa papinianea, la cual asegura en Papiniano y Gayo a dos autores principales con los cuales compararse ante la masa sabiniana de Juliano y Ulpiano. La masa edictal asegura más libros de Gayo que de ningún otro, pero no es su masa básica.

La masa básica de Venuleyo Saturnino también es la papinianea. Sus 19 libros sobre estipulaciones es una obra incierta en esa masa[141], aunque podía haber formado un grupo-materia con los 3 libros de Gayo sobre obligaciones verbales. Cuatro libros del cargo

---

[131] BK 247.
[132] BK 215.
[133] BK 242.
[134] BK 243.
[135] BK 244.
[136] *Index auctorum* XX, 12.
[137] D. 5, 2, 4; BK 169.
[138] MANTOVANI, Dario, *op. cit.*, nota 4, §97.
[139] BK 224.
[140] MANTOVANI, Dario, *op. cit.*, nota 4, §99.
[141] BK 216.

de procónsul entran en la masa sabiniana[142] con 2 de Paulo sobre esa materia[143] para formar un pequeño grupo-materia. Tres libros sobre juicios públicos[144] también pertenecen al grupo-materia sabiniano[145]. El resto de sus obras entra en el Apéndice[146], aunque originalmente había sido asignado a la masa papinianea como su masa básica. Claudio Saturnino, por otra parte, pertenece a la masa sabiniana[147].

En total hay siete autores (Gayo, Hermogeniano, Papiniano, Escévola, Trifonino, Valente y Venuleyo) cuya masa básica es la papinianea.

c)   Autores cuya masa básica es la edictal.

La masa básica de los autores restantes es la edictal. El primero es Modestino. El grupo de este jurista en un grupo-autor que reúne 59 libros[148] pero que intercala[149] dos *libri singulares* de Ulpiano, *excusationes*[150] y de *officio praetoris tutelaris*[151], los cuales furon leídos con los 6 libros de Modestino de *excusationes* porque trataban del mismo tema. Mantovani considera a dos de los *libri singulares* de Modestino en esta secuencia como de masa incierta[152]. Pero, dado que ninguna obra de Modestino demuestra pertenecer a otra masa,

---

[142] BK 91.

[143] BK 90.

[144] BK 53.

[145] BK 52-56.

[146] *Actionum* 10 e *interdictorum* 6 (BK 273-274).

[147] HONORÉ, Tony *et al.*, *op. cit.*, nota 10, §§100-101.

[148] BK 137-142 y 146-151. Los supuestos cuatro libros de Modestino sobre prescripciones (D. 45, 1, 101; BK 145) deberían, junto con Lenel, *Palingenesia Iuris Civilis*, 1, 732 y el *Index auctorum*, ser eliminados, aunque la comisión mantuvo su *liber singularis de praescriptionibus* (BK 148; *Index auctorum* XXXI, 7).

[149] BK 143-144.

[150] BK 143.

[151] BK 144.

[152] *De differentia dotis*; *de inofficioso testamento*: BK 141 y 151.

seguramente son edictales y deberían estar entre BK 137 y 151[153]. En algún punto de esta misma secuencia 2 *libri singulares* de Modestino mencionados en el *Index auctorum* (*de testamentis* y *de legatis et fideicommissis*) deberían ser agregados[154]. La única obra de Modestino fuera de esta secuencia son sus 4 libros *de poenis* hacia el final de la masa edictal[155]. Podría sospecharse que esta fue una llegada tardía, y y por ello fue puesta en la masa básica de Modestino, pero, junto con otras obras sueltas, al final[156].

La secuencia de Modestino, incluyendo los dos *libri singulares* de Ulpiano, llega hasta 67 libros[157]. Los 3 libros de Ulpiano sobre el cargo de cónsul vienen después de los digestos de Celso y de Marcelo y antes de la secuencia de obras de Modestino[158]. Esta obra debería esperarse normalmente que entrase en la masa sabiniana como masa básica de Ulpiano. Su lugar al inicio de la secuencia de Modestino no tiene mérito desde el punto de vista de la autoría, de la materia o del género. Esto puede explicarse como un intento de elevar el total de libros en la secuencia hasta 70, los cuales pueden dividirse en dos lotes de 35 cada uno[159]. Hay muchas formas de hacer esto, pero una es poner un lote de BK 146 a 151[160], la otra de BK 136 a 144 con el agregado de los 2 del *Index auctorum*.

Aparte de Modestino, la masa edictal adquiere la única obra restante de Juvencio Celso, su *digesta*[161]. Contiene las únicas obras de otros ocho escritores: Próculo[162], Terencio Clemente[163],

---

[153] La única obra de Modestino fuera de esta secuencia son sus 4 libros *de poenis* en BK 174, al final de la masa.

[154] *Index auctorum* XXXI, 10 y 11.

[155] BK 174.

[156] Las obras sueltas comienzan después de un pequeño grupo-materia sobre derecho militar en BK 171-172.

[157] BK 137 a 144 = 30 libros; BK 146 a 151 = 35 libros; *Index auctorum* XXXI 10, 11 brinda 2 *libri singulares* más de Modestino.

[158] BK 137-151; MANTOVANI, Dario, *op. cit.*, nota 4, §§95-96.

[159] Si Bluhme analizó correctamente las secciones sucesivas de los *digesta* de Celso y Marcelo, las secciones nones y pares también ascienden a 35 libros cada uno.

[160] 19 de *responsa*, 12 de *pandectae* y 3 *libri singulares*.

[161] BK 134.

[162] BK 155 y 157.

Mauriciano[164], Arrio Menandro[165], Tarruciено Paterno[166], Tertuliano[167], Licinio Rufino[168] y Papirio Justo[169]. Varios de estos vienen al final de la masa y constituyen una especie de *coda* a la que se asignan autores sin masa. Esta *coda* es análoga a los *libri singulares* de Paulo y a otros que forman *codas* en las masas sabiniana y papinianea[170].

Los 15 libros de Javoleno *ex Cassio*[171] y los 14 *epistularum*[172] forman un pequeño grupo-autor en la masa edictal, la cual también tiene sus 5 libros *ad Plautium*[173], este último agrupado con otros comentarios *ad Plautium*[174]. Su masa básica es, por tanto, la edictal. El *BK Ordo* asignó la selección de sus diez libros de los *posteriora* de Labeón a la masa sabiniana[175]. Como la asignación inicial de esta obra fue en la masa sabiniana, los compiladores debieron haberla considerado una obra de Labeón en vez de Javoleno, como lo hace el *Index auctorum*[176]. De lo contrario, habría ido a parar a la masa edictal, como masa básica de Javoleno. La masa básica de Pomponio es también la edictal. Su obra *ad Sabinum*[177] entra en la masa sabiniana en un grupo-materia con los comentarios sabiniano de Ulpiano y Paulo[178]. Su *liber singularis regularum*[179] cae en el grupo de *regulae* de esa masa[180]. Cinco libros sobre fideicomisos[181] están en

---

[163] BK 164.
[164] BK 166.
[165] BK 171.
[166] BK 172.
[167] BK 161, 173.
[168] BK 175.
[169] BK 177.
[170] BK 72-93 y 225-259.
[171] BK 152.
[172] BK 153.
[173] BK 127, 130.
[174] BK 124-131.
[175] BK 94.
[176] *Index auctorum7 Λαβεῶνος 2 posteriorum βιβλία δέκα.*
[177] BK 2.
[178] BK 1-3.
[179] BK 45.
[180] BK 56-46.

el grupo de la masa papinianea sobre dicho tópico[182]. Sus obras históricas (*libri enchiridii*)[183] son probablemente atraídas por Gayo sobre las Doce Tablas, la otra obra histórica leída por la comisión, a un pequeño grupo-género histórico[184]. Sus 7 libros *ad Plautium*[185] están en la masa edictal con otros comentarios *ad Plautium*[186]. Todos estos se hallan en grupos-materia o grupos-género. Pero las obras sueltas de Pomponio, los 39 libros *ad Quintum Mucium*[187] y los 15 *variarium lectionum*[188] entran en la masa edictal, la que, por ende, debe ser su masa básica. Habrán sido inicialmente asignadas a la masa edictal dos obras suyas que aparecen en el Apéndice[189]. Calistrato pertenece a la masa edictal, con 6 libros *de cognitionibus*[190], 4 *edicti monitorii*[191] y 4 *de iure fisci*[192]. De estos los primeros 2 libros *edicti monitorii* están erróneamente agrupados en la masa edictal con los comentarios edictales de Ulpiano, Paulo y Gayo[193]. Sus 2 libros de *quaestiones*[194] acompañan a un grupo-*quaestiones* en la masa papinianea[195], y sus 3 de *institutiones*[196] pertenecen al grupo institucional de la masa sabiniana[197]. La mayoría de sus libros (14 de 19), incluyendo todos los 14 libros sueltos, apuntan a la edictal como su masa básica.

---

[181] BK 199, 202.
[182] BK 194-204.
[183] BK 248, 249.
[184] BK 247.
[185] BK 126, 128, 131.
[186] BK 124-133.
[187] BK 154.
[188] BK 156.
[189] *Epistularum* 20, *de senatusconsultis* 5: BK 269, 270.
[190] BK 160.
[191] BK 100, 176. Vienen al final de la masa edictal: MANTOVANI, Dario, *op. cit.*, nota 4, §§94 y 97.
[192] BK 158. MANTOVANI, Dario, *op. cit.*, nota 4, §96, considera que esta obra podría pertenecer al Apéndice. Si es así, D. 49, 14 sería el único título del Digesto que comienza con los textos del Apéndice (49, 14, 1-3).
[193] BK 95-100; cfr. MANTOVANI, Dario, *op. cit.*, nota 4, §94.
[194] BK 185.
[195] BK 183-184.
[196] BK 26.
[197] BK 21-27.

Marcelo presenta una dificultad. Sus 31 libros del *digesta*[198], agrupados con los de Celso en un grupo-género[199], y sus 6 *ad legem Iuliam et Papiam*[200], en un grupo-materia de comentarios[201], entran en la masa edictal, la cual, a primera vista, es su masa básica. Pero su *liber singularis responsorum*, una obra suelta, entra en la masa sabiniana[202]. Mantovani, revisando su posición al interior de esa masa, la movió del BK 59 al final del grupo de *regulae*, del BK 37 al BK 46. Sería entonces BK 46 *bis* en el *BK Ordo*. El argumento de Mantovani es que 10 de los 14 textos de los *responsa* de Marcelo vienen inmediatamente después del grupo de *regulae*, el cual contiene ya otra obra ajena, los 2 libros de Ulpiano de *responsa*[203]. Si Mantovani está en lo correcto, las *regulae* del grupo que preceden a las *responsa* de Marcelo ascienden a 41 libros (15 de Neracio, 8 de Ulpiano, 4 de Escévola, 8 de Paul, 5 de Marciano y 1 de Pomponio). Las obras ajenas (2 de *responsa* de Ulpiano y uno de *responsa* de Marcelo) podrían haberse añadido para producir 44 libros, un número par fácilmente dividido en dos sub-grupos de 22 libros cada uno. Por ejemplo, los 44 libros podrían haberse escindido en los 22 conformados por los primeros dos puntos de la secuencia (15 de reglas de Neracio y 7 de reglas de Ulpiano)[204] y los 22 conformados por el resto[205]. Ello es especulaivo, pero la propuesta de Mantovani vuelve posible dicha explicación.

La masa edictal emerge como la masa básica de doce y quizá trece o incluso quince autores: con certeza Calistrato, Celso, Clemente, Javoleno, Licinio Rufo, Mauriciano, Menandro, Modestino, Papirio, Pomponio, Próculo, Tarrucieno Paterno y probablmente Marcelo. A juzgar por la *coda* de esta masa, es la masa residual para autores

---

[198] BK 135.
[199] BK 134-135.
[200] BK 167.
[201] BK 162-167.
[202] BK 59.
[203] BK 41.
[204] BK 36-37.
[205] BK 38-46 bis.

no asignados de otra forma, como Menandro, Tarrucieno, Licinio y Papirio[206], a los cuales, como se verá, podemos agregar plausiblemente Elio Galo y Julio Aquila.

d) Autores de masa incierta.

Quedan cinco autores de masa incierta: Elio Galo, Aquila, Furio, Quinto Mucio Escévola y Meciano. El texto único de Galo[207] viene al final de la masa edictal en el título generalmente regular *de verborum signficatione*. Aunque Mantovani lo considera de masa incierta[208], quizá pertenezca en realidad al final de la masa edictal, ya que, como vimos, una colección de autores de una obra forma un elemento principal de su *coda*. Lo mismo es verdad de Julio Aquila, de cuyo libro de *responsa* tenemos dos textos, uno al final de la masa edictal[209] y otro al final de un título. Este último podría ser un texto codal[210]. Los 5 libros *ad edictum* de Furio Antiano[211], del cual solo un libro o colección de textos estuvo disponible para los compiladores, pertenece al Apéndice[212]. Lo mismo sucede con ὅϱων de Quinto Mucio Escévola[213]. Su masa original no puede determinarse porque no hay obras de estos autores fuera del Apéndice. La masa básica de Volusio Meciano es incierta. Sus 14 libros sobre *iudicia publica*[214] están en la masa sabiniana, en un grupo con obras de Mácer, Venuleyo, Paulo y Marciano sobre esa materia[215]. Sus 16 libros sobre fideicomisos[216] entran en la masa papinianea con obras

---

[206] BK 171- 172, 175, 177.
[207] D. 50, 16, 157.
[208] MANTOVANI, Dario, *op. cit.*, nota 4, §97.
[209] D. 26, 7, 34.
[210] D. 26, 10, 12.
[211] *Index auctorum* 36.
[212] BK 275; HONORÉ, Tony *et al.*, *op. cit.*, nota 10, nn. 40-48.
[213] BK 264; HONORÉ, Tony *et al.*, *op. cit.*, nota 10, nn. 24-31.
[214] BK 56.
[215] BK 52-56.
[216] BK 196, 200.

similares de Valente, Ulpiano, Gayo, Paul y Pomponio[217]. Esto deja al *liber singularis ex lege Rhodia*, con un único texto[218] que sigue a la masa sabiniana[219] y precede al texto del Apéndice[220]. El *BK Ordo* lo coloca en la masa sabiniana[221]. Para Mantovani es de masa incierta[222]. No puede colocarse, e incluso podría pertenecer al Apéndice. Así que es imposible determinar la masa básica de Meciano.

e) Paulo.

Paulo es único. No tiene una masa básica específica. Ello se debe a que sus 309[223] libros superan los de cualquier otro autor, incluso los 239 de Ulpiano, e incluyen 60 *libri singulares*. El *Index auctorum* distingue entre obras más largas y *libri singulares*, por lo que usa el término μονόβιβλα. Lista estos para Ulpiano, Paulo, Marciano y Modestino, pero no para Gayo o Papiniano. El listado separado sugiere que la comisión los consideró en una forma diferente a las de obras más largas. Para Paulo el *Index auctorum* recopila 49[224] *libri singulares* de 60[225]. Los otros 11 no están listados en el *Index auctorum*, pero fragmentos de ellos aparecen en el Digesto. Por otro lado, hay

---

[217] BK 194-204.

[218] D. 14, 2, 9.

[219] D. 14, 2, 6-8.

[220] D. 14, 2, 10.

[221] BK 93.

[222] MANTOVANI, Dario, *op. cit.*, nota 4, §93.

[223] Esta cantidad incluye sus 23 libros de *brevia* listados por el *Index auctorum* 25, 4, de los cuales 1-5 y 16-23 parecen pertenecer al comité edictal, 6-8 al sabiniano. Los 7 libros intermedios han sido divididos para que unos dos tercios vayan al comité sabiniano, al cual he optado por asignar los libros 9-13, y 14-15 asignarlos al comité edictal.

[224] Considerando *ad Sc Libonianum* (BK 230) y *ad SC Claudianum* (BK 231) como separados.

[225] A veces es cuestionable si dos títulos evidenciados en las fuentes se refieren a trabajos similares o diferentes; por ejemplo, *de liberali causa* y *de articulis liberalis causae*, y si algunos de los trabajos listados en el *Index auctorum* realmente exitieron (*de actionibus*, *ad municipalem*, *de instrumento et instructo*: LIEBS, Dieter, *op. cit.*, nota 47, §§115-174; *ibíd.*, nota 46, §§67-71) pero, sea cual sea la verdad, la imagen en conjunto no se ve seriamente afectada.

10 libros mencionados en el *Index*, pero no hay fragmentos de ellos insertados en el Digesto[226]. El *BK Ordo* atribuía 24 de los *libri* de Paulo a la masa sabiniana, 24 a la masa papinianea y 1 a la masa edictal. Mantovani considera esta ubicación como incierta en 15 casos[227], 7 de los cuales fueron colocados por el BK en la masa sabiniana[228], 7 en la masa papinianea[229] y 1 en la masa edictal[230]. Las ubicaciones que considera seguras siempre están en las masas sabiniana (17 *libri singulares*[231]) o papinianea (también 17[232]). El BK coloca tan solo un *liber singularis* de Paulo, con un único texto, en la masa edictal, y esta ubicación es insegura[233]. Así que parece probable que no ae asignaron *libri singulares* de Paulo en la masa edictal. La posible excepción es su libro de *excusationes tutelarum*, asignados por el BK a la masa sabiniana[234]. Este debería haberse leído en la masa edictal como parte de un grupo-materia junto con

---

[226] SCHULZ, Fritz, *History Of Roman Legal Science*, Oxford University Press, Nueva York, 1946, 146.

[227] *De iure patronatus; ad SC Silanianum; de senatusconsultis; ad senatusconsultum Velleianum; de intercessionibus feminarum; de excusatione tutelarum; ad orationem divi Severi; ad legem Cinciam; de poenis omnium legum; ad regulam Catonianam; de inofficioso testamento; de tacitis fideicommissis; de instrumenti significatione; de gradibus et adfinibus; de officio praefecti urbi.* Vid. MANTOVANI, Dario, *op. cit.*, nota 4, §§90–103.

[228] BK 35, 48, 78, 79, 80, 81.

[229] BK 232, 234, 236, 237, 238, 254, 259.

[230] BK 170.

[231] *De dotis repetitione; de adsignatione libertorum; regularum; de portionibus quae liberis damnatorum conceduntur; de conceptione formularum; de iudiciis publicis; de appellationibus; ad legem Fufiam Caniniam; de libertatibus dandis; de liberali causa; de secundis tabulis; de iure codicillorum; de centumviralibus (septemviralibus) iudiciis; de adulteriis; ad orationem divi Marci Antonini et Commodi; de variis lectionibus; de poenis militum* (BK 33, 34, 39, 49, 51, 54, 67, 69, 72, 73, 74, 75, 76, 77, 81, 84, 87). Cuatro de ellos pertenecen a grupos-materia: *regularum, de publicis iudiciis, de appellationibus* y *de adulteriis*. El resto está suelto.

[232] *De cognitionibus; de concurrentibus actionibus; de usuris; ad SC Turpillianum; ad SC Libonianum (et edictum Claudianum); ad SC Claudianum; de poenis paganorum; de forma testamenti (de testamentis); ad SC Tertullianum; ad SC Orfitianum; ad legem Falcidiam; de iure libellorum; de articulis liberalis causae (?); de iuris et facti ignorantia; de iure singulari; de officio adsessorum; de officio praefecti vigilum* (BK 225, 226, 227, 228, 230, 231, 233, 235, 239, 240, 241, 250, 251, 252, 253, 255, 256). Todos ellos aparecen como sueltos.

[233] D. 1, 3, 29 (*ad Legem Cinciam*: BK 170); MANTOVANI, Dario, *op. cit.*, nota 4, §97.

[234] BK 82.

obras de Modestino y de Ulpiano[235]. Pero dos de los tres textos conservados de esta obra de Paulo caen en la masa sabiniana[236], mientas que el tercero está en la masa edictal[237]. Se debe coincidir con Mantovani de que la masa correcta sigue siendo incierta[238].

Por ende, la masa edictal contiene cuando mucho 1 *liber singularis* de Paulo, así como uno asignado a éste, si no es que todo, como parte de un grupo-materia. Esto sugiere que los otros 14 *libri singulares* cuya masa es incierta pertenecen a las masas sabiniana o papinianea, los cuales tienen al menos 17 de estas monografías seguramente asignadas a ellas. Las 11 monograrfías listadas en el *Index auctorum* de las cuales no se han extraído textos del Digesto presumiblemente también pertenecen a las masas sabiniana o papinianea[239].

Algunos de los *libri* que Mantovani considera como de masa indeterminada han sido colocados por el BK en la masa correcta. Cinco parecen pertenecer a la masa sabiniana. Uno es de *iure patronatus*[240], con tres textos. D. 38, 1, 28 parece estar correctamente colocado en la masa sabiniana, habiendo movido D. 38, 1, 17 a un lugar anterior en el mismo título y masa para matizar lo que Paulo dice en 38, 1, 16. El tercer texto de su obra es codal[241] y pudo surgir de esta obra o de un *liber singularis de iure patronatus quod lege ex Iulia et Papia venit*, obra atribuida a Paulo en el *Index auctorum*[242]. *Ad SC Silanianum*[243] es similar. Los tres pasajes entran en la masa sabiniana. D. 29, 5, 10 y 12, con un fragmento de Trifonino en 29, 5, 11,

---

[235] BK 142-144.

[236] D. 27, 1, 26; 26, 3, 4.

[237] D. 27, 1, 11.

[238] MANTOVANI, Dario, *op. cit.*, nota 4, §83.

[239] *De actionibus; de donationibus inter virum et uxorem; de extraordinariis criminibus; ὑποθηκάρια; de instructo et instrumento (?de instrumenti significatione*: LIEBS, Dieter, *op. cit.*, nota 47, 166, nota 55); *de iure patronatus ex lege Iulia et Papia; ad legem Velleam; de legibus; de legitimis hereditatibus; ad municipalem; de officio praetoris tutelaris.*

[240] BK 35.

[241] D. 25, 3, 9.

[242] *Index auxtorum* 25, 63.

[243] BK 48.

vienen antes del grupo-materia sabiniano sobre *publica iudicia*[244], mientras que 29, 5, 7 se mueve a una posición anterior donde modifica a un texto de Paul. *Ad SC Velleianum*[245] y *de intercessionibus feminarum*[246] brindan un único texto (D. 16, 1, 23 y 24) al final de la masa sabiniana en el título *ad SC Velleianum*. No hay razón para suponer que han sido retirados de otra masa. *Ad orationem divi Severi*[247] proporciona tres textos. Dos de estos matizan textos de Ulpiano en la masa sabiniana[248], mientras que el tercero[249] termina la masa sabiniana y no pertenece a la papinianea, pues el último texto del título, D. 27, 9, 14, que pertenece a la masa papinianea[250], tiene una repetición errónea de Paulo en la inscripción. Tampoco hay razón para suponer que 27, 9, 13 ha sido transferido desde otra masa. Dos *libri singulares* más de Paulo que han sido dudosos pertenecen probablemente a la masa papinianea. En *de tacitis fideicommissis* un texto[251] está insertado entre dos pasajes de los *decreta* de Paulo en la masa papinianea mientras que el otro[252] viene entre un texto de Paulo *de cognitionibus*[253], el cual pertenece a la masa papinianea, y dos textos *ad SC Orfitianum* y *Tertullianum*[254], ambos en la misma masa[255]. El orden de textos en este título 50, 16 es generalmente confiable. En *de instrumenti significatione*[256] un texto aparece al final de la masa papinianea y antes del Apéndice[257]. El otro matiza un texto de Paulo *ad Sabinum* sobre *suppellex*[258]. Ningún

---

[244] BK 52-56.
[245] BK 79.
[246] BK 80.
[247] BK 83.
[248] D. 27, 9, 2, 4.
[249] D. 27, 9, 13.
[250] BK 188.
[251] D. 49, 14, 49.
[252] D. 50, 16, 229.
[253] D. 50, 16, 228: BK 225.
[254] D. 50,16, 230-231.
[255] BK 240 y 239, respectivamente.
[256] BK 238.
[257] D. 32, 99.
[258] D. 33, 10, 4, entre dos textos de Paulo *ad Sabinum*.

liber singularis de Paulo está asignado al Apéndice, y por ello se debe preferir la masa papinianea.

Hay en total 98 libros de Paulo en la masa sabiniana[259], 86 en la papinianea[260] y 104 en la edictal[261]. Veintiséis son indeterminados, incluyendo aquellos *libri singulares* que quizá sean sabinianos o papinianeos[262]. Las obras de la masa edictal están casi todas agrupadas según la materia: 53 *ad edictum praetoris*; 15 *brevia* (aproximadamente)[263]; 2 *ad edictum aedilium*; 18 *ad Plautium*; 10 *ad legem Iuliam et Papiam*[264]. Las aparentes excepciones son 4 libros *ad Vitellium* y 2 *de iure fisci*[265]. ¿Pero estas obras están realmente sueltas, o forman parte del grupo *ad Plautium*? Aunque no están relacionadas por materia al grupo *ad Plautium* que les siguen, quizá fueron puestas para crear un balance numérico[266]. De las demás obras sueltas, los 2 libros de Paulo *ad legem Iuniam*[267] entran en la masa sabiniana, mientras que los 3 libros *manualium*[268] y los 3 *decretorum*[269] están en la masa papinianea. Así que puede considerarse que Paulo tuvo dos masas básicas, la sabiniana y la papinianea, a los

---

[259] 16 *ad Sabinum*; 24 *ad edictum* (incluyendo ed. 48 fin.–51, transferidos desde la masa edictal); 10 *brevia* (?); 8 *epitomarum Alfeni digestorum*; 2 *institutionum*; 3 *de adulteriis*; 7 *regularum*; 2 *ad legem Iuniam*; 2 *de officio proconsulis*; 3 *ad legem Aeliam Sentiam*, y 17 *libri singulares*.

[260] 26 *quaestionum*; 23 *responsorum*; 3 *de fideicommissis*; 5 *sententiarum*; 4 *ad Neratium*; 3 *manualium*; 3 *decretorum*; 2 *imperialium sententiarum* (de 6: transferidos al Apéndice) y 17 *libri singulares*.

[261] 54 *ad edictum* (sin contar ed. 48 fin.-51 transferidos a la masa sabiniana); *brevia* 1-5, 16-23 (?); 2 *edictum curulium*; 18 *ad Plautium*; 4 *ad Vitellium*; 2 *de iure fisci*; 2 *de censibus*; 10 *ad legem Iuliam et Papiam*.

[262] Uno de ellos quizá pertenece a la masa edictal. Estas figuras incluyen como determinados los *libri singulares* que Mantovani considera como indeterminados, aunque podrían colocarse en las masas sabiniana o papinianea respectivamente.

[263] Los 23 libros *brevia* de Paulo parecen haber estado disponibles a los miembros de la comisión, pero su distribución entre las masas sabiniana y edictal es incierta, aparte de los pocos cuyos fragmentos se conservan.

[264] BK 96, 102, 103, 109, 124, 163.

[265] BK 132, 133.

[266] Honoré., Tony *et al.*, *op. cit.*, nota 2, 39-40.

[267] BK 50.

[268] BK 220.

[269] BK 222.

cuales se asignaron más o menos aleatoriamente sus obras residuales.

NOTA SOBRE LA PRESENTE EDICIÓN

La *editio princeps* publicada en 1583 por *Dionysius Godofredus*, quien forjó también el nombre de la compilación justinianea (*Codex, Digesta, Institutiones* y *Novellae*) tal como lo conocemos hoy, *Corpus Iuris Civilis*, fue la primera edición académica de la codificación de Justiniano, incluyendo el Digesto, que siguió siendo la edición estándar hasta el siglo XIX. Pese a que dedicaremos posteriormente sendos estudios a la transmisión en Occidente de esta obra jurídica, podemos citar cronológicamente las ediciones de Kriegel y Osenbrüggen (*Corpus Iuris Civilis*, Leipzig, 1872) y de Pothier (*Pandectae Justinianae in Novum Ordinem Digestae*, París, 1818-1823) como primeros intentos de establecer una edición "moderna" del Digesto; sin embargo, fue hasta mediados del siglo XIX que el método estemático de Lachmann brindó a los estudiosos las técnicas necesarias para manejar los problemas editoriales a nivel de las grandes obras del Derecho Romano.

Por otro lado, en el mundo de habla hispana han sido pocos, aunque loables, los intentos por acercar el *Digesta Iustiniani* a los estudiosos del Derecho. El primero del que se tiene memoria es "El Digesto del emperador Justiniano", obra publicada en Madrid entre 1872 y 1874 y traducida por Don Bartolomé Agustín Rodríguez de Fonseca, todavía publicada como una excepcional rareza histórica, aunque con un idioma español ya arcaico y anacrónico para nuestros días. Posteriormente hallamos la edición de Ildefonso García del Corral, publicada en Barcelona por Jaime Molinas en 1889, aún publicada y distribuida, aunque con obstáculos filológicos insalvables y giros lingüísticos ya en desuso. Finalmente, hallamos una versión más contemporánea realizada, entre otros, por el eminente romanista español Álvaro D'Ors y publicada por Aranzadi en 1968, hoy prácticamente inhallable y reducido su escaso tiraje a una elitista comunidad romanista que literalmente "encerró" los ejemplares en las estanterías de algunas bibliotecas universitarias, haciendo prácticamente inaccesible esta obra al mundo jurídico. Además, la versión de D'Ors en ocasiones peca de una traducción demasiado "libre", alejándose del sentido originario del texto latino.

Así, pues, la presente edición, inédita para Hispanoamérica, que busca mantener el apego al texto latino, pero con un lenguaje moderno accesible a todo estudioso del Derecho, y a todo interesado en la cultura clásica, toma como fuente principal la siguiente versión de trabajo en cuanto al texto latino:

- La obra *Corpus Iuris Civilis*, *Editio Stereotypa Quinta*, a cargo de Theodore Mommsen, publicada en Berlín, Weidmann, 1889, Vol. I.

SOBRE LA FORMA DE CITAR
Y CONSULTAR EL DIGESTO

El "Digesto" del Emperador Justiniano contiene extractos de escritos de los jurisconsultos de la época clásica (126 a. C. a 325 d. C.). Consta de 50 libros; éstos se dividen, a su vez, en títulos (excepto los libros 30 a 32); los títulos se dividen en fragmentos que se inician con una *inscriptio*, es decir, el nombre del autor y la obra de donde proceden. A partir de la Edad Media, los fragmentos más extensos fueron divididos en párrafos, el primer párrafo se denomina *principium*, cuya abreviación es "pr.", el segundo párrafo se numera con el "1" y así sucesivamente.

El modo de citar y consultar modernamente el Digesto, así como las demás fuentes de la antigüedad, es el filológico. La cita comienza con la inicial D. (*Digesta*); a continuación, se colocan los números correspondientes al libro, título, fragmento y párrafo, comenzando por el pr.; cuando nos hallamos ante párrafos numerados, éstos comienzan con el símbolo "§" (sección).

Por ejemplo, si en un texto aparece la siguiente cita, D. 9, 1, 1, 9, ésta se consultará en el Digesto del siguiente modo: Digesto; Libro 9; Título 1; Fragmento 1; Párrafo §9.

Si hallamos esta cita, D. 1, 2, 1 pr., se consultará del siguiente modo: Digesto; Libro 1; Título 2; Fragmento 1; *principium*, coloquialmente llamado "párrafo cero".

Si hallamos esta cita, D. 1, 1, 9, indica que el fragmento es corto y no tiene párrafos, por lo que se consultará de este modo: Digesto; Libro 1; Título 1; Fragmento 9.

DOMINI IUSTINIANI
DIGESTORUM SEU PANDECTARUM
PARS SECUNDA (DE IUDICIIS)

SEGUNDA PARTE DEL DIGESTO O
PANDECTAS DEL SEÑOR JUSTINIANO
(DE LOS JUICIOS)

LIBER X

LIBRO X

TITULUS I
FINIUM
REGUNDORUM

TÍTULO I
DE LA ACCION DE
DESLINDE

1. PAULUS libro vicensimo tertio ad edictum. Finium regundorum actio in personam est, licet pro vindicatione rei est.

1. PAULO *en el libro vigésimo tercero de los comentarios al edicto.* La acción de deslinde es personal, aunque sirve para reivindicar una cosa.

2. ULPIANUS libro nono decimo ad edictum. Haec actio pertinet ad praedia rustica, quamvis aedificia interveniant: neque enim multum interest, arbores quis in confinio an aedificium ponat.

2. ULPIANO *en el libro décimo noveno de los comentarios al edicto.* Esta acción se refiere a los predios rústicos aunque en ellos se levanten edificios, pues no importa mucho si en el lindero alguien plante árboles o erija un edificio.

§1. Iudici finium regundorum permittitur, ut, ubi non possit dirimere fines, adiudicatione controversiam dirimat: et si forte amovendae veteris obscuritatis gratia per aliam regionem fines dirigere iudex velit, potest hoc facere per adiudicationem et condenationem.

§1. Se permite al juez del deslinde que cuando no pueda determinar los linderos dirima la controversia mediante la adjudicación; y si con objeto de remover la imprecisión del anterior el juez quisiera dirigir los linderos hacia otra parte, puede hacerlo mediante adjudicción y condena.

3. GAIUS libro septimo ad edictum provinciale. Quo casu opus est, ut ex alterutrius praedio alii adiudicandum sit, quo nomine is cui adiudicatur in vicem pro eo quod ei adiudicatur certa pecunia condenandus est.

3. GAYO *en el libro séptimo de los cometnarios al edicto provincial.* En cuyo caso es necesario adjudicar algo del predio de uno a otro; por ello, debe ser condenado el adjudicatario a pagar cierta cantidad por lo que se le ha adjudicado.

4. *PAULUS libro vicensimo tertio ad edictum. Sed et loci unius controversia in partes res scindi adiudicationibus poest, prout cuiusque dominium in eo loco iudex compererit.*

§1. In iudicio finium regundorum etiam eius ratio fit quod interest, quid enim si quis aliquam utilitatem ex eo loco percepit, quem vicini esse appareat? Non inique damnatio nomine fiet. Sed et si mensor ab altero solo conductus sit, condemnatio erit facienda eius, qui non conduxit, in partem mercedis.

§2. Post litem autem contestatam etiam fructus venient in hoc iudicio: nam et culpa et dolus exinde praestantur: sed ante iudicium percepti non omnimodo hoc in iudicium venient: aut enim bona fide percepit, et lucrari eum oportet, 'si eos consumpsit', aut mala fide, et condici oportet.

§3. Sed et si quis iudici non pareat in succidenda arbore vel aedificio in fine posito deponendo parteve eius, condemnabitur.

4. PAULO *en el libro vigésimo tercero de los comentarios al edicto.* Pero también puede dirimirse la controversia de propiedad sobre un terreno adjudicándolo en parcelas, según la propiedad que el juez considere que cada uno deba tener en aquel lugar.

§1. En el juicio de desline se toma también en cuenta lo que interesa a cada parte. Porque, ¿qué sucede si alguien pericibió alguna utilidad del terreno que al parecer pertenece al vecino? Se condenará injustamente por tal motivo. Y también si una sola de las partes hubiera nombrado un agrimensor, deberá condenarse a pagar una porción de los honorarios a la parte que no lo nombró.

§2. Una vez contestada la demanda se comprenderán también en este juicio los frutos, porque desde ese momento se responde por la culpa y el dolo. Pero los percibidos antes del juicio absolutamente no se comprenderán en este juicio, porque o los percibió de buena fe y debe lucrarse con ellos, si los consumió, o de mala fe y deben reclamarse con la acción ejecutiva.

§3. Pero si alguien no obedeció al juez en cortar un árbol o derribar un edificio levantado en el lindero o en parte de él, será condenado.

§4. Si dicantur termini deiecti vel exarati, iudex, qui de crimine cognoscit, etiam de finibus cognoscere potest.

§4. Si se denuncia que los mojones fueron derribados o arrancados con el arado, el juez que conoce del proceso criminal también puede conocer de los linderos.

§5. Si alter fundus duorum, alter trium sit, potest iudex uni parti adiudicare locum de quo quaeritur, licet plures dominos habeat, quoniam magis fundo quam personis adiudicari fines intelleguntur: hic autem cum fit adiudicatio pluribus, unusquisque portionem habebit, quam in fundo habet,

§5. Si un fundo perteneciera a dos y otro a tres, el juez puede adjudicar a una sola parte el terreno que se disputa, aunque tenga muchos dueños, porque se entiende que los linderos se adjudican más al fundo que a las personas; pero en tal caso, cuando la adjudicación se hace a varios, cada uno tendrá la porción que tiene en el fundo,

§6. … et pro indiviso qui communem fundum habent, inter se non condemnantur: neque enim inter ipsos accipi videtur iudicium.

§6. … los que tienen un fundo en común sin dividir no son condeandos entre sí, porque no se entiende en este caso que haya juicio entre los mismos.

§7. Si communem fundum ego et tu habemus et vicinum fundum ego solus, an finium regundorum iudicium accipere possumus? Et scribit Pomponius non posse non accipere, quia ego et socius meus in hac actione adversarii esse non possumus, sed unius loco habemur. Idem Pomponius ne utile quidem iudicium dandum dicit, cum possit, qui proprium habeat, vel communem vel proprium fundum alienare et sic experiri.

§7. Si tú y yo tenemos un fundo común, y yo solo un fundo vecino, ¿puede darse entre nosotros el juicio de deslinde? Pomponio escribe que no porque mi socio y yo no podemos ser adversarios en esta acción, sino que se nos considera una sola persona. También dice Pomponio que no se nos concederá la acción útil porque quien tiene el fundo propio puede enajenar el común o el propio, y de este modo demandar

§8. Non solum autem inter duos fundos, verum etiam inter tres pluresve fundos accipi iudicium finium regundorum

§8. El juicio por deslinde puede entablarse no solo entre dos fundos, sino también entre tres o

potest: ut puta singuli plurium fundorum confines sunt, trium forte vel quattuor.

§9. Finium regundorum actio et in agris vectigalibus et inter eos qui usum fructum habent vel fructuarium et dominum proprietatis vicini fundi et inter eos qui iure pignoris possident competere potest.

§10. Hoc iudicium locum habet in confinio praediorum rusticorum: nam in confinio praediorum urbanorum displicuit, neque enim confines hi, sed magis vicini dicuntur et ea communibus parietibus plerumque disterminantur. Et ideo et si in agriis aedificia iuncta sint, locus huic actioni non erit: et in urbe hortorum latitud contingere potest, ut etiam finium regundorum agi possit.

§11. Sive flumen sive via publica intervenit, confinium non intellegitur, et ideo finium regundorum agi non potest...

5. IDEM libro quinto decimo ad Sabinum. ... quia magis in confinio meo via publica vel flumen sit quam ager vicini.

6. IDEM libro vicensimo tertio ad edictum. Sed si rivus privatus intervenit, finium regundorum agi potest.

más, por ejemplo, si cada uno es limítrofe de varios fundos, digamos tres o cuatro.

§9. La acción de deslinde puede darse en campos tributaries, entre fundos usufructuarios o entre un usufructuario y el dueño del fundo vecino, y entre poseedores por causa de prenda.

§10. Este juicio procede respecto de los linderos de los predios rústicos, pero no se admitió respecto de los predios urbanos, ya que estos no son llamados limítrofes, sino más bien vecinos, y ordinariamente están separados por paredes comunes. Por ello, aunque en los campos estén juntos los edificios, no procederá esta acción. En cambio, en la ciudad los huertos pueden ser contiguos, de modo que también pueda ejercerse la acción de deslinde.

§11. Si media un río o un camino público, no se entiende que hay colindancia y, por ende, no puede ejercerse la acción de deslinde,

5. EL MISMO *en el libro décimo quinto de los comentarios a Sabino.* ... porque mi lindero es con el camino público o el río, más que con el campo vecino.

6. EL MISMO *en el libro vigésimo tercero de los comentarios al edicto.* Pero si media un río privado, sí puede intentarse la acción de

deslinde.

7. *MODESTINUS libro undécimo pandectarum. De modo agrorum arbitri dantur et is, qui maiorem locum in territorio habere dicitur, ceteris, qui minorem locum possident, integrum locum adsignare compellitur: idque ita rescriptum est.*

7. MODESTINO *en el libro décimo de las pandectas.* Para resolver reclamaciones sobre la medida de los campos comunes se nombran árbitros, y quien resulte tener mayor porción en su terreno es obligado a entregar su porción íntegra a quienes poseen menor extensión; y así se dispuso por respuesta escrita.

8. *ULPIANUS libro sexto opinionum. Si irruptione fluminis fines agri confundit inundatio ideoque usurpandi quibusdam loca, in quibus ius non habent, occasionem praestat, praeses provinciae alieno eos abstinere et domino suum restitui terminosque per mensorem declarari iubet.*

8. ULPIANO *en el libro sexto de las opiniones.* Si por desbordamiento de un río la inundación confundió los linderos de un campo y por ello se da motivo a que algunos usurpen terrenos sobre los cuales no tienen derecho, el gobernador de la provincia ordenará que se abstengan de apropiarse de lo ajeno, se devuelva lo suyo a sus dueños y un agrimensor fije los linderos.

§1. Ad officium de finibus cognoscentis pertinet mensores mittere et per eos dirimere ipsum finium quaestionem, ut aequum est, si ita res exigit, oculisque suis subiectis locis.

§1. Corresponde al ministerio de quien conoce de deslindes enviar agrimensores y a través de ellos dirimir la cuestión de lindes, como es justo, y si así lo exige el caso examinar los terrenos con sus propios ojos.

9. *IULIANUS libro octavo digestorum. Iudicium finium regulndorum manet, quamvis socii communi dividundo egerint vel alienaverint fundum.*

9. JULIANO *en el libro octavo del digesto.* Subsiste la acción de deslinde aunque los comuneros hayan intentado la acción de divisoria o hayan enajenado el fundo.

10. *IDEM libro quinquagensimo primo digestorum. Iudicium communi dividundo, familiae erciscundae, finium regundorum tale est, ut in eo singulae personae duplex ius habeant agentis et eius quocum agitur.*

10. EL MISMO *en el libro quincuagésimo primero del digesto.* El juicio de división de cosa común, el de partición de herencia y el de deslinde son de tal naturaleza que en ellos cada persona tiene doble derecho: el de actor y el de demandado.

11. *PAPINIANUS libro secundo responsorum. In finalibus quaestionibus vetera monumenta census auctoritas ante litem inchoatam ordinati sequenda est, modo si non varietate successionum et arbitrio possessorum fines additis vel detractis agris postea permutatos probetur.*

11. PAPINIANO *en el libro segundo de las respuestas.* En las cuestiones sobre linderos deben tenerse en cuenta los mojones antiguos y a la autoridad del censo realizado antes de incoarse el litigio, salvo que se pruebe que por la variedad de sucesiones y por el arbitrio de los poseedores los linderos se alteraron después habiéndose agregado o sustraído campos.

12. *PAULUS libro tertio responsorum. Eos términos, quantum ad dominio quaestionem pertinet, observari oportere fundorum, quos demonstravit is, qui utriasque praedii dominus fuit, cum alterum eorum venderet: non enim termini, qui singulos fundos separabant, observari debent, sed demonstratio adfinium novos fines inter fundos constituere.*

12. PAULO *en el libro tercero de las respuestas.* Respecto a una cuestión sobre propiedad, deben respetarse aquellos linderos que quien fuera dueño de ambos fundos señaló cuando vendió uno de ellos; porque no deben tenerse en cuenta los linderos que separaban a cada uno de los fundos, sino que el señalamiento de los colindantes debe constituir nuevos linderos entre los fundos.

13. *GAIUS libro quarto ad legem duodecim tabularum. Sciendum est in actione finium regundorum illud observandum esse, quod ad exemplum*

13. GAYO *en el libro cuarto de los comentarios a la Ley de las Doce Tablas.* Debe saberse que en la acción de deslinde se observa el

quodammodo eius legis scriptum est, quam Atheius Solonem dicitur tulisse: nam illic ita est: si quis maceriem iuxta praedium alienum aedificet, finem ne excedito: si murum, pedis intervallum esto: si aedes, pedum duorum. Si sepulcrum vel serobem fodiat, quanta altitudo est, tantum intervallum esto: si puteum, ulnae. Oleam autem et ficum novem pedes ab alieno serito, reliquas arbores quinque pedes.

principio escrito en cierta manera inspirado en la ley que se dice estableció Solón en Atenas, donde se declara: "si alguien fija un seto y cava junto a un predio ajeno, no traspase la linde; si una cerca, deje un pie; si una casa, dos pies; si cava un foso o un hoyo, deje tanto espacio cuanto tienen de profundidad; si un pozo, un paso; el olivo o la higuera plántelos a nueve pies de lo ajeno; los demás árboles, a cinco pies".

TITULUS II
FAMILIAE
ERCISCUNDAE

TITULO II
DE LA ACCIÓN DE
PARTICIÓN DE
HERENCIA

1. GAIUS libro septimo ad edictum provinciale. Haec actio proficiscitur e lege duodecim tabularum:　　namque coheredibus volentibus a communione discedere necessarium videbatur aliquam actionem constitui, qua inter eos res hereditariae distribuerentur.

1. GAYO *en el libro séptimo de los comentarios al edicto provincial*. Esta acción proviene de la Ley de las Doce Tablas, porque cuando los coherederos querían separarse de la comunidad, pareció necesario establecer alguna acción por medio de la cual se distribuyeran entre ellos los bienes de la herencia.

§1. Quae quidem actio nihilo minus ei quoque ipso iure competit, qui suam partem non possidet: sed si is qui possidet neget eum sibi coheredem esse, potest eum excludere per hanc exceptionem 'si in ea re, qua de agitur, praeiudicium hereditati non fiat'. Quod si possideat eam partem, licet negetur esse coheres, non nocet talis

§1. A decir verdad, dicha acción también compete sin embargo por el mismo derecho a quien no posee su parte; pero si quien posee negase que aquel sea su coheredero, puede excluirlo con esta excepción: 'si en la cosa sobre la cual se litiga no se

exceptio: quo fit, ut eo casu ipse iudex, apud quem hoc iudicium agitur, cognoscat, an coheres sit: nisi enim coheres sit, neque adiudicari quicquam ei oportet neque adversarius ei condemnandus est.

prejuzgara respecto de la herencia'. Pero si poseyese aquella parte, aunque se niegue que es coheredero, no perjudica tal excepción; de lo cual resulta que en este caso el mismo juez ante quien se ventila este juicio conozca de si es coheredero; porque si no lo fuera, ni debe adjudicársele cosa alguna, ni debe ser condenado a su favor el adversario.

2. ULPIANUS libro nono decimo ad edictum. Per familiae erciscundae actionem dividitur hereditas, sive ex testamento sive ab intestato, sive ex lege duodecim tabularum sive ex aliqua lege deferatur hereditas vel ex senatus consulto vel etiam constitutione: et generaliter eorum dumtaxat dividi hereditas potest, quorum peti potest hereditas.

2. ULPIANO *en el libro décimo noveno de los comentarios al edicto.* Por la acción de partición de herencia se divide una herencia, ya sea deferida la herencia en virtud de testamento, ya abintestato, ya por la Ley de las Doce Tablas, ya por alguna otra ley o senadoconsulto, o también por una constitución imperial. Y por regla general solo puede dividirse la herencia que puede reclamarse con la petición de herencia.

§1. Si quarta ad aliquem ex constitutione divi Pii adrogatum deferatur, quia hic neque heres neque bonorum possessor fit, utile erit familiae erciscundae iudicium necessarium:

§1. Si en virtud de la constitución del Divino Antonino Pío se defiriese la cuarta parte de la herencia a algún arrogado, será necesaria la acción útil de partición de herencia porque el arrogado no se vuelve ni heredero ni poseedor de bienes.

§2. Item si filii familias militis peculium sit fortius defendi potest hereditatem effectam per constitutiones, et ideo hoc iudicio locus erit.

§2. Lo mismo ocurre si el peculio fuese de un hijo de familia militar. Y puede sostenerse con mayor razón que en estos casos hubo una herencia en virtud de las

§3. In familiae erciscundae iudicio unusquisque heredum et rei et actoris partes sustinet.

§4. Dubitandum autem non est, quin familiae erciscundae iudicium et inter pauciores heredes ex pluribus accipi possit.

§5. In hoc iudicium etsi nomina non veniunt, tamen, si stipulationes interpositae fuerint de divisione eorum, ut stetur ei et ut alter alteri mandet actiones procurtoremque eum in suam rem faciat, stabitur divisioni.

3. GAIUS libro septimo ad edictum provinciale. Plane ad officium iudicis nonnumquam pertinet, ut debita et credita singulis pro solido aliis alia adtribuat, quia saepe et solutio et exactio aprtium non minima incommoda habet, nec tamen scilicet haec adtributio illus efficit, ut quis solus totum debeat vel totum alicui soli debeatur, sed ut, sive agendum sit, partim suo partim procuratorio nomine agat, sive cum eo agatur, partim suo partim procuratorio nomine conveniatur. Nam licet libera potestas esse maneat creditoribus cum singulis experiundi, tamen et his libera potestas est suo loco substituendi eos, in quo sonera actionis officio iudicis

constituciones imperiales y, por ende, tendrá lugar este juicio.

§3. En el juicio de partición de herencia cada uno de los herederos tiene la calidad de actor y demandado.

§4. No debe dudarse de que también pueda darse el juicio de partición de herencia entre unos pocos herederos de un conjunto de varios.

§5. Aunque no se comprenden los créditos en este juicio, sin embargo, si se hubieren interpuesto estipulaciones sobre su división con objeto de que la división sea observada, y para que alguien encomiende a otro las acciones nombrándolo procurador en su casua, se observará la división.

3. GAYO *en el libro séptimo de los comentarios al edicto.* A decir verdad, algunas veces corresponde al ministerio del juez adjudicar totalmente las deudas y los créditos a unos herederos, y otros a otros, porque con frecuencia ofrecen grandes incomodidades tanto el pago como el cobro de las porciones. Mas esta adjudicación no hace que uno solo lo deba todo o que todo se deba a uno solo, sino que, si hubiera de demandarse, demande parte en su nombre y parte como procurador, y si se demandase contra él, sea demandao parte en

translata sunt.

su nombre y parte como procurador. Porque aunque quede a los acreedores la libre facultad para ejercitar su acción contra cada uno, sin embargo, también estos tienen libre facultad para sustituir en su lugar a aquellos a quienes por ministerio del juez se les transfirieron las cargas de la acción.

4. *ULPIANUS libro nono decimo ad edictum. Ceterae itaque res praeter nomina veniant in hoc iudicium. Sin autem nomen uni ex heredibus legatum sit, iudicio familiae erciscundae hoc heres consequitur.*

4. ULPIANO *en el libro décimo noveno de los comentarios al edicto.* Y así, todas las demás cosas, excepto los créditos, se comprenden en este juicio. Pero si se le legase un crédito a uno solo de los herederos, el heredero lo obtiene por el juicio de partición de herencia.

§1. Mala medicamenta et venena veniunt quidem in iudicium, sed iudex omnino interponere se in his non debet: boni enim et innocentis viri officio eum fungi oportet: tantundem debebit facere et in libros improbatae lectionis, magicis forte vel his similibus, haec enim omnia protinus corrumpenda sunt.

§1. Los malos fármacos y los venenos se incluyen ciertamente en el juicio de partición de hrencia, pero el juez no debe intervenir para nada en estas cosas, pues debe desempeñar oficio de varón recto e inocente. Otro tanto deberá hacer también respecto a los libros de reprobada lectura, como los de magia y otros semejantes, porque todas estas cosas deben ser destruidas de inmediato.

§2. Sed et si quid ex peculatu vel ex sacrilegio quaesitum erit vel vi aut latrocinio aut adgressura, hoc non dividetur.

§2. Pero si se adquirió alguna cosa por medio de peculado, de sacrilegio, de violencia, latrocinio o asalto, tampoco esto se dividirá.

§3. Sed et tabulas testamenti debebit aut

§3. También deberá disponer que

apud eum, qui ex maiore parte heres est, iubere manere aut in aede deponi. Nam et Labeo scribit vendita hereditate tabulas testamenti descriptas deponi oportere: heredem enim exemplum debere dare, tabulas vero authenticas ipsum retinere aut in aede deponere.

las tablas del testamento queden en poder del heredero de la mayor parte, o bien que sean depositadas en el archivo público. Porque también Labeón escribe que una vez vendida la herencia, deben depositarse la copia de las tablas del testamento, pues el heredereo debe dar una copia y retener él las tablas auténticas o depositarlas en el archivo.

5. GAIUS libro septimo ad edictum provinciale. Si quae sunt cautiones hereditariae, eas iudex curare debet ut apud eum maneant, qui maiore ex parte heres sit, ceteri descriptum et recognitum faciant, cautione intrposita, ut, cum res exegerit, ipsae exhibeantur. Si omnes isdem ex partibus heredes sint nec inter eos conveniat, apud quem potius esse debeant, sortiri eos oportet: aut ex consensu vel sufragio eligendus est amicus, apud quem deponantur: vel in aede sacra deponi debent.

5. GAYO *en el libro séptimo de los comentarios al edicto provincial.* Si en la herencia hay algunas escrituras que contengan obligaciones, el juez debe procurar que queden en poder del heredero de la mayor parte, y que los demás saquen una copia cotejada, habiendo mediado garantía de que serán exhibidas cuando el caso lo exija. Si todos fueran herederos por partes iguales, y no se convino entre ellos en poder de quién deben quedar preferentemente, lo echarán a la suerte, o se elegirá por unanimidad o por mayoría de votos a un amigo en cuyo poder se depositen, o bien deberán depositarse en el archivo sagrado.

6. ULPIANUS libro non decimo ad edictum. Nam ad licitationem rem deducere, ut qui licitatione vicit hc haceat instrumenta hereditaria, non placet neque mihi neque Pomponio.

6. ULPIANO *en el libro décimo noveno de los comentarios al edicto.* Porque sacar la cosa a subasata para que quien venza en ella retenga los documentos de la herencia, no nos parece correcto ni a mí ni a Pomponio.

7. VENULEIUS libro septimo stipulationum. Si heres unus, cum sub condicione adiectum coheredem aut apud hostes haberet, dixerit se heredem esse et actione expertus vicerit, deinde condicio heredis exstiterit vel postliminio redierit, an victoria commodum debeat cum eo communicare? Nam indubitate iudicati actio ei in solidum competit. Et electionem coheredi dandam, id esta ut communicandam eam aut experiundi faciendam potestatem huic, qui post victoriam coheredis effectus sit heres aut reversus sit in civitatem. Idemque observandum, si postea natus sit postumus, non enim his personis silentium imputare potest, cum ad hereditatem post victoriam coheredis pervenerint.

7. VENULEYO *en el libro séptimo de las estipulaciones.* Si un heredero, teniendo bajo condición a un coheredero o en poder de los enemigos, hubiere obtenido el reconocimiento judicial de que él es único hredero, y habiendo ejercitado su acción hubiere vencido, y después se cumpliere la condición del otro heredero o este hubiere regresado por el postliminio, ¿deberá aprovechar al otro la sentencia favorable – porque sin duda le compete solidariamente la acción de cosa juzgada-? Y debe darse la elección al coheredero, es decir, que o aquella se extienda a quien después de la victoria del coheredero llegó a ser heredero o volvió a la patria, o ha de concederse facultad para demandar. Y lo mismo debe observarse si después naciera un hijo póstumo, porque a estas personas no puede imputárseles el silencio cuando llegaron a la herencia después de la sentencia favorable al coheredero.

8. ULPIANUS libro nono decimo ad edictum. Pomponius scribit, si uni ex heredibus praelegatae fuerint rationes, non prius ei tradendas, quam coheredes descripserint. Nam et si servus actor, inquit, fuerit legatus, non alias eum tradendum, quam rationes reddiderit, non videbimus, numquid et cautio sit

8. ULPIANO *en el libro décimo noveno de los comentarios al edicto.* Pomponio escribe que si a uno de los herederos se le prelegasen las cuentas de la herencia, no deben entregárseles antes de que los coherederos hayan sacado copia, porque dice que si se legase el

interponenda, ut, quotiens desideratae fuerint rationes vel acto praelegatus, copia eorum fiat? Plerumque enim authenticae rationes sun necessariae actori ad instruenda ea quae postea emergunt ad notitiam eius spectantia. Et necessarium est cautionem ab eo super hoc coheredibus praestari.

esclavo administrador, tampoco debe ser entregado antes de que rindiese cuentas. Ahora veamos si debe interponerse también caución para que siempre que se pidieren las cuentas o el esclavo administrador prelegado, se exhiban ellos; porque muchas veces el administrador necesita las cuentas auténticas para resolver las cuestiones relativas a su cargo que surgen después. Y es necesario que sobre esto se orotgue caución a los coherederos.

§1. Idem Pomponius ait columbas, quae emitti solent de columbario, venire in familiae erciscundae iudicium, eum nostrae sint tamdiu, quamdiu consuetudinem habeant ad nos revertendi: quare si quise as adprehendisset, furti nobis competit actio. Idem et in apibus dicitur, quia in patrimonio nostro computatur.

§1. Pomponio también dice que las palomas que suelen soltarse del palomar se incluyen en el juicio de partición de herencia, porque son nuestras mientras tengan la costumbre de volver a nuestra casa; por lo que si alguien las atrapa compete a nosotros la acción de robo. Lo mismo se dice respecto a las abejas, porque se cuentan en nuestro patrimonio.

§2. Sed et si quid de pecoribus nostris a bestia ereptum sit, venire in familiae erciscundae iudicium putat, si feram evaserit: nam magis esse, ut non desinat nostrum esse, inquit, quod a lupo eripitur vel alia bestia, tamdiu, quamdiu ab eo non fuerit comsumptum.

§2. Igualmente, si alguna de nuestras reses fue arrebatada por una bestia salvaje, opina que se incluye en el juicio de partición de herencia si se hubiere escapado de la fiera, porque dice ser lo más cierto que no deja de ser nuestro lo que arrebata un lobo u otra fiera mientras ésta no lo haya consumido.

9. PAULUS libro vicensimo tertio ad edictum. Veniunt in hoc iudicium res,

9. PAULO *en el libro vigésimo tercero de los comentarios al edicto.* En este

quas heredes usuceperunt, cum defuncto traditae essent: hae quoque res, quae heredibus traditae sunt, sum defunctus emisset:

juicio se incluyen las cosas que fueron entregadas al difunto y que usucapieron los herederos; también las cosas que, habiéndolas comprado el difunto, se entregaron a los herederos;

10. ULPIANUS *libro nono decimo ad edictum. ... item praedia, quae nostri patrimonio sunt, sed et vectigalia vel superficiaria: nec minus hae quoque res, quas alienas defunctus bona fide possidet.*

10. ULPIANO *en el libro décimo noveno de los comentarios al edicto.* ... asimismo los predios tributarios que están en nuestro patrimonio, y también los predios a censo o los superficiarios, y no menos también las cosas ajenas que el difunto posee de buena fe.

11. PAULUS *libro vicensimo tertio ad edictum. Partum quoque editum et post aditam hereditatem...*

11. PAULO *en el libro vigésimo tercero de los comentarios al edicto.* También el hijo dado a luz por una esclava hereditaria incluso después de aceptada la herencia...

12. ULPIANUS *libro nono decimo ad edictum. ... et post litem contestatam Sabinus scribit in familiae erciscundae iudicium venire et adiudicari posse.*

12. ULPIANO *en el libro décimo noveno de los comentarios al edicto.* ... e incluso después de contestada la demanda, escribe Sabino, también se incluye en el juicio de partición de herencia, y puede ser adjudicado.

§1. Idem erit et si servis hereditariis ab extraneo aliquid datum sit.

§1. Lo mismo será también si un tercero les hubiera dado algo a los esclavos de la herencia.

§2. Res, quae sub condicione legata est, interim heredum est et ideo venit in familiae erciscundae iudicium et adiudicari potest cum sua scilicet causa, ut existente condiciones eximatur ab eo cui adiudicata esta ut deficiente condicione ad eos revertatur a quibus

§2. La cosa que fue legada bajo condición es interinamente de los herederos y, por tanto, se incluye en el juicio de partición de herencia, y puede ser adjudicada, por supuesto, con sus accesorios, de modo que, cumpliéndose la

relicta est. Idem et in statulibero dicitur, qui interim est heredam, existente autem condicione ad libertatem perveniat.

condición, se le quite a aquel a quien se le adjudicó, o frustrándose la condición, revierta a aquellos herederos a cuyo cargo fue dejada. Lo mismo se dice respecto del esclavo manumitido bajo condición por testamento, el cual es interinamente de los herederos, pero al cumplirse la condición alcanza la libertad.

13. *PAPINIANUS libro septimio quaestionum. Alienationes enim post iudicium acceptum interdictae sunt dumtaxat voluntariae, non quae vetustiorem causam et originem iuris habent necessariam.*

13. PAPINIANO *en el libro séptimo de las cuestiones.* Porque están prohibidas las enajenaciones después de aceptado el juicio, pero solo las que son voluntarias, no las que tienen causa anterior y se fundan en necesidad de derecho.

14. *ULPIANUS libro nono decimo ad edictum. Sed et si usucapio fuerit coepta ab eo, qui heres non erat, ante litem contestatam et postea impleta fuerte, rem de iucidio subducit.*

14. ULPIANO *en el libro décimo noveno de los comentarios al edicto.* También si empezase la usucapión antes de contestada la demanda por parte de quien no era heredero, y se hubiere completado después, aparta la cosa del juicio.

§1. Usus fructus an in iudicium deducatur, quaeritur: ut puta si deducto usu fructu fundus fuit ab heredibus legatus...

§1. Se pregunta si se treaerá el usufructo a este juicio, por ejemplo, si se legó un fundo a cargo de los herederos previa deducción del usufructo ...

15. *PAULUS libro vicensimo tertio ad edictum. ... vel si servo hereditario usus fructus legatus sit: nec enim a personis discedere sine interitu sui potest.*

15. PAULO *en el libro vigésimo tercero de los comentarios al edicto.* ... o si a un esclavo de la herencia se le legase el usufructo, porque éste no puede separarse de quienes lo tienen sin la extinción del mismo.

16. *ULPIANUS libro nono decimo ad edictum. Et puto officio iudicis contineri, ut, si volent heredes a communione usus fructus discedere, morem eis gerat cautionibus interpositis.*

16. ULPIANO *en el libro décimo noveno de los comentarios al edicto.* Y opino que entre las atribuciones del juez está complacer a los herederos si quisieran separarse de la comunidad del usufructo, mediando las debidas cauciones.

§1. Iulianus ait, si alii fundum, alii usum fructum fundi iudex adiudicaverit, non communicari usum fructum.

§1. Dice Juliano que, si el juez hubiere adjudicado a uno el fundo y a otro el usufructo del fundo, el usufructo no se hace común.

§2. Usus fructus et ex certo tempore et usque ad certum tempus et alternis annis adiudicari potest.

§2. El usufructo puede ser adjudicado desde cierto tiempo, hasta cierto tiempo y para años alternativos.

§3. Id quod aamnis fundo post litem contestatam alluit, aeque venit in hoc iudicium.

§3. Lo que el río agregó por aluvión a un fundo después de contestada la demanda, viene igualmente incluido en este juicio.

§4. Sed et si dolo vel culpa quid in usum fructum ab uno ex heredibus factum sit, hoc quoque in iudicium venir Pomponius ait: nam et omnia, qua equis in hereditate dolo aut culpa fecit, in iudicium familiae erciscundae veniunt, sic tamen, si quasi heres fecerit. Et ideo si vivo testatore unus ex heredibus pecuniam sustulerit, in familiae erciscundae iudicium ea non venit, quia tunc nondum heres erat; ubi autem quasi heres fecit, etsi aliam praeterea quis actionem habeant, tamen teneri eum familiae erciscundae iudicio Iulianus scribit.

§4. Si uno de los herederos hizo algo contra el usufructo con dolo o culpa, dice Pomponio que también esto se incluye en el juicio. Porque también todo lo que con dolo o culpa hizo alguen en la herencia se comprende en el juicio de partición de herencia, pero siempre que lo hiciera como heredero. Por tanto, si viviendo el testador uno de los herederos quitó una cantidad de dinero, ésta no se incluye en el juicio de partición de herencia, porque en ese momento aún no era heredero; mas si lo hizo ya siendo heredero, escribe Juliano que, aunque alguno tenga además otra acción, queda sin embargo obligado aquél por la acción de partición de herencia.

§5. Denique ait, si unus ex heredibus rationes hereditarias deleverit vel interleverit, teneri quidem lege Aquilia, quasi corruperit: non minus autem etiam familiae erciscundae iudicio.

§5. Finalmente dice que, si uno de los herederos borró o rayó las cuentas de la herencia, ciertamente es responsable por la ley Aquilia de daño como si las alterase, aunque también lo es por la acción de partición de herencia.

§6. Item si servuls hereditarius propriam rem heredum unius subripuerit, Ofilius ait esse familiae erciscundae actionem et communi dividundo furtique actionem cessare. Quare agentem familiae erciscundae iudicio consecuturum, ut aut ei servus adiudicetur aut litis aestimatio in simplum offeratur.

§6. Si un esclavo de la herencia sustrajo una cosa propia de uno de los herederos, dice Ofilio que procede la acción de partición de herencia, y que dejan de tener lugar la acción de división de cosa común y la de robo; por lo cual, el demandante habrá de conseguir en el juicio de partición de herencia que se la adjudique el esclavo o que se le ofrezca la estimación del litigio en su valor simple.

17. GAIUS libro septimo ad edictum provinciale. Damno commisso ab uno herede conveniens est dicere simpli habendam aestimationem in familiae erciscundae iudicio.

17. GAYO *en el libro séptimo de los comentarios al edicto provincial.* Si uno de los herederos provocó un daño, es lógico decir que debe obtenerse la estimación del valor simple en el juicio de partición de herencia.

18. ULPIANUS libro nono decimo ad edictum. His consequenter Iulianus ait: si ex pluribus heredibus uni servus sit generaliter per optionem legatus et heredes Stichum tabulas hereditarias interlevisse dicant vel corrupisse et propter hoc

18. ULPIANO *en el libro décimo noveno de los comentarios al edicto.* En relación con esto dice Juliano que si a uno solo de varios hrederos se le legase sin determinar un esclavo de su elección y los

renuntiaverint, ne optaretur servus, deinde optatus vindicetur, poterunt, si ab eis vindicetur, doli mali exceptione uti et de servo quaestionem habere.

herederos dijeran a Estico de haber rayado o alterado las tablas de la herencia, notificándoselo para que no se elija aquel esclavo, pero después lo eligieran y fuera reivindicado, podrán, si así se les demandase, usar de la excepción de dolo malo y someter a tormento al esclavo.

§1. Sed an in familiae erciscundae iudicium de morte uxoris liberorumque suorum habebunt quasetionem heredes, quaeritur et rectissime Pomponius ait haec ad divisionem rerum hereditariarum non pertinere.

§1. Pero se pregunta si en el juicio de partición de herencia pueden los herederos obtener información mediante tormento debido a la muerte del testador, de su mujer o de sus hijos; y dice Pomponio con muchísima razón que esto no corresponde a la división de los bienes hereditarios.

§2. Idem quaerit, si quis testamento caverit, ut servus exportandus veneat, officio familiae erciscundae iudicis contineri, ut voluntas defuncti non intercidat. Sed et cum monumentum iussit testator fieri, familiae erciscundae agent, ut fiat. Idem tamen temptat, quia heredum interest, quos ius monumento sequitur, praescriptis verbis posse eos experiri, ut monumentum fiat.

§2. Juliano también señala que si alguien dispuso en el testamento que se vendiera el esclavo que debía exportarse, en las atribuciones del juez de la partición de la herencia se incluye el no dejar sin cumplir la voluntad del difunto. Pero también cuando el testador dispuso que se hiciera una sepultura, ejercitarán la acción de partición de herencia para que se haga. Pero pretende el mismo Juliano que, como interesa a los herederos a quienes incumbe el derecho de sepultura, pueden ellos demandar con la acción de palabras prescritas para que se haga la sepultura.

§3. Sumptuum, quos unus ex heredibus bona fide fecerit, usuras quoque consequi

§3. Según respuesta escrita de los emperadores Septimio Severo y

potest a coberede ex die morae secundum rescriptum imperatorum Severi et Antonini.

Antonino Caracala, uno de los herederos también puede conseguir de su coheredero los intereses de los gastos que él solo hubiere hecho de buena fe desde el día del retraso.

§4. Celsus etiam illud eleganter adicit coheredem et si non solvit habere familiae erciscundae iudicium, ut cogatur coheres solvere, cum alias non sit liberaturus rem creditor, nisi in solidum et satisfiat.

§4. Añade también Celso elegantemente que el coheredero, aunque no haya pagado, tiene la acción de partición de herencia para que se obligue a pagar al coheredero su parte cuando el acreedor solo deje libre cuando se le pague por completo.

§5. Si filius familias patri heres pro parte extitisset et a creditoribus peculiaribus conveniretur, cum paratus sit solvere id omne quod debetur, per doli exceptionem consequetur a creditoribus mandari sibi actiones: sed etiam familiae erciscundae iudicium cum coheredibus habet.

§5. Si un hijo de familia quedase heredero de su padre en parte y los acreedores de su peculio lo demandasen, estando dispuesto a pagar todo lo que se debe, conseguirá de los acreedores por medio de la excepción de dolo que se le cedan las acciones; pero también tiene contra los coherederos la acción de partición de hrencia.

§6. Cum unus ex heredibu legatum exsolvit ei, qui missus fuerat in possessioneem legatorum servandorum causa, putat Papinianus, et verum est, familiae erciscundae iudicium et competere adversus coheredes, quia non alias discederet legatarius a possessionee, quam vice pignoris erat consecutus, quam si totum ei legatum fuisset exsolutum.

§6. Cuando uno de los herederos pagó el legado a quien había sido puesto en posesión por causa de conservar los legados, juzga Papiniano, y es verdad, que le compete contra el juicio de partición de herencia los coherederos, porque el legatario no se apartaría de la posesión que había conseguido a modo de prenda, más que si se le hubiese pagado todo el legado.

§7. Sed et si quis Titio debitum solverit, ne pignus veniret, Neratius scribit

§7. También si alguien paga a Ticio una deuda para que no se

familiae erciscundae iudicio eum posse experiri.

venda la prenda, escribe Neracio que él puede reclamar por la acción de partición de herencia.

19. *GAIUS libro septimo ad edictum provinciale. Item ex diverso similiter prospicere iudex debet, ut, quod unus ex heredibus ex re hereditaria percepit stipulatusve est, non ad eius solius lucrum pertineat. Quae ita scilicet consequetur iudex, si aut reputationes inter eos fecerit aut si curaverit cautiones interponi, quibus inter eos communicentur commoda et incommoda.*

19. GAYO *en el libro séptimo de los comentarios al edicto provincial.* Por el contrario, el juez también debe cuidar que uno de los herederos no lucre solo en su beneficio de lo que percibió o estipuló por cosa de la herencia. Lo que conseguirá el juez si entre ellos se hacen compensaciones o si procura de que se interpongan garantías por las cuales se vuelvan comunes entre ellos las pérdidas y las ganancias.

20. *ULPIANUS libro nono decimo ad edictum. Si filia nupta, quae dotem conferre debuit, per errorem coheredum ita cavit, ut, quod a marito reciperasset, pro partibus hereditariis solveret, nihilo minus arbitrum familiae erciscundae sic arbitraturum Papinianus scribit, ut, etiamsi constante matrimonio ipsa diem suum obierit, conferatur dos: nam imperitia, inquit, coheredum iurisdictionis formam mutare non potuit.*

20. ULPIANO *en el libro décimo noveno de los comentarios al edicto.* Si la hija casada que debió colacionar la dote, por error de los coherederos dio garantía de que lo que recuperase de su marido lo pagaría a prorrata de las porciones de laherencia, escribe Papiniano que, pese a ello, el árbitro de la partición de herencia deberá arbitrar de modo que se colacione la dote, aunque ella falleciera subsistiendo el matrimonio, porque dice Papiniano que la impericia de los coherederos no pudo cambiar la costumbre de la jurisdicción para la caución de colacionar la dote.

§1. Si filius familias iussu patris obligatus sit, debebit hoc debitum praecipere: sed et si in rem patris vertit,

§1. Si el hijo de familia se obligó con autorización del padre, deberá cobrar antes esta deuda;

idem placet, et si de peculio, peculium praecipiet: et ita imperator noster rescrwipsit.

pero también se establece lo mismo si pagó en utilidad del padre, y si se obligó con el peculio tendrá preferencia respecto al peculio; y así respondió por escrito nuestro emperador Antonino Caracala.

§2. Hoc amplius filius familias heres institutus dotem uxoris suae precipiet, nec immerito, quia ipse onera matrimonii sustinet, integram igitur dotem praecipiet et cavebit defensum iri coheredes, qui ex stipulatu possunt conveniri. Idem et si alius dotem dedit et stipulatus est, nec solum uxoris suae dotem, sed etiam filii sui uxoris, quasi hoc quoque matrimonii onus ad ipsum spectet, quia filii onera et nurus ipse adgnoscere necesse habet, praecipere autem non solum patri datam dotem filium oportere, verum etiam ipsi filio Marcellus scribit, sed filio datam tamdiu, quamdiu peculium patitur vel in rem patris versum sit.

§2. Además de esto, el hijo de familia instituido heredero tendrá preferencia en la dote de su mujer y no sin razón, porque él sostiene las cargas del matrimonio. Por tanto, percibirá antes la dote íntegra y dará caución de que serán defendidos los coherederos que pueden ser demandados por la acción para reclamar la restitución de la dote. lo mismo también si otro dio la dote y estipuló. Y no solo la dote de su mujer, sino también la de la mujer de su hijo, como que le corresponde también esta carga del matrimonio, porque él tiene necesidad de soportas las cargas del hijo y de la nuera. Escribe Marcelo que el hijo debe tener preferencia no solo en la dote dada al padre, sino también en la dada al propio hijo, pero la dada al hijo según lo permita el peculio o se haya convertido en utilidad del padre.

§3. Si pater inter filios sine scriptura bona divisit et onera aeris alieni pro modo possessioneum distribuit, non videri simplicem donationem, sed potius supremi iudicii divisionem Papinianus ait plane, inquit, si creditores eos pro

§3. Si el padre dividió sin escritura los bienes entre sus hijos y distribuyó las cargas de las deudas en proporción de las posesiones, dice Papiniano que esto no se considera simple donación, sino

portionibus hereditariis conveniant et unus placita detrectet, posse cum eo praescriptis verbis agi, quasi certa lege permutationem fecerint, scilicet si omnes res divisae sunt.

más bien partición por última voluntad. Claro que, como dice Papiniano, si los acreedores los demandasen según sus porciones hereditarias y uno faltase a lo dispuesto, puede ejercerse contra él la acción de palabras prescritas, como si hubieran hecho una permuta con pacto cierto, es decir, en caso de que se hubieran dividido todos los bienes.

§4. Familiae erciscundae iudicium amplius quam semel agi non potest nisi causa cognita: quod si quaedam res indivisae relictae sunt, communi dividundo de his agi potest.

§4. La acción de partición de herencia solo puede ejercerse una vez, salvo si el magistrado lo admite con conocimiento de causa. Pero si se dejaron indivisas algunas cosas, puede demandarse repecto a ellas con la acción de división de cosa común.

§5. Papinianus ait, si uni ex heredibus onus aeris alieni iniungatur citra speciem legati, officio iudicis familiae erciscundae cognoscentis suscipere eum id oportere, 'sed non ultra dodrantem portionis suae, ut quadrantem illibatum habeat': indemnes igitur coheredes suos praestare cavebit.

§5. Dice Papiniano que si a uno de los herederos se le impone la carga de una deuda sin constituirse legado, debe aceptarla por ministerio del juez que conoce de la partición de la herencia, pero no por más de los tres cuartos de su porción, para que le quede íntegra la otra cuarta parte; por tanto, dará caución de dejar indemnes a sus coherederos.

§6. Idem scribit et si filius in muneribus publicis, in quibus pater ei consentit, reliquatus est et pro parte heres scriptus est, hoc quoque debere praecipere, quia et hoc patris aes alienum fuit: sed si qua munera post mortem patris suscepit, ab his heredes patris soluti sunt.

§6. El mismo Papiniano escribe que si un hijo de familia quedó a deber por motivo de cargos públicos que el padre le consintió, y luego fue instituido heredero en una parte, también esto debe percibirlo antes, porque también esto era deuda del padre; pero si aceptó algunos cargos después de la muerte del padre, están exentos de las deudas correspondientes.

§7. Neratius autem respondit: eum qui plures filios haberet, unum ex filiis ἀγωνοδεσιαν (muneris editionem) suscepturum professum esse et priusquam honore fungeretur, mortuum esse omnibus filiis heredibus institutis, et quaestium esse, an si filius, quod in eam rem impendisset, familiae erciscundae consequatur: eique respondisse nulla actione idem consequi posse, quod merito displicet debet itaque hoc in familiae erciscundae iudicium venire.

§7. Neracio respondió al siguiente caso: uno que tenía muchos hijos declaró que uno de los hijos debía encargarse de dar la fiesta de costumbre, pero murió antes de desempeñar el cargo, dejando herederos a todos sus hijos; se preguntó si este hijo conseguiría en la partición de la herencia lo que hubiese gstado en aquel encargo, y Neracio contestó que no podía conseguirlo por ninguna acción. Lo que con razón no parece bien y, por tanto, debe esto ser incluido en el juicio de partición de herencia.

§8. Item Papinianus scribit, si maritus alterum ex heredibus onus dotis solvendae, quae in stipulationem venit, suscipere iussit et mulier adversus utrumque dirigat dotis petitionem, coheredem esse defendendum ab eo, qui suscipere onus iussus est. Sed legata, quae ab utroque pro dote data electa dote retinentur, in compendio coheredis esse, qui debito levatur, non oportet, videlicet ut coheres, qui onus aeris alieni suscepit, officio iudicis legatum conseuatur. 'Et verum est hoc, nisi aliud testator edixit'.

§8. También escribe Papiniano que si el marido dispuso que uno de dos herederos tomase la obligación de restituir la dote, objeto de una estipulación, y la mujer demandase a ambos la petición de la dote, el coheredero deberá defenderse contra aquel a quien se le ordenó tomar la obligación. Pero si habiéndose dejado a cargo de ambos los legados en lugar de la dote, la mujer eligiera cobrar la dote y los legados quedasen retenidos, no deben redundar éstos en beneficio del coheredero que fue relevado de la deuda, sino que el coheredero que asumió la carga de la deuda, debe conseguir el legado por ministerio del juez. Y esto es verdad si el testador no

§9. Idem scribit, quod uni ex coheredibus statuliber condicionis implendae nomine dedit de peculio, in hoc iudicium non venire nec communicari debere:

§9. También escribe Papiniano: lo que el esclavo manumitido por testamento bajo condición dio de su peculio a uno de los coherederos para cumplir la condición, no se incluye en este juicio ni debe hacerse común,

21. *PAULUS libro vicensimo tertio ad edictum. … idem et in communi dividundo.*

21. PAULO *en el libro vigésimo tercero d elos comentarios al edicto. …* lo mismo procede en la acción de división de cosa común.

22. *ULPIANUS libro nono decimo ad edictum. Item Labeo scribit, si unus heredum thensaurum relictum a testatore effodit, familiae erciscundae iudicio eum teneri, etsi cum extraneo conscio partitus sit.*

22. PAPINIANO *en el libro décimo noveno de los comentarios al edicto.* También escribe Labeón que si uno de los herederos desenterró un tesoro dejado por el testador, queda obligado por el juicio de partición de herencia, aunque lo reparta con un tercero que sabía donde estaba.

§1. Familiae erciscundae iudex ita potest pluribus eandem rem adiudicare, si aut pluribus fuerit unius rei praeceptio relicta (ubi etiam necessitatem facere Pomponius scribit, ut pluribus adiudicetur) vel si certam partem unicuique coheredem adsignet: sed potest etiam licitatione admissa uni rem adiudicare.

§1. El juez de la partición de herencia puede adjudicar a varios una misma cosa si se dejó a varios la percepción de aquella única cosa (en cuyo caso, escribe también Pomponio, por necesidad debe adjudicarse a varios), o si asigna cierta parte a cada uno de los coherederos; pero también puede adjudicar la cosa a uno solo mediante subasta.

§2. Sed et regionibus divisum fundum posse adiudicare secundum divisionem nemo dubitaverit.

§2. Pero nadie dudará que también el fundo dividido en parcelas puede adjudicarlo conforme a tal division.

§3. Sed etiam cum adiudicat, poterit

§3. También cuando adjudica los

imponere aliquam servitutem, ut alium alii servum faciat ex iis quos adiudicat: sed si pure alii adiudicaverit fundum, alium adiudicando amplius servitutem imponere non poterit.

fundos podrá imponer alguna servidumbre, de modo que haga sirviente a uno respecto a otro de los que adjudica; pero si adjudicó a uno un fundo pura y simplemente, al adjudicar el otro no podrá ya imponerle servidumbre.

§4. Familiae erciscundae iudicium ex duobus constat, id est rebus atque praestatiionibus, quae sun personales actiones.

§4. La acción de partición de herencia versa sobre bienes y prestaciones, es decir, son acciones personales.

§5. Papinianus de re quae apud hostes est Marcellum reprehendit, quod non putat in praestationes eius rei venire in familiae erciscundae iudicium, quae apud hostes est. Quid enim impedicumentum est rei praestationem venire, cum et ipsa veniat...

§5. Respecto de una cosa que está en poder de los enemigos, Papiniano censura a Marcelo porque éste opina que no deben comprenderse en el juicio de partición de herencia las prestaciones de aquella cosa que está en poder de los enemigos; porque, ¿qué impedimento existe para que se comprenda la prestación de la cosa, cuando se comprende la cosa misma...

23. *PAULUS libro vicensimo tertio ad edictum. ... propter spem postliminii? Scilicet cum cautione, quia possunt non reverti: nisi si tantum aestimatus sit dubius eventos.*

23. PAULO *en el libro vigésimo tercero de los comentarios al edicto.* ... en virtud de la esperanza de recuperar por postliminio? Por supuesto, con caución, porque pueden no recuperarse, a no ser que tan solo se haya estimado la dudosa eventualidad de recuperación.

24. *ULPIANUS libro nono decimo ad edictum. Sed et eius rei, quae in rebus humanis esse desiit, veniunt praestationes: et ego Papiniano consentio.*

24. ULPIANO *en el libro décimo noveno de los comentarios al edicto.* Pero también se incluyen las prestaciones de aquella cosa que

§1. Familiae erciscundae iudicium et inter bonorum possessores et inter cum cui restituta est hereditas ex Trebelliano senatus consulto et ceteros honorarios successores locum habet.

25. *PAULUS libro vicensimo tertio ad edictum. Heredes eius, qui apud hostes decessit, hoc iudicio experiri possunt.*

§1. Si miles alium castrensium, alium ceterorum bonorum heredem fecerit, non est locus familiae erciscundae iudicio: divisum est enim per constitutiones inter eos patrimonium, quemadmodum cessat familiae erciscundae iudicium, cum nihil in corporibus, sed omnia in nominibus sunt.

§2. Quantum vero ad accipiendum familiae erciscundae iudicium nihil interest, possideat quis hereditatem nec ne.
§3. De pluribus hereditatibus, quae inter eosdem ex diversis causis communes sint, unum familiae erciscundae iudicium sumi potest.

§4. Si inter me et te Titiana hereditas communis sit, inter me autem et te et

ha dejado de existir, y yo concuerdo con Papiniano.

§1. La acción de partición de herencia procede tanto entre los poseedores de los bienes como entre aquel a quien se restituyó la herencia por virtud del senadoconsulto Trebeliano, y los demás sucesores por derecho honorario.

25. PAULO *en el libro vigésimo tercero de los comentarios al edicto.* Los herederos de aquel que falleció como prisionero de los enemigos pueden demandar con esta acción.

§1. Si un soldado instituyó heredero de sus bienes castrenses a uno y de sus demás bienes a otro, no procede la acción de partición de herencia, porque por las constituciones imperiales el patrimonio está dividido entre ellos, de modo que cesa la partición de herencia cuando no hay bienes corporales, sino que todo son créditos.

§2. Respecto de la aceptación de la acción de partición de herencia, no importa que uno posea o no la herencia.
§3. Respecto de muchas herencias que por diversas causas son comunes a los mismos, puede asumirse una sola acción de partición de herencia.

§4. Si la herencia de Ticio nos fuera común a ti y a mí, y la de

Titium Seiana, posse unum iudicium accipi inter tres Pomponius scribit.

§5. Item si plures hereditates inter nos communes sunt, possumus de una familiae erciscundae iudicium experiri.

§6. Si testator rem communem cum extraneo habebat sive rei suae partem alicui legavit aut heres ante iudicium familiae erciscundae acceptum partem suam alienavit, ad officium iudicis pertinet, ut eam partem, quae testatoris fuit, alieni iubeat tradi.

§7. Quod pro emptore vel pro donato puta coheres possidet, in familiae erciscundae iudicium venire negat Pomponius.

§8. Idem scribit, cum ego et tu heredes Titio extitissemus, si tu partem fundi, quem totum hereditarium dicebas, a Sempronio petieris et victus fueris, mox eandem partem a Sempronio enero et traditus mihi fuerit, agente te familiae erciscundae iudicio non veniet non solum hoc quod pro herede possidetur, sed nec id quod pro emptore: cum enim per iudicem priorem apparuit totam non esse hereditatis, quemadmodum in familiae erciscundae iudicium veniat?

Seyo a mí, a ti y a Ticio, escribe Pomponio que puede aceptarse entre los tres una sola acción.

§5. Igualmente, si muchas herencias nos son comunes, podemos demandar respecto de una sola con la acción de partición de herencia.

§6. Si el testador tenía alguna cosa en común con un tercero, o si legó una parte de su propia casa, o si el heredero enajenó su parte antes de aceptar la acción de partición de herencia, corresponde al ministerio del juez ordenar que se entregue aquella parte que fue del testador a quien pertenece.

§7. Pomponio niega que se incluya en la acción de partición de herencia lo que el coheredero posee a título de compra o de donación.

§8. El mismo Pomponio escribe que si tú y yo fuimos herederos de Ticio, y tú reclamaste a Sempronio parte de un fundo que decías que era todo de la herencia, y fueses vencido en juicio, y luego yo comprase a Sempronio la misma parte y se me entregase el fundo, ejercitando tú la acción de partición de herencia, no solo no se comprenderá lo que se posee a título de heredero, sino tampoco lo que se posee a título de comprador. Porque habiéndose declarado por el primer juez que no toda la cosa era de la herencia,

§9. An ea stipulatio, qua singuli heredes in solidum habent actionem, veniat in hoc iudicium, dubitatur: veluti si is qui viam iter actus stipulatus erat decesserit, quia talis stipulatio per legem duodecim tabularum non dividitur, quia nec potest. Sed verius est non venire eam in iudicium, sed omnibus in solidum competere actionem et, si non praestetur via, pro parte hereditaria condemnationem fieri oportet.

§10. Contra si promisor viae decesseritr pluribus heredibus institutis, nec dividitur obligatio nec dubium est quin duret, quoniam viam promittere et is potest, qui fundum non habet. Igitur quia singuli in solidum tenentur, officio iudicis cautiones interponi debere, ut, si quis ex his conventus 'litis aestimatiionem praestiterit, id pro parte a ceteris consequatur'.

§11. Idem dicendum est et si testator viam legaverit.

¿cómo se comprenderá en la acción de partición de herencia?

§9. Se duda si la estipulación por la cual cada heredero tiene acción por el todo se incluirá en esta acción, por ejemplo, si falleciere el que había estipulado servidumbre de camino, de senda o de paso de ganado, porque tal estipulación no puede dividirse en virtud de la Ley de las Doce Tablas, pues ni siquiera es posible dividirla. Pero es más correcto que no se le incluya en la acción, sino que a todos les competa acción por el todo, y si no se prestase la servidumbre de camino, debe hacerse la condena a favor de cada porción de la herencia.

§10. Por el contrario, si quien promete la servidumbre de camino falleciese habiendo instituido varios herederos, ni se divide la obligación, ni es dudoso que subsiste, porque puede prometer servidumbre de camino incluso quien no tiene fundo. Por tanto, como cada uno está obligado por el total, deben interponerse cauciones por ministerio del juez para que si al ser demandado alguno de estos herederos pagase la estimación del litigio, lo recupere de los demás a prorrata.

§11. Lo mismo se dirá también si el testador legase una servidumbre de camino.

§12. In illa quoque stipulatione prospiciendum est coheredibus, si testator promiserat 'neque per se neque per heredem suum fieri, quo minus ire agere possit', quoniam uno prohibente in solidum committitur stipulatio, ne unius factum ceteris damnosum sit.

§12. También en la estipulación por la cual el testador prometió que 'ni por él ni por su heredero se actuaría de tal manera que se impida el servicio de senda o de paso de ganado', los herederos deberán cuidar que la actuación de uno no perjudique a los demás. Porque al impedir uno de ellos dicha servidumbre se incurre en la totalidad de la pena.

§13. Idem iuris est in pecunia promissa a testatore, si sub poena promissa sit: nam licet haec obligatio dividatur per legem duodecim tabularum, tamen quia nihilum prodest ad poenam evitandam partem suam solvere, sive nondum soluta est pecunia nec dies venit, prospiciendum est per cautionem, ut de indemnitate caveat per quem factum fuerit, ne omnis pecunia solveretur, aut ut caveat se ei qui solidum solverit partem praestaturum: sive etiam solvit unus universam pecuniam quam defunctus promittit, ne poena committeretur, familiae erciscundae iudicio a coheredibus partes recipere poterit.

§13. El mismo derecho vale respecto a una cantidad de dinero prometida bajo pena por el testador, porque, aunque esta obligación se divida por la Ley de las Doce Tablas, sin embargo, como para evitar la pena no basta que uno pague su parte, si todavía no se pagó la cantidad, y no ha vencido el término, deberá procurarse por medio de caución que se dará seguridad de indemnidad a aquel por quien se dejó de pagar toda la cantidad, o que otorgue caución de que pagará su parte al que hubiere pagado el total; o si también uno pagó toda la suma que el difunto prometió para que no se incurriese en la pena, podrá recibir de los coherederos sus partes mediante acción de partición de herencia.

§14. Idem observatur in pignoribus luendis: nam nisi universum quod debetur offeratur, iure pignus creditor vendere potest.

§14. Lo mismo se observa respecto a la liberación de prendas, porque si no se ofreciera todo lo que se adeuda, el acreedor puede vender con justo derecho

§15. Si unus ex coheredibus et litis aestimationem optulerit, cum hoc expediret, id pro parte hoc iudicio consequatur. Idem est et si unus legatorum nomine caverit, ne in possessioneem mitterentur et omnino quae pro parte expediri non possunt si unus cogente necessitate fecerit, familiae erciscundae iudicio locus est.

§16. Non tantum dolum, sed et culpam in re hereditaria praestare debet coheres, quoniam cum coherede non contrahimus, sed incidimus in eum: non tamen diligentiam praestare debet, qualem diligens pater familias, quoniam hic propter suam partem causam habuit gerendi et ideo negotiorum gestorum ei actio non competit: talem igitur diligentiata praestare debet, qualem in suis rebus. Eadem sunt, si duobus res legata sit: nam et hos coniunxit ad societatem non consensus, sed res.

§17. Si incerto homine legato et postea defuncto legatario aliquis ex heredibus legatarii non consentiendo impeiderit legatum, is qui impedit hoc iudicio ceteris

la prenda.

§15. Si uno de los coherederos defendió a un esclavo de la herencia en juicio noxal, y ofreciere la estimación del litigio porque así conviene, obtendrá lo pagado a prorrata en este juicio. Lo mismo procede si solo uno dio caución por los legados para que no se ponga en posesión a los legatarios. Y en general, si apremiando la necesidad solo uno hizo cosas que no pueden ejecutarse parcialmente, procede la acción de partición de herencia.

§16. El coheredero debe responder respecto a una cosa de la herencia no solamente por el dolo, sino también por la culpa, porque no contratamos con el coheredero, sino que con él concurrimos; y así, este no debe prestar la diligencia de un padre de familia diligente, porque él tuvo causa para administrar por razón de su parte; y, por lo tanto, no le compete la acción de gestión de negocios. En consecuencia, debe prestar la misma diligencia que en sus propias cosas. Lo mismo sucede si a dos se les hubiere legado una cosa, porque también a estos los unió en sociedad la cosa, no el consentimiento.

§17. Si habiéndose legado un esclavo indeterminado, y después de fallecido el legatario, uno de los herederos del legatario

quanti intersi eorum damnabitur. Idem est, si e contrario unos ex hereibus, a quibus generaliter homo legatus est quem ipsil elegerint, noluerit consentire, ut praestetur quem solvi omnibus expediebat, et ideo conventi a legatario iudicio pluris damnati fuerint.

impidiese el legado no permitiendo elegir, el que impidió será condenado por esta acción en favor de los demás por cuanto ascienda su interés. Lo mismo ocurre si, por el contrario, uno de los herederos, a cargo de quienes se legó genéricamente el esclavo que ellos mismos eligieron, no quisiera permitir que se diese el que a todos convenía que se entregara y, por ello, al ser demandados por el legatario en juicio, fueron condenados por más.

§18. Item culpae nomine tenetur, qui, cum ante alios ipse adisset hereditatem, servitutes praediis hereditariis debitas passus est non utendo amitti.

§18. También queda obligado por la culpa quien, habiendo aceptado la herencia antes que los demás, permitió que se extinguieran por falta de uso las servidumbres debidas a los predios de la herencia.

§19. Si filius cum patrem defenderet condemantus solverit vel vivo eo vel post mortem, potest aequius dici habere petitionem a coherede in familiae erciscundae iudicio.

§19. Si un hijo que defendía judicialmente a su padre pagó tras ser condenado, ya sea en vida del padre o tras haber fallecido éste, puede decirse que es más justo que tenga derecho a reclamar contra el coheredero en la acción de partición de herencia.

§20. Iudex familiae erciscundae nihil debet indivisum relinquere.

§20. El juez de la partición de herencia no debe dejar nada sin dividir.

§21. Item curare debet, ut de evictione caveatur his quibus adiudicat.

§21. También debe procurar que se otorgue caución de evicción a aquellos a quienes se hacen las adjudicaciones.

§22. Si pecunia, quae domi relicta non est, per praeceptionem relicta sit, utrum

§22. Si la cantidad que no se dejó en la casa fue legada por

universa a coheredibus praestanda sit an pro parte hereditaria, quemadmodum si pecunia in hereditate relicta esset, dubitatur. Et magis dicendum est, ut id praestandum sit, quod praestaretur, si pecunia esset inventa.

percepción preferente, se duda de se deben pagarla íntegramente los coherederos o según su porción hereditaria, como si se hubiera dejado la cantidad en la herencia. Y más bien debe responderse que se pagará lo que se pagaría si aquella cantidad se encontrase en la casa.

26. *GAIUS libro septimo ad edictum provinciale. Officio autem iudicis convenit iubere rem hereditariam venire unam pluresve pecuniamque ex pretiio redactam ei numerari, cui legata sit*

26. GAYO *en el libro séptimo de los comentarios al edicto provincial.* Corresponde al ministerio del juez ordenar que se venda una o muchas cosas de la herencia, y que la cantidad obtenida como precio se entregue a aquel a quien le fue legada.

27. *PAULUS libro vicensimo tertio ad edictum. In hoc iudicio condemnationes et absolutiones in omnium persona faciendae sunt: et ideo si in alicuius persona omissa sit damnatio, in ceterorum quoque persona quod fecit iudex non valebit, quia non potest ex uno iudicio res iudicata in partem valere, in partem non valere.*

27. PAULO *en el libro vigésimo tercero de los comentarios al edicto.* En esta accdión las condenas y las absoluciones deben realizarse respecto a la persona de todos. Y, por tanto, si se omitió la condena de alguno, no será valido tampoco lo que hizo el juez respecto a los demás, porque la cosa juzgada en virtud de una sola acción no puede ser válida en parte y en parte no.

28. *GAIUS libro septimo ad edictum provinciale. Rem pignori creditori datam si per praeceptionem legaverit testator, officio iudicis continetur, ut ex communi pecunia luatur eamque ferat is cui eo modo fuerat legata.*

28. GAYO *en el libro séptimo de los comentarios al edicto provincial.* Si el testador legase por percepción la cosa dada en prenda a un acreedor, corresponde al ministerio del juez que sea redimida con el dinero común, y que se la lleve aquel a quien de este modo había sido legada.

29. *PAULUS libro vicensimo tertio ad edictum. Si pignori res data defuncto sit, dicendum est in familiae erciscundae iudicium venire: sed is cui adiudicabitur in familiae erciscundae iudicio pro parte coheredi erit damnandus nec cavere debet coheredi indemnem eum fore adversus cum qui pignori dederit, quia pro eo erit, ac si hypothecaria vel Serviana actione petita litis aestimatio oblata sit, ut et is qui optulerit adversus dominum vindicantem exceptione tuendus sit. Contra quoque si is heres, cui pignus adiudicatum est, velit totum reddere, licet debito nolit, audiendus est. Non idem dici potest, si alteram partem creditor emerit: adiudicatio enim necessaria est, emptio voluntaria: nisi si obiciatur creditori, quod animose licitus sit. Sed huius rei ratio habebitur, quia quod creditor egit, pro eo habendum est ac si debitor per procuratorem egisset et eius, quod propter necessitatem impendit, etiam ultro est actio creditori.*

29. PAULO *en el libro vigésimo tercero de los comentarios al edicto.* Si se le dio al difunto una cosa en prenda, debe decirse que ésta se incluye en la acción de partición de herencia. Pero aquel a quien se le adjudica la prenda en la acción de partición de herencia deberá ser condenado según su porción en favor del coheredero. Y no debe otorgar caución al coheredero de que éste saldrá indemne ante aquel que ofreció la prenda, porque será como si por medio de la acción hipotecaria o la Serviana se ofreciera la estimación del litigio, y quien la ofreció debiera ser amparado mediante excepción contra el dueño que la desease reivindicar. Por el contrario, si el heredero a quien se adjudicó la prenda quisiera devolverla íntegra, deberá ser oído aunque el deudor no quiera. No puede decirse lo mismo si el acreedor compró la parte del coheredero, porque la adjudicación es necesaria y la compra voluntaria, a no ser que se objetase al acreedor adjudicatario que pujó en la subasta sin reparar en el precio. Y esto se tendrá en cuenta porque lo que hizo el acreedor debe considerarse como si lo hiciera el deudor por medio de procurador, y así el acreedor tiene acción para recuperar por lo que gastó por necesidad, y aun voluntariamente.

30. *MODESTINUS libro sexto responsorum. Fundus mihi communis est pupillae coheredi: in eo fundo reliquiae sunt conditae, quibus religio ab utriusque patribus debebatur, nam parentes quoque eiusdem pupillae ibi sepulti sunt: sed tutores distrahere fundum volunt: ego non consentio, sed portionem meam possidere malo, cum universitatem emere non possim et velim pro meo arbitrio exsequi ius religionis. Quaero, an recte arbitrum communi dividundo ad hunc fundum partiendum petam an etiam is arbiter, qui familiae erciscundae datur, isdem partibus fungi possit, un hanc possessioneem exemptis ceteris corporibus hereditariis pro iure cuique nobis partiatur. Herennius Modestinus respondit nihil proponi, cur familiae erciscundae iudicio addictus arbiter officium suum etiam in eius fundi de quo agitur divisionem interponere non possit: sed religiosa loca in iudicium non deduci eorumque ius singulis heredibus in solidum competere.*

30. MODESTINO *en el libro sexton de las respuestas.* Tengo con una pupila coheredera un fundo en común, en el cual están inhumados restos humanos a los que se les debía veneración por los padres de ambos, pues los ascendientes de la misma pupila también fueron sepultados allí. Pero los tutores quieren vender el fundo; yo no lo permito, sino que prefiero poseer mi porción, pues no puedo comprar todo el predio, y querría seguir conforme a mi voluntad el derecho de veneración familiar. Pregunto: ¿puedo pedir en derecho un árbitro encargado de la división de cosa común para la partición de este fundo, o también el árbitro que se da para la partición de la herencia podría desempeñar estas mismas funciones, de modo que nos reparta esta posesión según el derecho de cada cual, independientemente de los demás bienes de la herencia? Herenio Modestino respondió que no había impedimento para que el árbitro nombrado para la acción de partición de herencia no pueda interponer sus funciones también para la división del fundo mencionado, pero los lugares religiosos no se incluyen en el juicio, y el derecho de los mismos compete solidariamente a cada uno de los herederos.

31. PAPINIANUS libro septimo quaestionum. Si servus pignori obligatus luatur ab uno ex heredibus, quamvis postea decedat, officium tamen arbitri durat: sufficit enim communionis causa quae praecessit quaeque hodie duraret, si res non intercidisset.

31. PAPINIANO *en el libro séptimo de las cuestiones.* Si el esclavo dado en prenda fuera rescatado por uno de los herederos, aunque después fallezca, subsisten las atribuciones de dividir del árbitro pese a la defunción, porque basta la causa de copropiedad sobre el esclavo que precedió, y que duraría hoy si la cosa no hubiese perecido.

32. IDEM libro secundo responsorum. Quae pater inter filios non divisit post datas actiones vice divisiones, ad singulos pro hereditaria portione pertinent, moo si cetera, quae non divisit, in unum generaliter non contulit vel res datas non sequuntur.

32. EL MISMO *en el libro segundo de las respuestas.* Las cosas que un padre dejó sin dividir entre los hijos después de haber distribuidos las cosas de la herencia a modo de división, y de haber cedido las acciones, pertenecen a cada uno de ellos en proporción a su parte en la herencia, si es que las demás cosas que no dividió no las dejó a uno solo, y no sean accesorias de las cosas distribuidas.

33. IDEM libro septimo responsorum. Si pater familias singulis heredibus fundos legando divisiones arbitrio fungi voluit, non aliter partem suam coheres praestare cogetur, quam si vice mutua partem nexu pignoris liberam consequatur.

33. EL MISMO *en el libro séptimo de las respuestas.* Si un padre de familia quiso fungir como árbitro en la división, legando los fundos a cada uno de los herederos, el coheredcero no estará obligado a entregar su parte salvo que obtuviera recíprocamente la parte que le toca libre de la prenda que

lo obligaba.

34. *IDEM libro octavo responsorum. Servos inter coheredes tempore divisiones aestimatos non emendi, sed dividundo animo pretiis adscriptos videri placuit: quare suspensa condicione mortuos tam heredi quam fideicommissario deperisse.*

34. EL MISMO *en el libro cotavo de las respuestas.* Pareció conveniente que los esclavos valorados entre los coherederos al momento de la división se consideren tasados no con la intención de comprarlos, sino de dividirlos, por lo cual, si fallecen estando pendiente la condición, perecen tanto para el heredero como para el fideicomisario.

35. *IDEM libro duodecimo responsorum. Pomponius Philadelphus dotis causa praedia filiae quam habebat in potestate tradidit et reditus eorum genero solvi mandavit: an ea praecipua filia retinere possit, cum omnes filios heredes instituisset, quaerebatur. Iustam causam retinendae possessioneis habere filiam, quoniam pater praedia de quibus quaerebatur dotis esse voluit et matromonium post mortem quoque patris steterat, respondi: filiam etenim, quae naturaliter agros tenuit, specie dotis cuius capax fuisset defendi.*

35. EL MISMO *en el libro décimo segundo de las respuestas.* Pomponio Filadelfo entregó a una hija que tenía en su potestad unos predios por causa de dote, y mandó que las rentas que producían se pagasen al yerno. Se pregunta si la hija podía retenerlos como propios siendo que el padre había instituido herederos a todos los hijos. Respondí que la hija tenía justa causa para retener la posesión, porque el padre quiso que los predios mencionados sirvieran de dote, y el matrimonio había subsistido después de la muerte del padre, por lo que la hija que de hecho retenía los predios queda protegida por razón de la dote que recibió de su padre.

36. *PAULUS libro secundo quaestionum. Cum putarem te coheredem meum esse idque verum non esset, egi*

36. PAULO *en el libro segundo de las cuestiones.* Creyendo yo que tú eras mi coheredero, no siéndolo en

tecum familiae erciscundae iudicio et a iudice invicem adiudicationes et condemnationes factae sunt: quaero, rei veritate cognita utrum condictio invicem competa tan vindicatio? Et an aliud in eo qui heres est, aliud in eo qui heres non sit dicendum est? respondi: qui ex asse heres erat, si, cum putaret se Titium coheredem habere, acceperit cum eo familiae erciscundae iudicium et condemnationibus factis solverit pecuniam, quoniam ex causa iudicati solvit, repetere non potest. Sed tu videris eo moveri, quod non est iudicium familiae erciscundae nisi inter coheredes acceptum: sed quamvis non sit iudicium, tamen sufficit ad impediendam repetitionem, quod quis se putat condemnatum. Quod si neuter eorum heres fuit, sed quasi heredes essent acceperint familiae erciscundae iudicium, de repetitione idem in utrisque dicendum est, quod diximus in altero. Plane si sine iudice diviserint res, etiam condictionem eorum rerum, quae ei cesserunt, quem coheredem esse putavit qui fuit heres, competere dici potest: non enim transactum inter eos intellegitur, eum ille coheredem esse putaverit.

verdad, te demandé con la acción de partición de herencia, y el juez realizó las adjudicaciones recíprocas y las condenas. Pregunto: una vez conocida la verdad, ¿competerá recíprocamente la acción ejecutiva o la reivindicación, o deberá decirse una cosa respecto al que es heredero y otra respecto al que no lo es? Respondí: quien era heredero universal, creyendo que tenía por coheredero a Ticio, aceptó la acción de partición de herencia entre ambos, y hechas las condenas, pagó la cantidad, así como pagó por causa de la sentencia, no puede repetir como pago de lo indebido. Pero parece que te causa duda el que no haya juicio de partición de herencia si las partes no son coherederos; con todo, aunque no haya juicio basta, sin embargo, que alguien se crea judicialmente condenado para impedir la repetición. Si ninguno de ellos fue heredero, pero aceptaron la acción de partición de herencia como si lo fueran, deberá decirse respecto a ambos lo mismo que dijimos respecto a uno de ellos en cuanto a la repetición. Claro que si se dividieron los bienes sin intervenir juez, puede decirse que también compete la acción ejecutiva de aquellos bienes que se cedieron a quien siendo heredcero creyó que era

coheredero, pues no se entiende que hubo transacción entre ellos por creer que era coheredero.

37. *SCAEVOLA libro duodecimo quaestionum. Qui familiae erciscundae iudicio agit, confitetur adversarium sibi esse coheredem.*

37. ESCÉVOLA *en el libro décimo segundo de las cuestiones.* Quien demanda con la acción de partición de herencia confiesa que la contraparte es su coheredero.

38. *PAULUS libro tertio responsorum. Lucius et Titia fratres emancipati a patre adulti curatores acceperunt: hi communes pecunias ex reditibus redactas singulis subministraverunt: postea omne patrimonium diviserunt: et post divisonem Titia soror Lucio fratri suo coepit quaestionem moveré, quasi amplius accepisset quam ipsa acceperat. Cum Lucius frater eius non amplius sua portione, immo minus quam dimidiam consecutus sit, quaero, an Titiae competat adversus fratrem actio. Paulus respondit, secundum ea quae proponuntur, si Lucius non amplius ex reditu praediorum communium accepit, quam pro hereditaria portione ei competeret, nullam sorori eius adversus eum competere actionem. Idem respondit, cum ex decretis alimentis a praetore amplius fratrem accepisse diceretur quam sororem, non tamen ultra partem dimidiam.*

38. PAULO *en el libro tercero de las respuestas.* Lucio y Ticia, hermanos emancipados por su padre, recibieron curadores siendo todavía menores. Estos proporcionaron a cada uno las cantidades comunes percibidas como rentas de unos predios de ambos. Luego dividieron todo el patrimonio y, tras la división, la hermana Ticia comenzó juicio contra su hermano Lucio diciendo que él recibía más que ella, siendo que su hermano Lucio no había percibido más que su porción, e incluso menos de la mitad. Pregunto: ¿competerá a Ticia acción contra su hermano? Paulo respondió que, según el caso planteado, si Lucio no recibió de la renta de los predios comunes más de lo que le correspondía según su porción hereditaria, no le competía a su hermana acción alguna contra él. Lo mismo respondió si se dijera que de los alimentos decretados por el pretor el hermano recibía más que su hermana, pero en

verdad no recibió más de la mitad.

39. *SCAEVOLA libro primo responsorum. Ex parte heres institutas causam de totis bonis, quam omnes heredes patiebantur ob inultam mortem, suscepti et optinuit: coheres ab eo partem suam petebat nec partem sumptuum factorum in litem praestare volebat: quaesitum est, an doli exceptio noceret. Respondi 'si idcirco amplius erogatum esset, quod ipsius quoque causa defensa esset', habendam rationem sumptuum 'sed et si omiserit doli exceptionem, agere potest de recipienda portione sumptuum'.*

39. ESCÉVOLA *en el libro primero de las respuestas.* Un heredero instituido en una parte defendió la causa de todos los bienes, que los otros herederos iban a perder por no haber perseguido al asesino del testador, y obtuvo sentencia favorable. Un coheredero le pedía su parte, mas no quería pagar la parte de los gastos realizados en el juicio. Se preguntó: ¿podría oponerse la excepción de dolo? Respondí que si se gastó más precisamente para defender también la causa de ese coheredero, deberán tenerse en cuenta los gastos. Pero también si se omitió la excepción de dolo, puede reclamar el reintegro de la porción de gastos.

§1. Intestato moriens codicillis praedia su aomnia et patrimonium inter liberos divisit ita, ut longe amplius filio quam filiae relinqueret: quaesitum est, an soror fratri dotem conferre deberet. Respondi secundum ea quae proponerentur, si nihil indivisum reliquisset, rectius dici ex voluntate defuncti collationem dotis cessare.

§1. Uno que murió intestado repartió por medio de codicilos todos sus predios y su patrimonio entre sus dos hijos, de modo que dejó mucho más al hijo que a la hija. Se preguntó: ¿deberá la hermana colacionar su dote en favor del hermano? Respondí que, según el caso planteado, si nada se dejó indiviso, con más razón se dice que por voluntad del difunto no procede la colación de la dote.

§2. Servo libertatem dedit, qui erat annorum quindecim, 'cum erit annorum triginta', eidem ex die mortis suae quoad

§2. Alguien dio la libertad a un esclavo que tenía quince años 'para cuando tuviera treinta', y

viveret cibariorum nomine denarius denos, vestiarii denarius viginti quinque praestari se velle significavit: quaesitum est, an utile esset cibariorum et vestiariorum legatum, cum Stichus ante libertatis tempus decesserit, et an, si non est utile, heres qui praestiterat a cohered repetere possit, apud quem morabatur. Respondi non quidem debita fuisse, sed siid, quod datum est, in alimenta consumptum sit, repeti non posse.

manifestó que deseaba que a partir del día de su muerte se le pagasen al mismo, de por vida, diez denarios mensuales para alimentos y veinticinco denarios anuales para vestirse. Se preguntó: ¿valdrá el legado de alimentos y vestidos habiendo muerto Estico antes del tiempo de su libertad, y si no vale, podrá el heredero, que lo había pagado, reclamarlo del coheredero en cuyo poder estaba lo legadeo? Respondí que ciertamaente no había obligación de pagar las cantidades, pero que si se consumió en calidad de alimentos lo que se dio, no podía repetirse.

§3. Filius rei publicae debita, quae post mortem patris contraxit, fratri suo pro parte hereditaria reputare non potest, si non in omnibus socii essent, licet hereditatem paternam communem haberent et pater pro alterio filio in patria magistratu functus decessit.

§3. Un hijo no puede poner en cuenta a su hermano, a prorrata de la porción hereditaria, deudas contraídas con la República, que contrajo después de la muerte de su padre, si no fuesen socios en todos los bienes, aunque tuvieran en común la herencia paterna y el padre muriese habiendo desempeñado en su patria la magistratura del otro hijo.

§4. Duos filios scripsit heredes et certo shomines unicuique eorum praelegavit, in quibus uni Stephanum cum peculio: is vivo testatore manumissus decessit, deinde pater: quaesitum est, an id, quod in peculio habuit Stephanus priusquam manumitteretur, ad utrosuq filios pertineat an vero ad eum solum, cui cum peculio praelegatus fuerat. Respondi secundum ea quae proponerentur ad

§4. Alguien instituyó heredero a dos hijos y prelegó a cada uno de ellos determinados esclavos, entre los cuales Estéfano con su peculio a uno solo. Manumitido éste en vida del testador, falleció, y después murió el padre. Se preguntó: ¿lo que Estéfano tuvo en su peculio antes de ser manumitido pertenecerá a ambos

utrosque.

hijos o bien a aquel a quien le fue prelegado con su peculio? Respondí que, según el caso planteado, pertenece a ambos.

§5. Pater inter filios divisit bona et eam divisionem testamento confirmavit et eavit, ut aes alienum, quod unusquisque eorum habet sive habebit, solus sustineret: postea unus ex filiis cum pecuniam mutuaretur, intervenit pater eiusque consensu praedia quae filio adsignaverat pignori data sunt: post mortem patris eadem praedia idem filius possedit, usuras solvit: quaero, an familiae erciscundae iudicio, si praedia pignori data distrahat creditor, aliquid ei a cohered praestandum sit. Respondi secundum ea quae proponerentur non esse praestandum.

§5. Un padre dividió los bienes entre sus hijos, y confirmó por testamento esta división, disponiendo que cada uno de ellos pagase sus deudas actuales o futuras. Después, al tomar uno de los hijos dinero en préstamo, intervino el padre, y con su autorización fueron dados en prenda los predios que había asignado a aquel hijo; después de la muerte del padre, el mismo hijo poseyó aquellos predios y pagó los intereses. Pregunto: si el acreedor vendiera los predios dados en prenda, ¿deberá satisfácersele alguna cosa por su coheredero en la acción de partición de herencia? Respondí que, según el caso planteado, no deberá pagarse.

40. *GAIUS libro secundo fideicomissorum. Si ex asse heres institutus rogatus sit mihi partem aliquam restituere, veluti dimidiam, utile familiae erciscundae iudicium recte inter nos agetur.*

40. GAYO *en el libro segundo de los fideicomisos.* Si al instituido heredero de toda la herencia se le rogó que me restituyera alguna parte, por ejemplo, la mitad, se ejercerá lícitamente entre nosotros la acción útil de partición de herencia.

41. *PAULUS libro primo decretorum. Quaedam mulier ab iudice appellaverat, quod diceret eum de dividundo hereditate inter se et coheredem et alimenta, quae*

41. PAULO *en el libro primero de los decretos.* Cierta mujer apeló la sentencia del juez alegando que éste, nombrado para dividir la

dari testator certis libertis iussisset: nullo enim iure id cum fecisse. Ex diverso respondebatur consensisse eos divisioni et multis annis alimenta secundum divisionem praestitisse. Placuit standum esse alimentorum praestationi: sed et illus adiecit nullam esse libertorum divisionem.

herencia entre ella y su coheredero, dividió no solo las cosas, sino también los libertos y los alimentos que el testador había mandado que se dieran a determiandos libertos, pues lo había hecho sin derecho alguno. La parte contraria erplicó que ellos habían consentido la división y que los alimentos se habían prestado durante muchos años conforme a la división. Se estimó procedente que debía considerarse la prestación de alimentos, pero también se añadió que era nula la división de los libertos.

42. POMPONIUS *libros sexto ad Sabinum. Si ita legatum fuerte uni ex heredibus: 'quod mihi debet, praecipito', officio iudicis familiae erciscundae continetur ne ab eo coheredes exigant: nam et si quod alius deberet praecipere unus iussus fuerit, officio iudicis actiones ei praestari debebunt pro portione coheredis.*

42. POMPONIO *en el libro sexto de los comentarios a Sabino.* Si a uno solo de los herederos se le legase de este modo: 'percibe previamente lo que aquel me debe', se comprende en las atribuciones del juez de la partición de herencia que no reclamen de él los coherederos, porque también si se mandase que uno solo perciba previamente lo que otro debe, deberán prestársele por ministerio del juez las acciones a prorrata de la porción del coheredero.

43. ULPIANUS *libro trigensimo ad Sabinum. Arbitrum familiae erciscundae vel unus petere potest. Nam provocare apud iudicem vel unum heredem posse palam est: igitur et praesentibus ceteris et*

43. ULPIANO *en el libro trigésimo de los comentarios a Sabino.* Hasta uno solo de los herederos puede pedir árbitro para la patición de herencia, porque es evidente que

invitis poterit vel unus arbitrum poscere.

también un solo heredero puede acudir ante el juez. Por ende, incluso hallándose presentes los demás herederos y contra su voluntad, uno solo podrá pedir árbitro.

44. *PAULUS libro sexto ad Sabinum. Inter coheredes etiam communi dividundo agi potest, ut res dumtaxat quae eorum communes sint et causae ex his rebus pendentes in iudicium veniant, de ceteris vero in integro sit familiae erciscundae iudicium.*

44. PAULO *en el libro sexto de los comentarios a Sabino*. También puede demandarse entre coherederos con la acción de división de cosa común, para que así se incluyan en el juicio solo las cosas que les sean comunes y lo accesorio de tales cosas. Pero respecto de las demás cosas, quede íntegra la acción de partición de herencia.

§1. Si familiae erciscundae vel communi dividundo actum sit, adiudicationes praetor tuetur exceptiones aut actiones dando.

§1. Si se ejercitase la acción de partición de herencia o de división de cosa común, el pretor amparará las adjudicaciones concediendo acciones o excepciones.

§2. Si coheredes absente uno coherede rem vendiderunt et in ea re dolo malo fecerunt, quo plus ad eos perveniret, vel familiae erciscundae iudicio praestabunt ei qui afuit vel hereditatis petitione.

§2. Si unos coherederos vendieron una cosa estando ausente el otro coheredero, obrando con dolo malo para que les correspondiese más, deberán indemnizar a quien estuvo ausente con la acción de partición de herencia o con la de petición de herencia.

§3. Fructus, quos ante aditam hereditatem ex fundo hereditario heres capit, non aliter familiae erciscundae iudicio praestare eum Iulianus ait, quam si, cum sciret hereitariu, fundum esse, ceperit.

§3. Dice Juliano que los frutos que el heredero toma de un fundo antes de aceptar la herencia no los debe aportar en la acción de partición de herencia, salvo que los tomase sabiendo que el fundo

era de la herencia.

§4. Qui familiae erciscundae et communi dividundo et finium regundorum agunt, et actores sunt et rei et ideo iurare debent non calumniae causa litem intendere et non calumniae causa ad infitias ire.

§4. Los que ejercen las acciones de partición de herencia, de división de cosa común y de desline son, al mismo tiempo, actores y demandados. Y por esto deben jurar que no demandan ni se oponen a la demanda por el deseo de calumniar.

§5. Quod ex facto suo unus ex coheredibus ex stipulatione hereditaria praestat, a coheree non repetet: veluti si a se heredeque ssuo dolum malum afuturum defunctus spopondit vel neque per se neque per heredem suum fore, quo minus quise at agat. Immo et si reliqui propter factum unius teneri coeperint, quasi condicio stipulationis hereditariae exstiterit, habebunt familiae erciscundae iudicium cum eo, propter quem commissa sit stipulatio.

§5. Un coheredero no puede reclamar de otro coheredero lo que por voluntad propia abonó al estipular sobre la herencia; por ejemplo, si el difunto prometió que ni por parte suya ni por la de su heredero no había dolo malo, o que ni él ni su heredero impediría que alguno pasara a pie o con ganado. Es más: aunque los demás quedsen obligados por el hecho de uno solo por cumplirse la condición de la estipulación hereditaria, procedrá la acción de partición de herencia contra quien por cuya causa se incurrió en la estipulación.

§6. Si quis stipulatus fuerit Titium heredemque eius ratum habiturum et Titius pluribus heredibus relictis decesserit, eum solum teneri qui non habuit ratum et solum ex heredibus stipulatoris acturum a quo fuerit petitum.

§6. Si una persona estipulase que Ticio y su heredero ratificarán alguna gestión, y Ticio falleciera habiendo dejado varios herederos, queda obligado solo quien no ratificó la estipulación; y de los herederos del estipulante reclamará solo aquel a quien se le demandase contra la estipulación.

§7. Usu fructu uxori legato donec ei dos solvatur, per arbitrum familiae erciscundae tam id, quod coheredis nomine ex dote solutum sit, reciperare

§7. Habiéndose legado el usufructo a la mujer hasta que se le pague la dote, dice Casio que mediante el árbitro de la partición

potest, quam ut coheres solvat effici posse Cassius ait: et verum est.

§8. *Si duo coheredes damnati sint statuam ponere et altero cessante alter eam fecerint, non esse iniquum Iulianus ait familiae erciscundae iudicium dare, ut paars impendiorum boni viri arbitratu praestetur.*

45. POMPONIUS *libro tertio decimo ad Sabinum. Si quid contendis ex hereditate mihi tecum commune esse, quod ego ex alia causa meum proprium esse dico, id in familiae erciscundae iudicium non venit.*

§1. *Dolus, quem servus heredis admisit, in iudicium familiae erciscundae non venit, nisi si domini culpa in hoc erat, quod non idoneum servum rei communi applicuerit.*

46. *PAULUS libro septimo ad Sabinum. Si maritus sub condicione a patre heres institutus sit, interim uxoris de dote actionem pendere. Plane si post mortem soceri divortium factum sit, quamvis pendente condicione institutionis dicendum est praeceptioni dotis locum esse, quia mortuo patre quaedam filios*

de herencia puede recuperarse lo que por la dote se pagó en nombre de un coheredero y que pague el coheredero. Y ello es acertado.

§8. Si dos coherederos fuesen obligados por el testador a levantar una estatua, y al no erigirla uno el otro debió hacerlo, dice Juliano que es justo conceder la acción de partición de herencia para que pague parte de los gastos según arbitrio de varón recto.

45. POMPONIO *en el libro décimo tercero de los comentarios a Sabino.* Si alegas que tengo en común contigo alguna cosa de la herencia, y yo digo que es exclusivamente mía por otra causa, dicha cosa no se incluye en la acción de partición de herencia.

§1. El dolo que cometió un esclavo del heredero no se considera en la acción de partición de herencia, salvo que hubiera culpa del dueño, por poner al cuidado de las cosas comunes un esclavo que no era de confianza.

46. PAULO *en el libro séptimo de los comentarios a Sabino.* Si el marido fue instituido heredero por el padre bajo condición, queda entretanto en suspenso la acción de la mujer para reclamar la dote. Pero si se obtuvo el divorcio tras la muerte del suegro, aunque siga

sequuntur etiam antequam fiant heredes, ut matrimonium, ut liberi, ut tutela. Igitur et dotem praecipere debet qui onus matrimonii post mortem patris sustinuit: et ita Scaevolae quoque nostro visum est.

pendiente la condición para instituir heredero, debe decirse que el marido tiene preferencia a percibir la dote, porque al morir el padre algunas cosas pasan a los hijos, incluso antes de que se vuelvan herederos, como el matrimonio, los hijos o la tutela. Por ende, también debe percibir anticipadamente la dote quien sostuvo la carga del matrimonio tras la muerte del padre. Y en ese sentido también opinó nuestro Escévola.

47. *POMPONIUS libro vicensimo primo ad Sabinum. In iudicio familiae erciscundae vel communi dividundo si, dum res in arbitrio sit, de iure praedii controversia sit, placet omnes eos, inter quos arbiter sumptus sit, et agere et opus novum nuntiare pro sua quemque parte posse, et cum adiudicationes ab arbitro fiant, si uni adiudicetur totus fundus, caveri oportet, ut quae ex his actionibus recepta fuernt reddantur aut quae in eas impensae factae fuerint praestentur; et si, cum res in iudicio esset, eo nomine actum non fuerint, eum sequi integram acctionem, cui totus fundus adiudicatus fuerit, aut pro quacumque parte adiudicatus erit.*

47. **POMPONIO** *en el libro vigésimo primero de los comentarios a Sabino.* Si en la acción de partición de herencia o de división de cosa común hay controversia respecto al derecho de un predio estando la cuestión pendiente de resolverse, se considera adecuado que todos aquellos entre quienes se eligió el árbitro pueden ejercer las acciones relativas a la propiedad y denunciar obra nueva, cada uno según su parte proporcional. Y cuando el árbitro haga las adjudicaciones, si todo el fundo se adjudicase a uno solo, debe otorgarse caución para que se devuelva lo que se obtuvo por virtud de estas acciones, o se paguen los gastos que en ellas se realizaron. Y si estando la cosa pendiente de juicio no se reclamase, la acción pasa íntegra a aquel a quien se adjudicó todo el

fundo o una parte cualquiera.

§1. Item quae res moveri possint et in ea iudicia veniant, si interea subreptae sint, furti agere eos, quorum istae res periculo fuerint, posse.

§1. Igualmente, si las cosas muebles que se incluyen en estos juicios fueron sustraídas durante el juicio, pueden ejercer la acción de hurto aquellos a cuyo riesgo estuvieron estas cosas.

48. *PAULUS libro duodecimo ad Sabinum. Si familiae erciscundae vel communi dividundo vel finium regundorum actum sit et unus ex litigatoribus decesserit pluribus heredibus relictis, non potest in partes iudicium scindi, sed aut omnes heredes accipere id debent aut dare unum procuratorem, in quem omnium nomine iudicium agatur.*

48. PAULO *en el libro décimo segundo de los comentarios a Sabino*. Si se ejerció la acción de partición de herencia, la de división de cosa común o la de deslinde, y falleciere uno de los litigantes dejando varios herederos, no puede dividirse el juicio en partes, sino que todos los herederos deben aceptarlo o nombrar un solo procurador que tramite el juicio en nombre de todos.

49. *ULPIANUS libro secundo disputationum. Qui erat heres ex parte institutus, testarorem iussus a praetore sepelire servum, cui erat testamento data libertas, ideo idstraxits duplamque promisit et ex ea cautione conventus praestitit: quaesitum est, an familiae erciscundae iudicio consequatur, quod ex duplae stipulatione abest. Primo videamus, an hic debuerit duplam cavere. Et mihi videtur non debuisse: hi enim demum ad duplae cautionem compelluntur, qui sponte sua distrahunt: ceterum si officio distrahentis fungitur, non debet adstringi, non magis quam si quis ad exsequendam sententiam a praetore datus distrahat: nam et hic in ea condicione est, ne cogatur impelre quod*

49. ULPIANO *en el libro segundo de las disputas*. Habiéndole mandado el pretor a una persona que fue instituida heredera en parte que sepultase al testador, vendió un esclavo al cual se le había otorgado la libertad testamentaria y prometió al comprador la garantía de evicción por el doble; demandado por dicha caución, pagó. Se preguntó: ¿conseguirá con la acción de partición de herencia lo que perdió en virtud de la estipulación por el doble? Veamos primero esto: ¿debió otorgar en este caso caución por el doble? A mí me parece que no debió hacerlo, porque solamente

coguntur hi qui suo arbitrio distrahunt: nam inter officium suscipientis et voluntatem distrahentis multum interest. Quapropter re quuidem integra stipulationem duplae interponere non debuit, sed decernere praetor debet esse emptori adversus heredem existentem actinem ex empto, si res distracta fuisset evicta. Si autem heres erravit et cavit et servus perveniat ad libertatem, stipulatio committetur: quae si fuerit commissa, aequum erit utilem actionem ei adversus coheredem dari deficiente direto iudicio familiae erciscundae, ne in damno moretur. Nam ut familiae erciscundae iudicio agere quis possit, non tantum heredem esse oportet, verum ex ea causa agere vel conveniri, quam gessit quodque admisit, posteaquam heres effectus sit: ceterum cessat familiae erciscundae actio. Et ideo si ante, quam quis sciret se heredem esse, in hereditate aliquid gesserit, familiae erciscundae iudicio non erit locus, quia non animo heredis gessisse videtur. Quare qui ante aitam hereditatem quid gessit, veluti si testatorem sepelivit, familiae erciscundae iudicium non habet: sed si post aditam hereditatem id fecit, consequenter dicemus familiae erciscundae iudicio consequi eum posse sumptum quem fecit in funus.

son obligados a la caución por el doble quienes venden por su voluntad. Por lo demás, si desempeña oficialmente el cargo de vendedor no debe ser obligado a otorgar dicha caución, como tampoco si alguien vendiera por haber sido nombrado por el pretor para ejecutar una sentencia, porque también aquí está en situación de no ser obligado a cumplir aquello a que son forzados los que venden por su voluntad, ya que hay mucha diferencia entre el deber de quien acepta una comisión y la voluntad de quien vende. Por ello, estando ciertamente íntegra la cosa, no debió interponer la estipulación por el doble, sino que el pretor debe ordenar que el actor tiene contra quien resulte heredero la acción de compra si la cosa vendida fue objeto de evicción. Pero si el herdero estaba bajo error al otorgar caución, y el esclavo obtuviera la libertad, se incurrirá en el supuesto de la estipulación. Y si en ella se incurrió, será justo que se otorgue la acción útil contra su coheredero en defecto de la acción de partición de herencia para que no se vea perjudicado. Porque para que alguien pueda ejercer la acción de partición de herencia no solo debe ser heredero, sino que debe demandar o ser demandado por aquella causa de la que fue gestor y por lo que sufrió luego de ser heredero. De lo contrario, no procede la acción de partición de herencia y, por ello, si alguien fuese gestor de alguna cosa de la herencia antes de saber que es heredero, no habrá lugar a la acción de partición de herencia, porque no parece que fue gestor con carácter de heredero. Por ello, quien antes de aceptar la herencia fue gestor de alguna cosa, por ejemplo, si dio sepultura al testador, no tiene la acción de partición de herencia; pero si hizo esto tras aceptarla, diremos que sí puede obtener con la acción de partición de herencia los gastos que hizo para el sepelio.

50. *IDEM libro sexto opinionum. Quae pater filio emancipato studiorum causa peregre agenti subministravit, si non credendi animo pater misisse fuerit comprobatus, sed pietate debita ductus: in rationem portionis, quae ex defuncti bonis ad eundem filium pertinuit, computari aequitas non patitur.*

50. EL MISMO *en el libro sexto de las opiniones.* La equidad no consiente que se impute a la porción que le correspondía de los bienes del difunto lo que un padre suministró al hijo empancipado que estaba en viaje de estudios, si no se comprobó que el padre se lo envió con ánimo de prestárselo, sino motivado por el debido amor paternal.

51. *IULIANUS libro octavo digestorum. Fundus, qui dotis nomine socero traditus fuerit, cum socer filium ex aliqua parte heredem instituerit, per arbitrum familiae erciscundae praecipi*

51. JULIANO *en el libro octavo del digesto.* El fundo que se entregó al suegro a título de dote, cuando el suegro instituyese al hijo heredero de alguna parte, debe recibirse

ita debet, ut ea causa filii sit, in qua futura esset, si dos per praeceptionem legata fuisset. Quare fructus post litem contestatam percepti ad eum redigendi sunt habita ratione impensarum: qui vero ante litem contestatam percepti fuerint, aequaliter ad omnes heredes pertinebut, et impensarum ratio haberi debet, quia nullus casus intervenire potest, qui hoc genus deductionis impediat.

previamente ante el árbitro de la partición de herencia, de modo que el hijo esté en la situación en que estaría si la dote se le hubiera prelegado por para apartarla y quedarse con ella. Por ende, los frutos percibidos después de contestada la demanda deben adjudicarse, previa cuenta de los gastos; pero los que se percibieron antes de la contestación pertenecerán por igual a todos los herederos. Y deben considerarse los gastos, porque no puede ocurrir suceso alguno que impida esta forma de deducción.

§1. Si ego a te hereditatem petere vellem, tu mecum familiae erciscundae agere, ex causa utrique nostrum mos gerendus est: nam si ego totam hereditatem possideo et te ex parte dimidia heredem esse confiteor, sed a communione discedere volo, impetrare debeo familiae erciscundae iudicium, quia aliter dividi inter nos hereditas non potest. Item si tu iustam causam habes, propter quam per hereditatis petitionem potius quam familiae erciscundae iudicium negotium distrahere velis, tibi quoque permittendum erit hereditatem petere: nam quaedam veniunt in hereditatis ptitionem, quae in familiae erciscundae iudicio non deducuntur: veluti si ego dbitor hereditarius sim, iudicio familiae erciscundae non consequieris id quod defuncto debui, per hereditatis petitiionem consequeris.

§1. Si yo quisiera demandarte la petición de herencia y tú ejercer contra mí la acción de partición de herencia, con razón deberá atendérsenos a los dos, porque si yo poseo toda la herencia y confieso que eres heredero de la mitad, pero quiero separarme de la comunidad, debo iniciar el juicio de partición de herencia, pues de lo contrario ésta no podrá dividirse entre nosotros. Igualmente, si tienes justa causa para ventilar la cuestión por medio de la petición de herencia en lugar del juicio de partición de herencia, también se te deberá permitir pedir la herencia, porque en dicha petición se incluyen algunas cosas que no se llevan al juicio de partición de herencia, por ejemplo, si yo fuera deudor de la herencia, no obtendrás lo que yo debí al difunto en el juicio de partición, sino que lo obtendrás por la petición.

52. IDEM *libro secundo ad Urscium Ferocem. Maevius, qui nos heredes fecit, rem communem habuit cum Attio: si cum Attio communi dividundo egissemus et nobis ea res adiudicata esset, venturam eam in familiae erciscundae iudicio Proculus ait.*

52. EL MISMO *en el libro segundo de los comentarios a Urseyo Feroz.* Mevio, que nos instituyó herederos, tenía un bien en común con Accio. Si ejercitamos la acción de división de cosa común contra Accio y se nos adjudicase aquel bien, dice Próculo que deberá incluírsele en la acción de partición de herencia.

§1. Servus liber et heres esse iussus id quod ex rationibus quas patri familias gessisset penes se retineret iudicio familiae erciscundae coheredibus suis praestabit.

§1. El esclavo del que se dispuso su liberación y volverle heredero por testamento entregará a sus coherederos por la acción de partición de herencia lo que retuvo en su poder de las cuentas que llevaba para el cabeza de familia.

§2. Arbiter familiae erciscundae inter me et te sumptus quaedam mihi, quaedam tibi adiudicare velbat, pro his rebus alterum alteri condemnandos esse intellegebat: quaesitum est, an possit pensatione ultro citroque condemantionis facta eum solum, cuius summa excederet, eius dumtaxat summae, quae ita excederet, damnare. Et placuit posse id arbitrum facere.

§2. El árbitro que entre tú y yo tomamos para la partición de la herencia quería adjudicarnos unas cosas a mí y otras a ti. Entendía que por estas cosas cada uno debía ser condenado en favor del otro, y se preguntó: hecha la compensación de una y de otra condena, ¿podrá condenar solo a aquel cuya suma excediera y únicamente por lo que excediese? Y se considero acertado que el árbitro pueda hacer esto.

3. Cum familiae erciscundae vel communi dividundo agitur, universae res aestimari debent, non singularum rerum

§3. Cuando se demanda con la acción de partición de herencia o de división de cosa común, deben

partes.

considerarse las cosas en su totalidad, no las partes de cada cosa.

53. ULPIANUS libro secundo responsorum. Pecuniam, quam filius emancipatu ita credidit, ut patri solveretur, ita demum in hereditatem patris numerari, si patri adversus filium eiusdem quantitatis nomine actio competebat.

53. ULPIANO *en el libro segundo de las respuestas.* El dinero que un hijo emancipado prestó con la condición de que se le pagase a su padre, se cuenta en la herencia de este, solo si al padre le competía acción por el préstamo de la misma cantidad contra el hijo.

54. NERATIUS libro tertio membranarum. Ex hereditate Lucii Titii, quae mihi et tibi communis erat, fundi partem meam alienavi, deinde familiae erciscundae iudicium inter nos acceptum est. Neque ea pars quae mea fuit in iudicio veniet, cum alienata de hereditate exierit, neque tua, quia etiamsi remanet in pristino iure hereditariaque est, tamen alienatione meae partis exit de communione. Utrum autem unus heres partem suam non alienaverit an plurse, nihil interest, si modo aliqu portio alienata ab aliquo ex heredibus hereditaria esse desiit.

54. NERACIO *en el libro tercero de los pergaminos.* Enajené mi parte de un fundo procedente de la herencia de Lucio Ticio que nos era común a ti y a mí, y después se aceptó entre nosotros la acción de partición de herencia. No se incluirá en dicha acción mi parte, porque salió de la herencia al ser enajenada, ni la tuya, porque aunque paermanece en su condición anterior y es de la herencia, salió, sin embargo, de la comunidad por la enajenación de mi parte. Pero nada importa que un solo heredero, o varios, no hayan enajenado su parte, siempre que alguna porción, enajenada por alguno de los herederos, dejó de ser de la herencia.

55. ULPIANUS libro secundo ad edictum. Si familiae erciscundae vel communi dividundo iudicium agatur et divisio tam difficilis sit, ut paene

55. ULPIANO *en el libro segundo de los comentarios al edicto.* Si se entablase la acción de partición de herencia o de división de cosa

impossibilis esse videatur, potest iuex in unius personam totam comdemnationem conferre et adiudicare omnes res.

común, y la división fuera tan difícil que parezca casi imposible, el juez puede imponer toda la condena sobre uno solo y adjudicarle todos los bienes.

56. *PAULUS libro vicensimo tertio ad edictum. Non solum in finium regundorum, sed et familiae erciscundae iudicio praeteriti quoque temporis fructus veniunt.*

56. PAULO *en el libro vigésimo tercero de los comentarios al edicto.* También los frutos pretéritos se incluyen no solo en la acción de deslinde, sino también en la de partición de herencia.

57. *PAPINIANUS libro secundo responsorum. Arbitro quoque accepto fratres communem hereditatem consensu dividentes pietatis officio funguntur, quam revocari non oportet, licet arbiter sententiam iurgio perempto non dixerit, si non intercedat aetatis auxilium*

57. PAPINIANO *en el libro segundo de las respuestas.* Incluso habiendo aceptado el árbitro, los hermanos realizan un acto de piedad fraterna dividiendo la herencia común por su voluntad, cuya división no debe revocarse, aunque el árbitro no pronuncie la sentencia por haberse anulado la controversia, a no ser que medie el beneficio de la minoría de edad.

TITULUS III COMMUNI DIVIDUNDO

TÍTULO III DE LA DIVISIÓN DE LA COSA COMÚN

1. *PAULUS libro vicensimo tertio ad edictum. Communi dividundo iudicium ideo necessarium fuit, quod pro socio actio magis ad personales invicem praestationes pertinet. Quam ad communium rerum divisionem. Denique cessat communi dividundo iudicium, si res communis non sit.*

1. PAULO *en el libro vigésimo tercero de los comentarios al edicto.* El juicio de división de la cosa común fue necesario porque la acción de sociedad se refiere más a las prestaciones personales mutuas que a la división de cosas comunes. Además, deja de proceder el juicio de división de cosa común si la cosa no es común.

2. *GAIUS libro septimo ad edictum provinciale. Nihil autem interest, cum societate an sine societate res inter aliquios communis sit: nam utroque casu locus ests communi dividundo iudicio. Cum societate res communis est veluti inter eos, qui pariter eandem rem emerunt: sine societate communis est veluti inter eos, quibus eadem res testamento legata est.*

2. GAYO *en el libro séptimo de los comentarios al edicto provincial.* Nada importa que la cosa sea común a algunos habiendo o no sociedad, porque en uno y otro caso procede el juicio de división de la cosa común. La cosa es común por razón de sociedad, por ejemplo, entre los que conjuntamente compraron una misma cosa; es común sin haber sociedad, por ejemplo, entre aquellos a quienes fue legada una misma cosa por testamento.

§1. In tribus duplicibus iudiciis familiae erciscundae, communi dividundo, finium regundorum quaeritur, quis actor intellegatur, quia par causa omnium videtur: sed magis placuit eum videri actorem, qui ad iudicium provocasset.

§1. Se pregunta quién tendrá la calidad de actor en los tres juicios dobles: de partición de herencia, de división de cosa común y de deslinde, porque la condición de todos parece la misma. Y pareció preferible que sea considerado actor quien llamó a juicio.

3. *ULPIANUS libro trigensimo ad Sabinum. In communi dividundo iudicio nihil pervenit ultra divisionem rerum ipsarum quae communes sint et si quid in his damni datum factumve est sive quid eo nomine aut abest alcui sociorum aut ad cum pervenit ex re communi.*

3. ULPIANO *en el libro trigésimo de los comentarios a Sabino.* En el juicio de división de cosa común tan solo entra la división de las cosas comunes, y si a estas se les provocó o hizo algún daño, o si alguno de los socios obtuvo pérdida, u obtuvo alguna ganancia de la cosa común.

§1. Si quid ipsi sine dolo malo inter se pepigerunt, id in primis et familiae erciscundae et communi dividundo iudex

§1. Si los mismos socios pactaron sin dolo malo alguna cosa entre sí, debe considerarla ante todo el

servare debet.

juez la partición de herencia y el de la división de cosa común.

4. IDEM libro nono decimo ad edictum. Per hoc iudicium corporalium rerum fit divisio, quarum rerum dominium habemus, non etiam hereditatis.

4. EL MISMO *en el libro décimo noveno de los comentarios al edicto.* Por medio de esta acción se dividen las cosas corporales de las cuales tenemos la propiedad, pero no la división de una herencia.

§1. De puteo quaeritur an communi dividundo iudicio agi possit: et ait Mela ita demum posse, si solum eius commune sit.

§1. Se pregunta lo siguiente: ¿se podrá demandar con la acción de división de cosa común respecto de un pozo? Y Mela opina que únicamente se puede si el suelo fuera común.

§2. Hoc iudicium bonae fidei est: quare si una res indivisa relicta sit, valebit utique et ceterarum divisio et poterit iterum communi dividundo agi de ea quae indivisa mansit.

§2. Esta acción es de buena fe. Por lo cual, si se dejó indivisa una cosa, valdrá ciertamente la división de las demás, y podrá demandarse de nuevo con la acción de división de cosa común respecto de la que quedó sin dividir.

§3. Sicut autem ipsius rei divisio venit in communi dividundo iudicio, ita etiam praestationes veniunt: et ideo si quis impensas fecerit, consequatur. Sed si non cum ipso socio agat, sed cum herede socii, Labeo recte existimat impensas et fructus a defuncto perceptos venire. Plane fructus ante percepti, quam res communis esset, vel sumptus ante facti in communi dividundo iudicium non veniunt.

§3. En el juicio de división de cosa común se incluye la división de la misma cosa y también las prestaciones; por tanto, si alguien realizó gastos, los conseguirá. Pero si no se demandó al mismo socio, sino al heredero del socio, con acierto opina Labeón que se incluyen los gastos y los frutos percibidos por el difunto. Pero los frutos percibidos antes de que la cosa fuera común, o los gastos realizados previamente, no se incluyen en el juicio de división de cosa común.

§4. Eapropter scribit Iulianus, si missi

§4. Por ello escribe Juliano que si

in possessioneem damni infecti simus et ante, quam possidere iuberemur, ego insulam fulsero, sumptum istum communi dividundo iudicio consequi me non posse.

el pretor nos puso en posesión preventiva de los bienes por daño temido, y antes del segundo decreto de posesión definitiva yo reparé la casa, no puedo recuperar este gasto por el juicio de división de cosa común.

5. IULIANUS libro secundo ad Urseium Ferocem. Sed si res non defenderetur et ideo iussi susmus a praetore eas aedes possidere et ex hoc dominium earum nancisceremur, respondit Proculus communi dividundo iudicio partem eius impensae me servaturum esse.

5. JULIANO *en el libro segundo de los comentarios a Urseyo Feroz.* Pero si la cosa no fuera defendida y por ello el pretor ordenó que poseyéramos definitivamente aquellos inmuebles, y por ello adquirimos la propiedad, Próculo respondió que yo recobraré parte de los gastos por medio del juicio de división de cosa común.

6. ULPIANUS libro nono decimo ad edictum. Si quis putans sibi cum Titio fundum communem esse fructus perceperit vel sumptum fecerit, cum esset cum alio communis, agi poterit ultili communi dividundo iudicio.

6. ULPIANO *en el libro décimo noveno de los comentarios al edicto.* Si alguien, creyendo que un fundo le era común con Ticio, percibió los frutos o realizó gastos, siéndole común con otro, podrá ejercerse acción útil de división de cosa común.

§1. Quare et si fundum Titius alienaverit, licet hic communi dividundo iudicio locus non sit, quia a communione discessum est, utili tamen locum futurum, quod datur de praestationibus, quotiens communis esse desiit.

§1. Por tanto, si Ticio enajenó el fundo, aunque en este caso no procediera el juicio de división de cosa común porque hubo separación de la comunidad, procederá, sin embargo, la acción útil que se otorga para las prestaciones, siempre que la cosa dejase de ser común.

§2. Sive autem locando fundum communem sive colendo de fundo communi quid socius consecutus sit,

§2. Si un socio arrendó un fundo en común o lo cultivó, y percibió alguna cosa del fundo común,

communi dividundo iudicio tenebitur, et si quidem communi nomine id fecit, neque lucrum neque damnum sentire eum oportet, si vero non communi nomine, sed ut lucretur solus, magis esse oportet, ut damnum ad ipsum respiciat, hoc autem ideo praestat communi dividundo iudicio, quia videtur partem suam non potuisse expedite locare. Ceterum non alias communi dividundo iudicio locus erit, ut et Papinianus scribit, nisi id demum gessit, sine quo partem suam recte administrare non potuit: alioquin si potuit, habet negotiorum gestorum actionem eaque tenetur.

§3. Si quid post acceptum communi dividundo iudicium fuerit impensum, Nerva recte existimat etiam hoc venire.

§4. Sed et partum venire Sabinus et Atilicinus responderunt.

§5. Sed et accessionem et decessionem hoc iudicium accipere idem existimaverunt.

§6. Si quis in communem locum mortuum intulerit, an religiosum fecerit videndum. Et sane ius quidem inferendi in sepulchruml alter non potest facere religiosum. Trebatius autem et Labeo quamquam putant non esse locum religiosum factum, tamen putant in

quedará obligado por la acción de división de cosa común. Si lo hizo en nombre de todos no debe obtener lucro ni perjuicio, pero si no lo hizo en nombre de la comunidad, sino para obtener tan solo un beneficio, el perjuicio obviamente le afectará tan solo a él. Responde de ello en el juicio de división de cosa común porque se considera que no es factible arrendar ni cultivar solo su parte. Por lo demás, no procederá el juicio de división de coas comíun, como también escribe Papiniano, salvo si gestionó únicamente lo que conviene para administrar su parte; de lo contrario, tiene la acción de gestión de negocios y se obliga por ella.

§3. Si tras aceptarse el juicio de división de cosa común se realizó algún gasto, opina justamente Nerva que también esto se deberá incluir.

§4. Pero Sabino y Atiliciano respondieron que también se incluye el hijo de la esclava.

§5. También opinaron que este juicio incluye la accesión y la disminución.

§6. Si alguien enterró un muerto en un lugar común, deberá verse si lo volvió un bien religioso. Y, a decir verdad, compete solidariamente a cada uno el derecho de enterrar en un sepulcro común, pero uno solo

factum agendum.

de los dueños no puede volver bien religioso un lugar puro. Sin embargo, aunque Trebacio y Labeón opinan que el lugar no se volvió un bien religioso, consideran, no obstante, que debe demandarse por el hecho a quien enterró.

§7. Si damni infecti in solidum pro aedibus caveris, Labeo ait communi dividuno iudicium tibi non esse, cum necesse tibi non fuerit in solidum cavere, sed sufficere pro parte tua: quae sententia vera est.

§7. Si otorgaste caución de daño temido por el valor total del bien hipotecado, dice Labeón que no tienes la acción de división de cosa común, pues no fue necesario que otorgases caución por el total, sino que bastaba darla por tu parte. Opinión esta que es correcta.

§8. Si fundus communis nobis sit, sedd pignori datus a me, venit quidem in communi dividundo iudicio, sed ius pignoris creditori manebit, etiamsi adiudicatus fuerit: nam et si pars socio tradita fuisset, integrum maneret. Arbitrum autem communi dividundo hoc minoris partem aestimare debere, quod ex pacto vendere eam rem creditor potest, Iulianus ait.

§8. Si tuviéramos en común un fundo pero yo lo di en prenda, ciertamente será incluido en el juicio de división de cosa común, pero el acreedor conservará su derecho de prenda, aunque hubiere sido adjudicado, porque también lo conservará íntegro si se le entregó voluntariamente su parte pignorada al socio. Pero Juliano dice que el árbitro de la división de cosa común debe estimar en menos la parte pignorada, ya que en virtud de lo pactado el acreedor puede vender la cosa.

§9. Idem Iulianus scribit, si is, cum quo servum communem habebam, partem suam mihi pignori dederit et communi dividundo agere coeperit, pigneraticia exceptione eum summoveri debere: sed si exceptione usus non fuero, officium

§9. Juliano también escribe que si aquel con quien yo tenía un esclavo en común me dio su parte en prenda, y luego me demandó con la acción de división de cosa común, debe ser rechazado con la

94

iudicis erit, ut, cum debitori totum hominem adiudicaverit, partis aestimatione eum dondemnet. Manere enim integrum ius pignoris: quod si adiudicaverit iudex mihi, tanti dumtaxata me condemnet, quanto pluris pignus sit quam pecunia credita, et debitorem a me iubeat liberari.

excepción pignoraticia. Pero si yo no interpuse la excepción, corresponderá al juez que adjudicase todo el esclavo al deudor el condenar a este por el valor de su parte, porque el derecho de prenda debe permanecer íntegro. Pero si el juez me lo adjudicó, deberá condenarme solo en lo que la prenda valga más que el dinero prestado, y ordenar que yo libere al deudor.

§10. Officio iudicis etiam talis adiudicatio fieri potest, ut alteri fundum, alteri usum fructum adiudicet.

§10. Por ministerio del juez puede también adjudicarse de tal modo que a uno adjudique el fundo y a otro el usufructo.

§11. Cetera eadem sunt, quae in familiae erciscundae iudicio tractavimus.

§11. Lo demás es igual a lo expuesto sobre el juicio de partición de herencia.

§12. Urseius ait, cum in communi aedificio vicinus nuntiavit, ne quid operis fieret, si unus ex sociis ex hac causa damnatus fuisset, posse eam poenam a socio pro parte servare: Iulianus autem recte nota tita demum hoc verum esse, si interfuit aedium hoc fieri.

§12. Dice Urseyo que cuando el vecino de un edificio común denunció para que no se realizara obra nueva, si uno de los socios fue condenado por dicha causa, puede recuperar de su socio esta pena con arreglo a su parte. Pero con razón observa Juliano que esto solo es verdad si la obra interesaba a la casa.

7. IDEM libro vicensimo ad edictum. Communi dividundo iudicium locum habet et in vectigali agro. Vectigalis ager an regionibus dividi possit, videndum: magis autem debet iudex abstinere huiusmodi divisione: alioquin praestatio vectigalis confundetur.

7. EL MISMO *en el libro vigésimo de los comentarios al edicto.* El juicio de división de cosa común procede también en un campo sometido a censo. Deberá verse si dicho campo puede dividirse en parcelas. Y es preferible que el juez se abstenga de tal división,

porque, de lo contrario, se confundiría la prestación del censo.

§1. Neratius scribit arbitrum, si regionibus fundum non vectigalem divisum duobus adiudicaverit, posse quasi un duobus fundis servitutem imponere.

§1. Escribe Neracio que el árbitro que adjudicó a dos un fundo no sometido a censo puede imponer servidumbre como si fuera sobre dos fundos distintos.

§2. Qui in rem Publicianam habent, etiam communi dividundo iudicium possunt exercere.

§2. Quienes tienen la acción Publiciana sobre una cosa pueden demandar también con la acción de división de cosa común.

§ 3. Ex quibusdam autem causis vindicatio cessat, si tamen iusta causa est possidendi, utile communi dividundo competit, ut puta si ex causa indebiti soluti res possideatur.

§3. La reivindicación deja de proceder por ciertas causas, pero si hay justa causa de poseer compete la acción útil de división de cosa común, como, por ejemplo, si se recuperó la posesión de una cosa por haberla pagado indebidamente.

§4. Inter praedones autem hoc iudicium locum non habet, nec si precario possideant locum habebit nec si clam, quia iniusta est possessio ista, precaria vero iusta quidem, sed quae non pergat ad iudicii vigorem.

§4. Pero esta acción no procede entre poseedores de mala fe, ni tampoco si poseen en calidad de precario o clandestinamente, ya que es una posesión injusta. La posesión precaria ciertamente es justa, pero no tiene fuerza para fundar la acción.

§5. Iulianus scribit, si alter possessor provocet, alter dicat eum vi possidere, non debere hoc iudicium dari nec post annum quidem, quia placuit etiam post annum in eum qui vi deiecit interdictum reddi. Et si precario, inquit, dicat eum possidere, adhuc cessabit hoc iudicium, quia et de precario interdictum datur. Sed et si clam dicatur possidere qui provocat, dicendum esse ait cessare hoc iudicium: nam de clandestina possessiione

§5. Juliano escribe que si un poseedor provoca el juicio y otro alega que aquel posee por la violencia, no debe concederse esta acción ni aun pasado el año, porque se ha establecido que incluso después del año se concede el interdicto contra aquel que expulsó con violencia. Y si alega que posee en calidad de precario, dice Juliano que

competere interdictum inquit.

tampoco procederá la acción, porque igualmente se concede interdicto de precario. Pero si se alega que posee clandestinamente quien demanda, debe señalarse que deja de proceder esta acción, porque dice Juliano que por la posesión clandestina compete interdicto.

§6. Si duo sint qui rem pignri acceperunt, aequissimum esse utile comuni dividundo iudicium dari.

§6. Si dos recibieron una cosa en prenda, es muy justo que se conceda la acción útil de división de cosa común.

§7. Sed et si de usu fructu sit inter duos controversia, dari debet.

§7. Pero también debe concederse si entre dos surge controversia sobre el usufructo.

§8. Item si duo a praetore missi sint in possessioneem legatorum: est enim iusta causa possidendi custodiae gratia. Ergo et si duo ventres, idem erit dicendum: quod habet rationem.

§8. Igualmente, si el pretor concedió a dos la posesión de los legados, porque la razón de custodia es justa causa para poseer. Por tanto, también se dirá lo mismo si se trata de dos que estuvieron en el vientre maaterno, lo cual es razonable.

§9. Plane si iam damni infecti missus iussus sit possidere, non erit huic utili iudicio locus, cum vindicationem habere possit.

§9. Pero si a quien se le concedió la posesión de un bien por daño temido ya se le había autorizado poseer definitivamente, no procederá esta acción útil porque puede tener la reivindicación.

§10. Cum de usu fructu communi dividundo iudicium agitur, iudex officium suum ita diriget, ut vel regionibus eis uti frui permittat: vel locet usum frucctum uni ex illis: vel tertiae personae, ut hi pensiones sine ulla controversia percipiant: vel si res mobiles sint, etiam sic poterit, ut inter eos conveniat caveantque per tempora se

§10. Respecto de la acción de división de usufructo común, el juez intervendrá para que les permita usar y disfrutar a los usufructuarios determinadas parcelas o se arriende el usufructo a uno de ellos, o a un tercero, para que perciban las pensiones sin ninguna controversia; y si

usuros et fruituros, hoc ests ut apud singulos nutua vice certo tempore sit usus fructus.

fueran bienes muebles también podrá disponer para que entre ellos se convenga, previo otorgamiento de caución, de que usufruirán temporalmente, es decir, que cada uno tendrá el usufructo alternativamente un determinado tiempo.

§11. Neque colonis neque eis qui depositum susceperunt hoc iudicium competit, quamvis naturaliter possideant.

§11. Esta acción no compete ni a los colonos nia los que recibieron en depósito, aunque posean naturalmente.

§12. Inter eos, qui pignori acceperunt, talis divisio fieri debet, ut non vero pretio aestimetur pars, sed in tantum dumtaxat, quantum pro ea parte debetur, et adsignetur quidem pignus uni ex creditoribus. Licentia tamen non denegetur debitori debitum offerre et pignus suum luere. Idemque dicitur et si possessor pignoris litis aestimationem pignariticiam in rem agenti offerat.

§12. Entre quienes recibieron un bien en prenda debe hacerse la división de modo que cada parte no se estime en su verdadero precio, sino solamente en lo que aquella porción garantiza, y se asigne la prenda a uno solo de los acreedores, pero sin negar al deudor la facultad de ofrecer la deuda y rescatar su prenda. Lo mismo se dirá si el poseedor de la prenda ofrece la estimación del litigio al que ejerce la acción real pignoraticia.

§13. Si debitor communis praedii partem pignori dedit et a domino altrius partis provocatus creditor eius aut ab alioi creditore alterius debitoris licendo superávit et debitor eius cui res fuit adiudicata velit partem suam praedii reciperare soluto eo quod ipse debuit: eleganter dicitur non esse audiendum, nisi et eam partem parratus sit reciperare, quam creditor per adiudicationem emit. Nam et si partem vendideris rei et prius, quam tradere emptori, communi dividundo iudicio provocatus fueris

§13. Si un deudor dio en prenda parte de un predio común, y siendo demandado su acreedor por el dueño de la otra parte o por el acreedor del otro propietario, pujó más alto en la subasta, y el deudor de aquel a quien fue adjudicada la cosa quisiera recuperar su parte del predio pagando solamente lo que debía, se dice que no debe ser oído en juicio si no está dispuesto a recuperar también la parte que

aliaque pars tibi adiudicata sit, consequenter dicitur ex empto agi non posse, nisi totam rem suscipere fuerit paratus, quia haec pars beneficio alterius venditori accessit: auin immo etiam ex vendito posse conveniri emptorem, ut recipiat totum: solum illus spectandum erit, num forte fraus aliqua venditoris intervenit. Sed et si distracta parte cesserit victus licitatione venditor, aeque, pretium ut restituat, ex empto tenebitur. Haec eadem et in mandato ceterisque huius generis iudiciis servantur.

el acreedor compró por adjudicación. Porque también si vendiste parte de una cosa y antes de entregarla al comprador se te demandó con la acción de división de cosa común y se te adjudicó la otra parte, se dice en consecuencia que el comprador no puede intentar la acción de compra si no está dispuesto a comprar toda la cosa, porque esta parte acreció al vendedor por beneficio de la otra. Es más, el comprador que reciba la totalidad también puede ser demandado por la acción de venta. Solamente deberá observarse si no intervino algún fraude del vendedor. Pero si vencido en la subasta el vendedor de una parte cedió la parte vendida, quedará igualmente obligado por la acción de compra a restituir el precio. Esto también se observa en el mandato y en las demás acciones de este tipo.

8. *PAULUS libro vigensimo tertio ad edictum. Et si non omnes, qui rem communem habent, sed certi ex his dividere desiderant, hoc iudicium inter eos accipi potest.*

§1. Si incertum sit, an lex Falcidia locum habeat, inter legatarium et heredem communi dividundo agi potest, aut incertae partis vindication datur. Similiter fit, et si peculium legatum sit, quia, in quantum res peculiares deminuit id, quod domino debetur, incertum est.

8. PAULO *en el libro vigésimo tercero de los comentarios al edicto.* También puede proceder este juicio cuando no todos los dueños en común desean dividir la cosa, sino solo algunos de ellos.

§1. Si se duda que proceda la ley Falcidia, puede intentarse entre el legatario y el heredero la acción de división de cosa común, o se conceda la reivindicación de pate incierta. Lo mismo procede si se legó el peculio, porque es incierto en cuánto disminuyó los bienes del peculio lo que se debe al anterior dueño del peculio.

§2. Venit in communi dividundo iudicium etiam si quis rem commune deteriorem fecerint, forte servum vulnerando, aut animum eius corrumpendo, aut arbores ex fundo excidendo.

§2. También se incluye en el juico de división de cosa común si alguien deterioró una cosa común, por ejemplo, hiriendo a un esclavo, corrompiendo sus hábitos o arrancando los árboles del fundo.

§3. Si communis servi gratia noxae nomine plus praestiterit, aestimabitur servus, et eius partem consequetur.

§3. Si debido al delito de un esclavo común alguien pagó algo de más, se estimará el esclavo y aquel conseguirá su parte del valor total.

§4. Item si unus in solidum de peculio conventus et damnatus sit, est cum socio communi dividundo actio, ut partem peculii consequatur.

§4. Igualmente, si uno solo fue demandado y condenado solidariamente por la acción de peculio, procede la acción de división de cosa común contra el socio para que recupere su parte del peculio.

9. AFRICANUS libro septimo quaestionum. Sed postquam socius servi communis nomine de peculio in solidum damnatus esset, si apud socium res peculiares intercidant, nihilo minus utile erit iudicium communi dividundo ad recperandam partem pecuniae: alioquin iniquum fore, si tota ea res ad damnum eius qui iudicium acceperit pertineat, cum utriusque domini periculum in rebus peculiaribus esse debeat. Nam et eum, qui mandatu domini defensionem servi suscepit, omne quod bona fide praestiterit servaturum, quamvis peculium postea interciderit. Haec ita, si neutris culpa intervenerit: etenem dominum, cum quo

9. AFRICANO *en el libro séptimo de las cuestiones.* Cuando un socio fuese condenado solidariamente a nombre de un esclavo común por la acción de peculio, aunque los bienes de éste perecieran en poder del otro socio, procederá no obstante la acción útil de división de cosa común para recuperar parte del dinero pagado. De lo contrario sería injusto que toda aquella cosa perjudicase a aquel que aceptó el juicio, porque en los bienes del peculio el riesgo debe ser de uno y de otro dueño. Porque también

de peculio agitur, si paratus sit recbus peculiaribus petitori cedere, ex causa audiendum putavit, scilicet si sine dolo malo et frustatione id faciat.

quien por mandato del dueño asumió la defensa del esclavo recuperará todo lo que pagó de buena fe, aunque después desapareciese el peculio. Y esto así, si no medió culpa en ambos; porque Juliano opinó que el dueño contra quien se ejerce la acción de peculio, debe ser oído en razón del caso si estuviera dispuesto a ceder a la parte actora los bienes del peculio, si esto lo hiciera sin dolo malo y sin engaño.

10. *PAULUS libro vicensimo tertio ad edictum. Item quamvis legis Aquiliae actio in heredem non competat, tamen hoc iudicio heres socii praestet, si quid defunctus in re communi admisit, quo nomine legis Aquiliae actio nascitur.*

10. PAULO *en el libro vigésimo tercero de los comentarios al edicto.* Igualmente, aunque la acción de la ley Aquilia no compete contra el heredero, si el difunto provocó algún daño a la cosa común, dando motivo a la acción de la ley Aquilia, se obliga el heredero del socio por el juicio de división de cosa común.

§1. Si usus tantum noster sit, qui neque venire neque locari potest, quemadmodum divisio potest fieri in communi dividundo iudicio, videamus. Sed praetor interveniet et rem emendabit, ut, si iudex alteri usum adiudicaverit, non videatur alter qui mercedem accpiti non uti, quasi plus facit qui videtur frui, quia hoc propter necessitatem fit.

§1. Si solo tenemos el uso, y este no puede venderse ni arrendarse, veamos cómo puede realizarse la división en el juicio de división de cosa común. El pretor intervendrá y arreglará la cosa para que, si el juez adjudicó a uno el uso, no parezca que el otro que recibió algo en pago no usa, como si hiciera más quien parece que disfruta porque esto se hace por necesidad.

§2. In communi dividundo iudicio iusto pretio rem aestimare debebit iudex et de

§2. En el juicio de división de cosa común el juez deberá

evictione quoque cavendum erit.

estimar la cosa en su justo precio y también deberá conceder caución por evicción.

11. *GAIUS libro septimo ad edictum provinciale. In summa admonendi sumus, quod, is post interitum rei communis is, cui aliquid ex communione praestari oportet, eo nomine agere velit, communi dividundo iudicium utile datur: veluti si actor impensas aliquas in rem communem fecit, sive socius eius solus aliquid ex ea re lucratus est, velut operas servi mercedesve, hoc iudicio eorum omnium ratio habetur.*

11. GAYO *en el libro séptimo de los comentarios al edicto provincial.* En resumen, debemos estar advertidos de que si después de perderse una cosa común, aquel a quien deba pagarse algo por razón de la comunidad quisiera reclamar por este motivo, se concede la acción útil de división de cosa común, por ejemplo, si el actor realizó algunos gastos en la cosa común, o si su socio lucró algo solo por aquella cosa, como las obras o los salarios del esclavo, considerándose todas estas cosas en el juicio.

12. *ULPIANUS libro septuagensimo primo ad edictum. Si aedes communes sint aut paries communis et eum reficere vel demolire vel in eum immittere quid opus sit, communi dividundo iudicio erit agendum, aut interdicto uti possidetis experimur.*

12. ULPIANO *en el libro septuagésimo primero de los comentarios al edicto.* Si una casa o una pared fuera común, y se requiriese repararla, demolerla o empotrar algo en ella, se deberá ejercer la acción de división de cosa común o intentar el interdicto *uti possidetis* ("como poseeis").

13. *IDEM libro septuagensimo quinto ad edictum. In iudicium communi dividundo omnes res veniunt, nisi si quid fuerit ex communi consensu exceptum nominatim, ne veniat.*

13. EL MISMO *en el libro septuagésimo quinto de los comentarios al edicto.* En el juicio de división de cosa común se incluyen todas las cosas, salvo que por consentimiento unánime se exceptuase expresamente alguna.

14. *PAULUS libro tertio ad Plautium.*
In hoc iudicium hoc venit, quod communi nomine actum esta ut agi debuit ab eo, qui scit se socium habere.

§1. Impendia autem, quae dum proprium meum fundum existimo feci, quae scilicet, si vindicaretur fundi pars, per exceptionem doli retinere possem, an etiam, si communi dividundo iudicio meum agetur, aequitate ipsius iudicii retinere possim, considerandum est. Quod quidem magis puto, quia bonae fidei iudicium est communi dividundo: sed hoc ita, si mecum agatur. Ceterum si alenavero partem meam, non erit unde retinere possim. Sed is, qui a me emerit, an retinere possim, videndum est: na mete si vindicaretur ab eo pars, impendiorum nomine, quae ego fecissem, ita ut ego poterat retentionem facere: et verius est, ut et in hac specie expensae retineantur. Quae cum ita sint, rectissime dicitur etiam impendiorum nomine utile iudicium dari debere mihi in socium etiam manente rei communione diversum est enim, cum quasi in rem meam impendo, quae sit aliena aut communis: hoc enim casu, ubi quasi in rem meam impendo, tantum retentionem habeo, quia neminem mihi obligare volui. At cum puto rem Titii esse, quae sit Maevii, aut esse mihi communem cum alioi quam ests, id ago, ut alium mihi obligem, et si ut negotiorum gestorum actio datur adversus eum cuius negotia curavi, cum putarem alterius ea esse, ita et in proposito. Igitur et si abalenavero praedium, quia in ea causa fuit, ut mihi

14. **PAULO** *en el libro tercero de los comentarios a Plaucio.* En este juicio se incluye lo que se hizo en nombre común o debió hacerlo quien sabe que tiene un socio.

§1. Si contra mí se iniciase el juicio de división de cosa común, deberá verse si también podré retener los gastos que realicé creyendo que un fundo era mío por la equidad del mismo juicio, gstos que podría yo retener con la excepción de dolo si fuera reivindicada una parte del fundo. Lo cual considero que es lo más acertado, pues el juicio de división de cosa común es un juicio de buena fe, pero solo si a mí se me demandase. Por lo demás, si yo enajené mi parte no habrá motivo para retenerlos. Pero deberá verse si podría retenerlos quien me la compró, porque también si a él le reivindicasen dicha parte podría, como yo, retener por los gastos que yo realicé. Y es más cierto que también en este caso se retengan los gastos. Y siendo esto así, con muchísima razón se dice que también debe concedérseme, por razón de los gastos, acción útil contra mi socio, aunque la comunidad de la cosa continúe. Porque es diferente cuando realizo gastos en una cosa ajena o común como si fuera mía, pues en este caso, cuando realizo gastos en una cosa como si fuera

actio dari deberet, danda mihi erit, ut Iulianus quoque scribit, negotiorum gestorum actio.

mía, tengo solamente la retención, pues no quise obligar a nadie en provecho mío. Pero cuando creo que la cosa es de Ticio, siendo en verdad de Mevio, o que me es común con otro distinto a aquel con quien la tengo, hago esto para obligar a otro en provecho mío; y así como se concede la acción de gestión de negocios contra aquel cuyos negocios cuidé, creyendo yo que eran de otro, así ocurre también en el caso propuesto. Por ende, también si yo enajené el predio, y estando en situación de concedérseme acción por el gasto realizado, se me deberá conceder la de gestión de negocios, como también escribe Juliano.

§2. Si conveniat, ne omnino divisio fiat, huiusmodi pactum nullas vires habere manifestissimum est: sin autem intra certum tempus, quod etiam ipsius rei qualitati prodest, valet.

§2. Si se conviene que de ninguna manera de haga la división, es evidentísimo que semejante pacto no tiene fuerza alguna. Pero si se conviene dentro de plazo determinado, lo cual beneficia también a la calidad de la cosa misma, sí es válido.

§3. Si inter socios convenisset, ne intra certum tempus societas divideretur, quin vendere liceat ei, qui tali conventione tenetur, quin vendere liceat ei, qui tali conventione tenetur, non est dubium: quare emptor quoque communi dividundo agendo eadem exceptione cummovebitur, qua auctor eius summoveretur.

§3. Si se convino entre los socios que la sociedad no se dividiera dentro de un plazo determinado, no hay duda que le es lícito vender al que está obligado por tal convenio. Por lo cual, también el comprador, si demanda con la acción de división de cosa común, será rechazado con la misma excepción con que sería rechazado su causante.

§4. Si paciscatur socius, ne partem suam

§4. Si un socio pacta que no

petat, effectu tollitur societas.

pedirá su parte, la sociedad se extingue por efecto del pacto.

15. IDEM *libro quinto ad Plautium.* *Si socius servi communis nomine conventus et condemantus sit, aget communi dividundo et antequam praestet: nam et si noxali iudicio cum uno actum sit, statim aget cum socio, ut ei pars traderetur, cautionibus interpositis, ut, si non dederit, reddat.*

15. EL MISMO *en el libro quinto de los comentarios a Plaucio.* Si un socio es demandado y condenado debido a un esclavo común, ejercerá la acción de división de cosa común incluso antes de pagar, porque si se ejerció contra uno solo la acción noxal, demandará enseguida al socio para que le entregue su parte con las respectivas cauciones para que la devuelva, si no llegó a dar por el daño del esclavo.

16. IDEM *libro sexto ad Plautium.* *Cum socii dividunt societatem, de eo, quod sub condicione deberetur, cautiones intervenire solent.*

16. EL MISMO *en el libro sexto de los comentarios a Plaucio.* Cuando los socios dividen la sociedad, suelen mediar cauciones sobre lo que se debe bajo condición.

17. MODESTINUS *libro nono regularum.* *Qui coheredes habet, si fundum pignori datum a testatore suo comparaverit a creditore, non debet a coheredibus iudicio communi dividundo conveniri.*

17. MODESTINO *en el libro noveno de las reglas.* Si quien tiene coherederos compró de su acreedor el fundo dado en prenda por el testador, no debe ser demandado por los coherederos con la acción de división de cosa común.

18. IAVOLENUS *libro secundo epistularum.* *Ut fundus hereditarius fundo non hereditario serviat, arbiter disponere non potest, quia ultra id quod in iudicium deductum est excedere potestas iudicis non potest.*

18. JAVOLENO *en el libro segundo de las epístolas.* El árbitro no puede disponer que un fundo de la herencia preste servidumbre a un fundo que no lo es, porque la potestad del juez no puede ir más allá de lo que se dedujo en el juicio.

19. *PAULUS libro sexto ad Sabinum.* *Arbor quae in confinio nata est, item lapis qui per utrumque fundum extenditur quamdiu cohaeret fundo, e regione cuiusque finium utriusque sunt nec in communi dividundo iudicium veniunt; sed cum aut lapis exemptus aut arbor eruta vel succisa est, communis pro indiviso fiet et veniet in communi dividundo iudicium: nam quod erat finitis partibus, rursus confunditur. Qua re duabus massis duorum dominorum conflatis tota massa communis est, etiamsi aliquid ex prima specie separatum maneat: ita arbor et lapis separatus a fundo confundit ius dominii.*

19. PAULO *en el libro sexto de los comentarios a Sabino.* El árbol que nació en el lindero y también la piedra que se extiende por uno y otro fundo, mientras están adheridos al fundo, son de uno y otro dueño, según la extensión de los respectivos límites, y no se incluyen en el juicio de división de cosa común. Pero cuando la piedra ha sido extraída o el árbol arrancado o cortado, se volverá común pro indiviso y se incluirá en el juicio de división de cosa común, porque lo que estaba en porciones deslindadas se confunde después. Por lo tanto, al fundirse el metal de dos masas de dos dueños, toda la masa entera es común, aunque quede separado algo de la primera especie. Y así, el árbol y la piedra, separados del fundo confunden el derecho de propiedad.

§1. De vestibulo communi binarum aedium arbiter communi dividundo invito utrolibet dari non debet, quia qui de vestíbulo liceri cogatur, necesse habeat interdum totarum aedium pretium facere, si alias aditum non habeat.

§1. No debe nombrarse árbitro para la división de cosa común respecto al vestíbulo común de dos casas contra la voluntad de cualquiera de los dueños, porque quien se obliga a subastar un vestíbulo a veces necesitará poner precio a toda la casa si no tiene entrada por otra parte.

§2. Si per eundem locum via nobis debeatur et in eam impensa facta sit, durius ait Pomponius communi dividundo vel pro socio agi posse: quae

§2. Si por un mismo lugar se nos debe a varios servidumbre de camino y en éste se realizó algún gasto, dice Pomponio que resulta

enim communio iuris separatim intellegi potest? Sed negotiorum gestorum agendum.

difícil intentar la acción de división de cosa común o la de sociedad, porque, ¿cómo entender que exista comunidad con un derecho separado del fundo? Pero se ejercerá la de gestión de negocios.

§3. Iudex communi dividundo, item familiae erciscundae de servo qui in fuga est iubere debet liceri eos inter quos iudex est et tunc eum adiudicare, penes quem licitatio remansit: nec erit periculum, ne ex senatus consulto poena legis Fabae committatur.

§3. Respecto de un esclavo fugitivo, el juez de la división de cosa común y el de la partición de herencia debe ordenar que se subaste entre aquellos para quienes es juez, y luego adjudicarlo a aquel que logró adjudicárselo. Y no habrá peligro de que se incurra en la pena de la ley Favia en virtud del senadoconsulto que extiende la pena de plagio a quienes venden un esclavo fugitivo.

§4. Aquarum iter in iudicium communi dividundo non venire Labeo ait: nam aut ipsius fundi est et ideo in iudicium non venit, aut separatum a fundo, divisum tamen aut mensura aut temporibus. Sed possunt iura interdum et separate a fundo esse et nec mensura nec temporibus divisa, veluti cum is cuius fuerunt plures heredes reliquit: quod cum accidit, consentaneum est et ea in arbitrio familiae erciscundae venire, nec videre inquit Pomponius, quare minus in communi dividundo quam familiae erciscundae iudicium veniant. Igitur in huiusmodi speciebus etiam in communi dividundo iudicio venit, ut praefecta iura aut mensura aut temporibus dividantur.

§4. Dice Labeón que la servidumbre de acueducto no se incluye en el juicio de división de cosa común, porque o es de un mismo fundo y por ello no se incluye en el juicio, o está separada del fundo pero dividida por medida o por tiempos. Pero a veces las servidumbres también pueden estar separados de un fundo único y no estar divididas ni por medida ni por tiempos, por ejemplo, cuando aquel a quien pertenecieron dejó varios herederos. Cuando esto sucede es consecuente que también las servidumbres se incluyan en la acción de partición de herencia. Y dice Pomponio que no ve por qué motivo no se incluirá en el juico de división de cosa común si se incluye en el de partición de herencia. Así pues, en talesa casos se incluye también en el juicio de división de cosa común para que las servidumbres mencionadas sean divididas por medida o por tiempos.

20. *POMPONIUS libro tertio decimo ad Sabinum. Si is, cum quo fundum communem habes, ad delictum non respondit et ob id motu iudicis villa diruta est aut arbusta succisa sunt, praestabitur tibi detrimentum iudicio communi dividundo: quidquid enim culpa socii amissum est, eo iudicio continetur.*

20. POMPONIO *en el libro décimo tercero de los comentarios a Sabino.* Si aquel con quien tienes un fundo en común no respondió al enrolamiento militar, y por ello fue demolida la casa de campo o fueron cortados los árboles por orden del juez, responderá ante ti del detrimento por la acción de división de cosa común, pues cualquier cosa que se perdió por culpa de un socio se incluye en este juicio.

21. *ULPIANUS libro trigensimo ad Sabinum. Iudicem in praediis dividundis quod omnibus utilissumum est vel quod malint litigators sequi convenit.*

21. ULPIANO *en el libro trigésimo de los comentarios a Sabino.* En la división de predios conviene que el juez se atenga a lo que sea más útil para todos, o a lo que prefieran los litigantes.

22. *POMPONIUS libro trigensimo tertio ad Sabinum. Si meo et vicini nomine parietem aedificem vel repetiturus ab eo pro parte impensam vel donationis gratia, communis fiet paries.*

22. POMPONIO *en el libro trigésimo tercero de los comentarios a Sabino.* Si yo edificase un muro medianero en beneficio mío y en el del vecino, puedo reclamar de él los gastos dependiendo su parte, o la pared se volverá común por causa de donación.

23. *ULPIANUS libro trigensimo secundo ad edictum. Si convenerit inter te et socium tuum, ut alternis annis fructum perciperetis, et non patiatur te socius tui anni fructum percipere, videndum, utrum ex conducto sit actio an vero communi dividundo. Eadem quaestio est et si socius, qui convenerat, ut alternis annis frueretur, pecus immisit et effecit, ut future anni fructus, quos socium percipere oportuit, corrumperentur. Et puto magis communi dividundo iudicium quam ex conducto locum habere (quae enim locatio est, cum merces non intercesserit?) aut certe actionem incerti civilem reddendam.*

23. ULPIANO *en el libro trigésimo segundo de los comentarios al edicto.* Si entre tu socio y tú se convino que percibirías los furtos en años alternativos, y el socio no consintió que percibieras los frutos de tu año, deberá verse si procede la acción de arrendamiento o la de división de cosa común. La misma duda se plantea si un socio que había convenido que disfrutaría en años alternativos, introdujo ganado y estropeó los frutos del año siguiente que debía percibir su socio. Opino que procede la acción de división de cosa común y no la de arrendamiento (porque, ¿qué arrendamiento existe si no ha mediado renta?) O bien procedrá la acción civil de cosa incierta.

24. *IULIANUS libro octavo digestorum. Communis servus si ex re alterius dominorum adquisierit, nihilo minus commune id erit: sed is, ex cuius re adquisitum fuerit, communi dividundo iudicio eam summam percipere potest, quia fidei bonae conenit, ut unusquisque praecipuum habeat, quod ex re eius servus adquisierit.*

24. JULIANO *en el libro octavo del digesto.* Si el esclavo común adquirió algo con bienes de uno de los dueños, aquello será común pese a todo, pero aquel con cuyo bien se adquirió puede percibir aquella cantidad en el juicio de división de cosa común, porque conviene a la buena fe que cada uno aparte para sí preferentemente lo que con bienes suyos adquirió el esclavo.

§1. Cum agere tecum communi dividundo vellem, partem tuam Titio tradidisti mutanda iudicii causa: teneris

§1. Si queriendo yo ejercer contra ti la acción de división de cosa común, entregaste tu parte a Ticio

mihi praetoria actione, quod fecisses, ne tecum communi dividundo ageretur.

con la intención de evitar el juicio, te obligas conmigo por la acción pretoria, porque impediste que se te demandase con la de división de cosa común.

25. IDEM *libro duodecimo digestorum.* Si Stichus communis meus et tuus servus habuerit Pamphilum vicarium aureorum decem et mecum actum de peculio fuerit condemnatusque decem praestitero: quamvis postea Pamphilus decesserit, nihilo minus actione communi dividundo vel pro socio quinque milia praestare debebis, quia te hoc aere alieno liberavi, longe magis consequar, si Stichus post mortem Pamphili alium vicarium adquisierat.

25. EL MISMO *en el libro décimo segundo del digesto.* Si Estico, esclavo común a ti y a mí, valorado en diez áureos, estuviese en el peculio del esclavo Pánfilo, y se ejerció contra mí la acción de peculio siendo condenado a pagar diez mil sestercios, aunque Pánfilo falleciese después deberás pagarme cinco mil sestercios por la acción de división de cosa común, o por la de sociedad, porque te liberé de esa deuda. Con mucha más razón los obtrendré si tras la muerte de Pánfilo, Estico pasó al peculio de otro esclavo.

26. *ALFENUS VARUS* libro *secundo digestorum. Communis servus cum apud alterum esset, crus fregit in opera: quaerebatur, alter dominus quid cum eo, penes quem fuisset, ageret. Respondi, si quid culpa illius magis quam casu res communis damni cepisset, per arbitrum communi dividundo posse reciperare.*

26. ALFENO VARO *en el libro segundo del digesto.* Hallándose un esclavo común en poder de uno de sus dueños, se rompió una pierna trabajando. Se pregunta: ¿qué acción ejercerá el otro dueño contra aquel en cuyo poder estuvo? Respondí que si la cosa común sufrió el daño más por culpa de aquel que por casualidad, podrá recuperarlo por medio de árbitro en el juicio de división de cosa común.

27. *PAULUS libro tertio epitomarum Alfeni digestorum. De communi servo unus ex sociis quaesstionem habere nisis communis negotii causa iure non potest.*

27. PAULO *en el libro tercero del digesto de Alfeno.* Uno de los socios no puede en derecho someter a tormento al esclavo común salvo por causa de negocio común.

28. *PAPINIANUS libro septimo quaestionum. Sabinus ait in re communi neminem dominorum iure facere quicquam invito altero posse. Unde manifestum est prohibendi ius esse: in re enim pari potiorem causam esse prohibentis constat. Sed etsi in communi prohiberi socius a socio ne quid faciat potest, ut tamen factus opus tollat, cogi non potest, si, cum prohibere poterat, hoc praetermisit: et ideo poer communi dividundo actionem damnun sarciri poterit. Sin autem facienti consensit, nec pro damno habet actionem. Quod si quid absente socio ad laesionem eius fecit, tunc etiam tollere cogitur.*

28. PAPINIANO *en el libro séptimo de las cuestiones.* Dice Sabino que ninguno de los dueños puede en derecho hacer nada en la cosa común contra la voluntad del otro. Por lo cual es evidente que hay derecho de prohibirlo, porque se sabe que en igualdad de circunstancias prevalece la condición de quien prohíbe. Pero aunque en una cosa común un socio puede prohibirle al otro que haga alguna cosa, sin embargo, no puede obligarle a que destruya la obra hecha si, cuando podía prohibirla no lo hizo y, por lo tanto, podrá resarcirse el daño por medio de la acción de división de cosa común. Pero si consintió al que la hacía, no tiene acción ni siquiera por el daño. Pero si en ausencia del socio hizo algo en perjuicio de él, entonces es obligado también a demoler lo construido.

29. *PAULUS libro secundo quaestionum. Si quis, cum existimaverit fundum communem sibi cum Maevio pendisset, recte dicitur etiam communi dividundo iudicium ei sufficere: hoc enim est, si sciam rem communem esse, ignorem autem cuius socii: neque enim*

29. PAULO *en el libro segundo de las cuestiones.* Si alguien realizó gastos, creyendo que le era común con Mevio el fundo que tenía en común con Ticio, con razón se dice que le basta la acción de división de cosa común. En

negotia socii gero, sed propriam rem tueor et magis ex re, in quam impenditur, quam ex persona socii actio nascitur. Denique ea actione pupillum teneri dicimus, ut impendi arestituat officio iudicis. Diversa causa est eius, qui putat se in rem propriam impendere, cum sit communis: huic enim nec communi dividundo iudicium competit nec utile dandum est. Ille enim qui scit rem esse commune vel aliena negotia eo animo gerit, ut aliquem sibi obliget, et in persona labitur.

efecto, es así si yo sé que la cosa me es común pero ignoro con qué socio, porque no soy gestor de negocios del socio, sino que cuido de cosa propia, y la acción nace de la cosa en que se realizan los gastos, no de la persona del socio. Finalmente decimos que por esta acción se obliga al pupilo para que restituya los gastos por ministerio del juez. Diversa es la condición de quien cree que realiza gastos en cosa propia, siendo común, porque a este ni le compete la acción de división de cosa común ni se le deberá de conceder la útil. Porque quien sabe que la cosa es común o ajena, también es gestor de negocios ajenos con intención de obligar a alguien aunque yerra en la persona.

§1. Pomponius scripsit posci iudicem posse a quolibet sociorum: sed etiamsi unus ex sociis mutus erit, recte cum eo communi dividundo agi.

§1. Escribió Pomponio que cualquiera de los socios puede pedir juez, pero si uno de los socios fuese mudo, con razón puede ejercerse contra él la acción de división de cosa común.

30. SCAEVOLA libro primo responsorum. Communi dividundo iudicio recte agi, sive neuter possideat sive alter sociorum fundum non possideat.

30. ESCÉVOLA *en el libro primero de las respuestas.* Puede intentarse con razón la acción de división de cosa común tanto si ninguno de los socios posee el fundo como si no lo posee uno de ellos.

31. PAULUS libro quinto decimo responsorum. Bina mancipia, quae ex hereditate paterna iussu praetoris pupillis

31. PAULO *en el libro décimo quinto de las respuestas.* Los dos esclavos que se reservaron por

ministerio causa reservata essent, divisa non videri, sed omnium communia permansisse.

autorización del pretor de la herencia paterna para que sirviesen a los pupilos, no se consideran divididos, sino que continuaron siendo comunes a todos.

TITULUS IV
AD EXHIBENDUM

TÍTULO IV
RELATIVO A LA
ACCIÓN EXHIBITORIA

1. ULPIANUS libro vicensimo quarto ad edictum. Hace actio perquam necesaria est et vis eius in usu cotidiano est et maxime propter vindicationes inducta est.

1. ULPIANO *en el libro vigésimo cuarto de los comentarios al edicto.* Esta acción es muy necesaria y eficaz en la práctica cotidian, siendo introducida principalmente por causa de las reivindicaciones.

2. PAULUS libro vicensimo primo ad edictum. Exhibere est facere in publico potestatem, ut ei qui agat experiundi sit copia.

2. PAULO *en el libro vigésimo primero de los comentarios al edicto.* Exhibir es presentar ante magistrado para que el demandante pueda ejercer su acción.

3. ULPIANUS libro vicensimo quarto ad edictum. In hac actione actor omnia nosse debet et dicere argumenta rei de qua agitur.

3. ULPIANO *en el libro vigésimo cuarto de los comentarios al edicto.* En esta acción el actor debe conocer bien y declarar todas las características de la cosa que reclama.

§1. Qui ad exhibendum agit, non utique dominum se dicit nec debet ostendere, cum multae sint causae ad exhibendum agenda.

§1. Quien ejerce la acción exhibitoria no declara ciertamente que sea dueño ni debe probarlo, pues hay muchas causas para demandar la exhibición.

§2. Praeterea in hac actione notandum est, quod reus contumax per in litem iusiurandum petitoris damnari possit ei iudice quantitatem taxante.

§2. Además, debe considerarse respecto de esta acción que el demandado contumaz puede ser condenado por juramento estimatorio de la parte actora, tasándole el juez la cuantía.

§3. Est autem personalis haec action et ei competit qui in rem acturus est qualicumque in rem actione, etiam pigneraticia Serviana sive hypothecaria, quae creditoribus competent.

§3. Esta acción es personal y compete al que para reclamar una cosa debe ejercer cualquier acción real, incluso la pignoraticia Serviana o la hipotecaria, que competen a los acreedores.

§4. Sed et usum fructum petituro competere ad exhibendum Pomponius ait.

§4. Dice Pomponio que también compete la acción exhibitoria a quien debe reclamar un usufructo.

§5. Sed et si quis interdicturus rem exhiberi desideret, audietur.

§5. También será oído con esta acción quien debe ejercer un interdicto para que se exhiba una cosa.

§6. Item si optare velim servum vel quam aliam rem, cuius optio mihi relicta est, ad exhibendum me agere posse constat, ut exhibitis possim vindicare.

§6. Asimismo, si yo quiero elegir un esclavo u otra cosa cualquiera cuya opción se me legó, consta que puedo ejercer la acción exhibitoria para poder reivindicar las cosas una vez exhibidas.

§7. Si quis noxali iudicio experiri velit, ad exhibendum ei actio est necesaria: quid enim si dominus quidem paratus sit defendere, actor vero destinare non possit nisi ex praesentibus, quia aut servum non recognoscit aut nomen non tenet? Nonne aequum este i familiam exhiberi, ut noxium servim adgnoscat? Quod ex causa debet fieri ad desgnandum eum, cuius nomine noxali uis agit, recensitione servorum facta.

§7. Si alguien quisiera demandar con la acción noxal necesita la exhibitoria, porque, ¿qué ocurrirá si el dueño estuvo dispuesto a defender al esclavo pero el actor no pudo señalar al que cometió el delito, salvo que estuvieran presentes, porque no re al esclavo o no sabe su nombre? ¿No es acaso equitativo exhibirle los esclavos para que reconozca al esclavo delincuente? Lo cual debe hacerse con causa fundada para que designe a aquel en cuyo nombre ejerce la acción noxal, previo reconocimiento de los esclavos.

§8. Si quis extra heredem tabulas testamenti vel codicillos vel quid aliud ad testamentum pertinens exhubere velit, dicendum est per hanc actionem agendum non esse, cum sufficiunt sibi interdicta in hanc rem competentia: et ita Pomponius.

§8. Si alguien que no es el heredero quiere que se le exhiban las tablas del testamento, los codicilos o alguna otra cosa perteneciente al testamento, debe señalarse que no puede pedirse por medio de esta acción, pues bastan los interdictos respectivos para el caso particular. Y así opina Pomponio.

§9. Sciendum est autem non solum eis quos diximus competere ad exhibendum actionem, verum ei quoque, cuius interest exhiberi: iudex igitur sumatim debebit cognoscre, an eius intersti, non an eius res sit, et sic iubere vel exhiberi, vel non, quia nihil interest.

§9. Debe saberse que la acción exhibitoria no solo compete a quienes ya dijimos, sino también a quien importa que se exhiba una cosa. Por ende, el juez deberá examinar sumariamente si el actor tiene interés no tanto en que la cosa sea suya y ordenar que se exhiba o que no cuando no le interesa.

§10. Plus dicit Iulianus, etsi vindicationem non habeam, interim posse me agere ad exhibendum, quia mea interest exhiberi: ut puta si mihi servus legatus sit quem Titius optasset: agam enim ad exhibendum, quia mea interest exhiberi, ut Titius optet et sic vindicem, quamvis exhibitum ego optare non possim.

§10. También dice Juliano que, aunque yo no tenga la reivindicatoria, puedo entre tanto ejercer la exihibitoria, porque me interesa que se exhiba la cosa, por ejemplo, si se me legó el esclavo que Ticio eligió. Así pues, ejerceré la exhibitoria para que Ticio elija y así yo reivindique aunque yo no pueda elegir al exhibirlo.

§11. Si mecum fuerit actum ad exhibendum, ego ob hoc, quod conventus sum ad exhibendum actione, agere ad exhibendum non possum, quamvis videatur interesse mea ob hoc, quod teneor ad restituendum. Sed hoc non

§11. Si se me demando con la exhibitoria, yo no puedo ejercer esta acción por haber sido demandado con ella, aunque parezca que me interesa por estar obligado a restituir, aunque dicho

sufficit: alioquin et qui dolo fecit quo minus possideret poterit ad exhibendum agere, cum neque vindicaturus neque interdicturus sit, et fur vel raptor poterit: quod nequaquam verum est. eleganter igitur definit Neratius iudicem ad exhibendum hactenus cognoscere, an iustam et probabilem causam habeat actionis, propter quam exhiberi sibi desideret.

interés no basta. Si así no fuera, quien con dolo dejó de poseer podrá ejercer la exhibitoria, aunque no deba ejercer ni la reivindicatoria ni ningún interdicto, y también podría ejercerla el ladrón o el raptor, lo cual de ninguna manera es verdad. Así pues, Neracio juzga correctamente que el juez de la exhibición solamente examinará si se tiene causa justa y probable de acción por la cual desea que se le exhiba.

§12. Pomponius scribit eiusdem hominis nomine recte plures ad exhibendum agere posse: forte si homo primi sit, secondi in eo usus fructus sit, tertius possessioneem suam contendat, quartus pigneratum sibi eum adfirmet: omnibus igitur ad exhibendum action competit, quia omnium interest exhiberi hominem.

§12. Pomponio escribe que varias personas pueden ejercer la acción exhibitoria en razón de un mismo esclavo; por ejemplo, si un esclavo fuera de la primera, el usufructo fuera de la segunda, la posesión de la tercera y la cuarta afirma tenerlo en prenda. Por tanto, a todos les compete la exhiboitoria, ya que a todos les interesa que el esclavo sea exhibido.

§13. Ibidem subiungit iudicem per arbitrium sibi ex hac actione commissum etiam exceptions aestimare, quas possessor obicit, et si qua tam evidens sit, ut facile repellat agentem, debere possessorem absolve, si obscurior vel quae habeat altiorem quaestionem, differendam in directum iudicium re exhiberi iussa: de quibusdamn tamen exceptionibus omnimodo ipsum debere disceptare, qui ad exhibendum actione iudicat, veluti pacti conventi, doli mali, iurisiurandi reique iudicatae.

§13. En el mismo lugar Pomponio añade que el juez, en virtud de la facultad arbitral que se le concedió en esta acción, pondera también las excepciones que opone el poseedor y si alguna es tan evidente como para que el actor fácilmente la repela, debe absolver al poseedor; y si tal excepción es más oscura o entrañe una cuestión más grave, debe ser diferida para el juicio directo, luego de ordenar exhibir la cosa. En todo caso, el mismo que juzga en la acción exhibitoria deberá decidir sobre algunas excepciones, por ejemplo, la de pacto convenido, la de dolo malo, la de juramento y la de cosa juzgada.

§14. Interdum aequitas exhibitionis efficit, ut, quamvis ad exhibendum agi non possit, in factum tamen action detur, ut Iulianus tractat. Servus, inquit, uxoris meae rationes meas conscripsit: hae rationes a te possidentur: desidero eas exhiberi, ait Iulianus, si quidem mea charta scriptae sint, locum esse huic actioni, quia et vindicare eas possum: nam cum charta mea sit, et quod escriptum est meum est: sed si charta mea non fuit, quia vindicare non popssum, nec ad exhibendum experiri: in factum igitur mihi actionem competere.

§14. A veces la equidad de la exhibición hace que, aunque no pueda ejercerse la exhibitoria, se conceda sin embargo una acción por el hecho, como señala Juliano. Si un esclavo de mi mujer llevaba mi libro de cuentas que tú posees y deseo que sean exhibidas, dice Juliano que si fueron escritas en un libro de mi propiedad procede tal acción, porque puedo reivindicarlas, pues siendo mío el libro, también lo es lo escrito en él. Pero si el libro no es mío, al no poder reivindicarlo, tampoco puedo ejercer la acción exhibitoria y, por tanto, me compete una acción por el hecho.

§15. Sciendum est adversus possessorem hac actione agendum non solum eum qui civiliter, sed et eum qui naturaliter incumbat possessione. Denique creditorem, qui pignori rem accepit, ad exhibendum teneri placet:

§15. Debe saberse que puede intentarse esta acción no solo contra el poseedor civil, sino también contra el natural. Finalmente, se estima correcto que el acreedor que recibió una cosa en prenda esté obligado a exhibirla,

4. POMPONIUS libro sexto ad Sabinum. ... nam et cum eo, apud quem deposita vel cui commodata vel locata res sit, agi potest.

4. POMPONIO *en el libro sexto de los comentarios a Sabino.* ... porque también puede ejercerse la acción contra aquel en cuyo poder fue depositada una cosa, o a quien se

le dio en comodato o en arrendamiento.

5. *ULPIANUS libro vicensimo quarto ad edictum. Celsus scribit: si quis merces, quas exvehendas conduxit, in horreo posuit, cum conductore ad exhibendum agi potest: item si mortuo conductore heres existat, cum herede agendum: sed si nemo heres sit, cumo horreario agendum: nam si a nullo, inquit, possidentur, verum esta ut horrearium possidere aut certe ille est, qui possit exhibere. Idem ait: quomodo autem possidet qui vehendas conduxit? An quiapignus tenet? Quae species ostendit etiam eos, qui facultatem exhibendi habent, ad exhibendum teneri.*

5. ULPIANO *en el libro vigésimo cuarto de los comentarios al edicto.* Escribe Celso: si alguien depositó las mercancías en un almacén cuyo transportre arrendó, puede ejercerse la acción exhibitoria contra el transportista. Si éste muere, pero quedó su heredero, debe ejercerse la acción contra este. Si no hay heredero, debe ejercerse contra el almacenista, porque si nadie las poseyó, dice que las posee el almacenista o, al menos, es quien puede exhibirlas. También pregunta: ¿cómo las posee el transportista? ¿Acaso por tenerlas en prenda? Este ejemplo muestra que también quienes tienen la facultad de exhibir están obligados a hacerlo.

§1. *Iulianus autem ita scribit ad exhibendum actione teneri eum, qui rerum vel legatorum servandorum causa in possessione sit, sed et eum, qui usus fructus nomine rem teneat, quamvis nec hic utique possideat. Inde Iulianus quaerit, quatenus hos oporteat exhibere: et ait priorem quidem sic, ut actor possessione habeat, is autem cum quo agetur rei servandae causa sit in possessione: eum vero qui usum fructum habeat sic, ut actor rem possideat, is cum quo agetur utatur fruatur.*

§1. Juliano escribe que se obliga por la acción exhibitoria no solo quien posee para conservar determinadas cosas o legados, sino también quien tiene la cosa a título de usufructo, aunque tampoco posea realmente. Por lo que pregunta: ¿cómo deben exhibir? Dice que el primero de modo que el actor tenga la posesión y que el demandado debe seguir en posesión para conservar la cosa; que quien tenga el usufructo de modo que el actor posea la cosa y el demandado la usufructúe.

§2. Idem Iulianus scribit emptorem, qui ruta caesa non restituit, ad exhibendum teneri in quantum in litem iuravero: sed ibi adicit, si emptor possideat aut dolo fecit quo minus possideat.

§3. Item Celsus scribit stercus, quod in aream meam congessisti, per ad exhibendum actionem posse te consequi ut tollas, sic tame nut totum tollas ceterum alias non posse.

§4. Sed et si ratis delata sit vi fluminis in agrum alterius, posse cum convenirir ad exhibendum Neratius scribit. Unde quaerit Neratius, utrum de future dumtaxata damno an et de praeterito domino agri cavendum sit, et ait etiam de praeterito caveri oportere.

§5. Sed et si de ruina aliquid in tuam aream vel in tuas aedes deciderit, teneberis ad exhibendum, licet non possideas.
§6. Item si quis facultatem restituendi non habeat, licet possideat, tamen ad exhibendum non tenebitur, ut puta si in fuga servus sit: ad hoc plane solum tenebitur. Ut caveat se exhibiturum, si in potestatem eius pervenerit. Sed et si non sit in fuga, pormiseris auem ei ubi velit morari, idem erit dicendum, aut peregre a te missus sit, vel in praediis tuis agat, ad hoc colum teneberis, ut caveas.

§2. También escribe Juliano que el comprador que no restituye las cosas muebles extraídas y cortadas del fundo se obliga a exhibir por la cuantía que yo fije por juramente en el litigio. Pero añade: si el comprador las posee o actuó con dolo para dejar de poseerlas.

§3. Celso escribe que con la acción exhibitoria puedes lograr llevarte el estiércol que amontonaste en un terreno mío, siempre que te lo lleves todo; de lo contrario, no puedes hacerlo.

§4. Pero si una balsa fue llevada por la fuerza del río al campo de otro, escribe Neracio que puede demandársele para exhibirla. Por cual pregunta: ¿deberá ofrecérsele caución al dueño del campo solo por el daño futuro o también por el anterior? Y dice que también debe ofrecérsele por el daño anterior.

§5. También, si debido a un derrumbe cayó alguna cosa en tu terreno o en tu casa, te obligas a exhibirla aunque no la poseas.
§6. Igualmente, si alguien no tuvo posibilidad de restituir, no estará obligado a exhibir aunque posea; por ejemplo, si el esclavo estuvo fugitivo solo se obliga a ofrecer caución de que lo presentará si volvió a su poder. Lo mismo deberá decirse si no estuvo fugitivo pero le permitiste habitar donde quisiera; y si lo mandaste a

viajar o a que viviera en tu predio, solo te obligas a ofrecer caución.

6. PAULUS libro quarto decimo ad Sabinum. Gemma inclusa auro alieno vel sigillum candelabro vindicari non potest, sed ut excludatur, ad exhibendum agi potest: aliter atque in tirno iuncto aedibus, de quo nec ad exhibendum agi potest, quia lex duodecim tabularum solvi vetaret: sed actione de tigno iuncto ex eadem lege in duplum agitur.

6. PAULO *en el libro décimo cuarto de los comentarios a Sabino*. No puede reivindicarse la piedra preciosa incrustada en oro ajeno ni el adorno unido a un candelabro, pero puede ejercerse la acción exhibitoria para separarla. Diferente es el caso de la viga empotrada en una casa, de la cual ni siquiera puede demandarse con la exhibitoria, porque la Ley de las Doce Tablas prohibió que fuera separada, aunque en virtud de la misma ley se ejerce la acción de viga empotrada por el doble de su valor.

7. ULPIANUS libro vicensimo quarto ad edictum. Tigni appllatione omnem materiam in lege duodecim tabularum accipimus, ut vquibusdam recte videtur.

7. ULPIANO *en el libro vigésimo cuarto de los comentarios al edicto*. Como acertadamente opinaron algunos, bajo la denominación de "viga" en la Ley de las Doce Tablas entendemos todo tipo de material de construcción.

§1. Sed si rotam meam vehiculo aptaveris, teneberis ad exhibendum (et ita Pomponius scribit), quamvis tunc civiliter non possideas.

§1. Pero si adaptaste a tu vehículo una rueda mía, te obligarás a exhibirla (así lo escribe Pomponio), aunque en dicho caso no la posees civilmente.

§2. Item et si armario vel navi tabulam meam vel ansam scypho iunxeris vel emblemata phialae, vel purpuram vertimento intexeris, aut bracchium statuae coadunaveris.

§2. Lo mismo se dirá si uniste una tabla mía a un armario o a un barco, o un asa a una taza, o si pusiste un bajorrelieve a una copa, o un trozo de púrpura a un vestido, o si le uniste un brazo a

§3. Item municipes ad exhibendum conveniri possunt, quia facultas est restituendi: nam et possidere et usucapere eos posse constat. Idem et in collegiis ceterisque corporibus dicendum erit.

§3. También los municipios pueden ser demandados para exhibir, porque tienen facultades para restituir, pues se sabe que pueden poseer y usucapir. Lo mismo se dirá de los colegios y demás corporaciones.

§4. Si quis non possideat litis contestatae tempore, sed postea ante sententiam possidere coeperit, oportere dici putamus debere condemnari, nisi restituat.

§4. Si alguien no posee al momento de contestarse la demanda, pero comenzó a poseer después de la contestación y antes de la sentencia, opinamos que debe ser condenado si no restituye.

§5. Si quis, cum iudicii accepti tempore possideret, postea sine dolo malo possidere desierit, absolví cum oportet: quamvis sit, inquit Pomponius, quod ei imputetur, cur non statim restituit, sed passus est secum litem contestari.

§5. Si alguien, poseyendo al momento de aceptar el juicio, dejó de poseer después sin dolo malo, debe ser absuelto, aunque se le responsabilice por no restituir de inmediato y permitir que se contestase la demanda, según dice Pomponio

§6. Idem scribit, si quis Litis contestatae tempore possederit, deinde desierit possidere, mox coeperit sive ex eadem causa sive ex alia, condemnari eum oportere, nisi restituat.

§6. También escribe que si alguien poseyó al momento de contestar la demanda, después dejó de poseer y luego comenzó de nuevo a poseer por la misma causa o por otra, debe ser condenado a no ser que restituya.

§7. Ibidem non male Pomponius iungit eius, qui ad exhibendum egit, utroque tempore interfuisse oportere rem ei restitui, hoc est et quo lis contestatur et quo fit condemnatio: et ita Labeoni placet.

§7. Añade en el mismo lugar que quien demandó con la exhibitoria debe interesarle que se le restituya la cosa en uno y otro momento, es decir, al contestarse la demanda y al condenar, y así le pareció correcto a Labeón.

8. *IULIANUS libro nono digestorum.*

8. JULIANO *en el libro noveno del*

Si ad exhibendum actum est cum eo, qui neque possidebat neque dolo malo fecerat quo minus possideret, deinde eo defuncto heres eius possidet rem, exhibere eam cogendus erit. Nam si fundum vuel hominem petiero et heres ex eadem causa possidere coeperit, restituere cogitur.

digesto. Si se ejerció la acción exhibitoria contra quien no poseía ni actuó con dolo malo para dejar de poseer, y luego de morir su heredero posee la cosa, deberá obligarse a exhibirla. Porque si yo reclamase un fundo o un esclavo, y el heredero del demadnado comenzó a poseer por la misma causa, se obliga a restituirlo.

9. ULPIANUS *libro vicensimo quarto ad edictum. Iulianus scribit: si quis hominem quem possidebat occiderit sive ad aliam atranstulerit possessioneem sive ita rem corruperit ne haberi possit, ad exhibendum tenebitur, quia dolo fecit quo minus possideret. Proiunde et si vinum vel oleum vel quid aliud effuderit vel confregerit, ad exhibendum tenebitur.*

9. ULPIANO *en el libro vigésimo cuarto de los comentarios al edicto.* Juliano escribe que si alguien mató al esclavo que poseía o transfirió a un tercero su posesión, o dañó de tal modo la cosa que no puede ya ser poseída, se obligará a exhibirla porque actuó con dolo malo para dejar de poseer. Por tanto, también si derramó el vino o el aceite, o rompió alguna otra cosa, se obligará a exhibirla.

§1. *Glans ex arbore tua in fundm meum decidit, eam ego immisso pecore depasco: qua actione possum teneri? Pomponius scribit competere actiionem ad exhibendum, si dolo pecus immisi, ut glandem comederet: nam et si glaus exteret nec patieris me tollere, ad exhibendum teneberis, quemadmodum si materiam meam delatam in agrum suum quis anferre non pateretur. Et place nobis Pomponii sentential, sive glans extet sive consumpta sit. Sed si extet, etiam intedicto de glande legenda, ut mihi tertio quoque die legendae glandis facultas esset, uti potero, si damni infecti*

§1. Una bellota de tu árbol cayó en mi fundo, y yo introduje a mi ganado para que se la comiera. ¿Con qué acción quedaré obligado? Pomponio escribe que procede la acción exhibitoria si introduje dolosamente el ganado para que comiese la bellota, porque también si se quedase allí la bellota y no me permitieras recogerla, te obligarás a exhibirla como cuando alguien no permite recoger materiales míos llevados a su terreno. Y nos parece corecta la opinión de Pomponio,

cavero.

quedando la bellota o habiéndose consumido. Pero si queda, podré usar también el interdicto de *glande legenda* (para recoger la bellota), para yo poder recogerla cada tercer día si ofrecí caución de daño temido.

§2. Si quis rem fecit ad alium pervenire, videtur dolo fecisse quo minus possideat, si modo hoc doloso fecerit.

§2. Si alguien hizo que una cosa llegase a poder de otro, se entiende que actuó con dolo para dejar de poseer, si es que lo hizo dolosamente.

§3. Sed si quis rem deteriorem exhibuerit, aeque ad exhibendum eum teneri Sabinus ait. Sed hoc ibi utique verum est, si dolo malo in aliud corpus res sit translata, veluti si ex scypho massa facta sit: quamquam enim massam exhibeat, ad exhibendum tenebitur, nam mutata forma prope interemit substantiam rei.

§3. Pero dice Sabino que si alguien exhibió una cosa deteriorada también se obliga a exhibirla. Pero esto es verdad si la cosa fue convertida dolosamente en otro objeto, por ejemplo, si de una taza metálica se fundió una masa, porque aunque exhiba la masa se obligará por la acción exhibitoria, pues al cambiar la forma perece la esencia de la cosa.

§4. Marcellus scribit, si tibi decem nomismata sint sub condicione legata et mihi decem usus frcutus pure, deinde heres pendente condicione non exacata cautione decem fructuario solverit, ad exhibendum eum actione teneri, quasi dolo fecerit quo minus possideret: dolus autem in eo est, quod cautionem exigere supersedit a fructuario effectumque, ut legatum tuum evanesceret, cum iam numos vindicare non possis. Ita demum autem locum habebit ad exhibendum actio, si condijo extiterit legati. Potuisti tamen tibi prospicere stipulatione legatorum et, si prospexisti, non erit tibi necessaria ad exhibendum actio. Si

§4. Escribe Marcelo que si se te legaron diez moendas bajo condición y a mí el simple usufructo de las diez; estando pendiente la condición, el heredero pagó las diez al usufructuario, sin exigirle caución. El heredero queda obligado por la acción exhibitoria como si actuase con dolo para dejar de poseerlas, pues el dolo radica en que dejó de exigir caucion al usufructuario, haciendo que se desvaneciera tu legado para que ya no puedas reivindicar las monedas. Pero solo procederá la acción exhibitoria si

tamen ignarus legati tui a fructuario satis non exegit, dicit Marcellus cessare ad exhibendum, scilicet quia nullus dolus est: succurendum tamen legatario in factum adversus fructuarum actione ait.

se cumplió con la condición del legado. También pudiste precaverte estipulando los legados, y si así fue, no necesitarás la exhibitoria. Pero si ignorando tu legado el heredero no exigió fianza del usufructuario, dice Marcelo que cesa la acción exhibitoria porque no hay dolo alguno; pero señala que debe protegerse al legatario contra el usufructuario con la acción por el hecho.

§5. Quantum autem ad hanc actionem attinet, exhibere est in eadem causa praestare, in qua fuit, cum iudicium acciperetur, ut quis compiam rei habens possit exsequui actione quam destinavit in nullo casu quam intendit laesa, quamvis non de restituendo, sed de exhibendo agatur.

§5. Respecto de esta acción, "exhibir" significa presentar una cosa en el mismo estado en que estuvo cuando fue aceptado el juicio para que alguien pueda ejercer la acción que eligió teniendo ahora la cosa a la vista, no perjudicando en ningún caso la acción intentada, aunque no ejercite la restitutoria, sino la exhibitoria.

§6. Proinde si post litem contestatam usucaptum exhibeat, non videtur exhibuisse, cum petitor intentionem suam perdiderit, et ideo absolve eum non oportere, nisi paratus sit repetita die intentionem suscipere, ita ut fructus secundum legem aestimentur.

§6. Por tanto, si exhibe la cosa usucapida después de contestada la demanda, no se entiende que exhibió, porque el demandante perdió su acción y, por lo tanto, no debe ser absuelto si no esta dispuesto a contestar la demanda, una vez rescindido el plazo para la usucapión, de modo que los frutos sean estimados según la ley.

§7. Quiua tamen causa petitori in hac actione restituitur, Sabinus putavit partum quoque restituendum, sive praeguas fuerit mulier sive postea

§7. Como en esta acción se restituye la causa al demandante, Sabino consideró que también debe restituirse el hijo de la

conceperit: quam sententiam et Pomponius probat.

§8. Praeterea utilitates, si quae amissae sunt ob hoc quod non exhibetur vel tardius quod exhibetur, aestimandae a iudice sunt: et ideo Neratius ait utilitatem actoris venire in aestimationem, non quanti res sit, quae utilitas, inquit, interdum minoris erit quam res erit.

10. *PAULUS libro vicensimo sexton ad edictum. Si optione intra certum tempus data iudicium in id tempus extractum est, quo frustra exhibetur, utilitas petitoris conservetur: quod si per heredem non stetit quo minus exhiberet tempore iudicii accipiendi, absolvendus est heres.*

11. *ULPIANUS libro vicensimo quarto ad edictum. Sed et si hereditas amissa sito b hoc, quod servus non exhibeatur, aequissimum est aestimari officio iudicis damnum hereditatis.*

§1. Quo autem loco exhiberi rem oporteat vel cuius sumptibus, videamus. Et Labeo ait ibi exhibendum, ubi fuerit cum lis contestaretur, periculo et inpediis actoris perferendam perducendamve eo loci ubi actum sit. Pascere plane servum

esclava, ya sea que la mujer estuviere encinta o que concibiera después, opinión que también aprueba Pomponio.

§8. Además, si se perdieron las utilidades porque no se exhibió alguna cosa o porque se exhibió tardíamente, deben ser estimadas por el juez. Y por ello dice Neracio que en la estimación se incluye la utilidad del actor, no el valor de la cosa; utilidad que, dice, a veces será menor que el valor de la cosa.

10. PAULO *en el libro vigésimo sexto de los comentarios al edicto.* Si legada la elección dentro de plazo determinado, el juicio se dilató tanto que ya se exhibe inútilmente la cosa, la acción exhibitoria conservará su utilidad para el demandante. Pero si no dependió del heredero que no exhibiera al momento de aceptarse el juicio, el heredero deberá ser absuelto.

11. ULPIANO *en el libro vigésimo cuarto de los comentarios al edicto.* Si la herencia se perdió por no exhibirse el esclavo, es muy justo que por ministerio del juez se estime el daño de la herencia.

§1. Veamos en qué lugar o a costa de quién deberá exhibirse la cosa. Y dice Labeón que deberá exhibise allí donde se halle cuando se conteste la demanda, y que deberá ser llevada o

vestire curare possessorem oportere ait. Ego autem arbitror interdum etiam haec actorem agnoscre oportere, si forte ipse servus ex operis vel artificio suo solebat se exhibere, nunc vero cogitur vacare. Proinde et si apud officium fuerit depositus exhibendus, cibaria debewbit adgnoscere qui exhiberi desideravit, si non solebat possessor servum pascere: nam si solebat, sicuti pascit, ita et cibaria potest non recusare. Interdum tamen eo loci exhibere debet suis sumptibus, si forte proponas diata opera cum in locum abditum res contulisse, ut actori incommodior esset exhibitio: nam in hunc casum suius sumpotibus et periculo debebit exhibere in eum locum ubi agatur, ne ei calliditas sua prosit.

conducida al lugar donde se ventile el juicio a cuenta y riesgo del actor. Dice que indudablemente el poseedor debe alimentar, vestir y curar al esclavo, aunque yo opino que a veces también debe hacerlo el actor, por ejemplo, si el esclavo solía mantenerse con su trabajo u oficio y ahora se ve obligado a estar ocioso. Por lo tanto, si el esclavo que debe ser exhibido fue depositado en el tribunal, deberá pagar los alimentos quien pidió que le se exhibiera si el poseedor no solía alimentar al esclavo, pues si lo hacía no puede negarle los almentos. Pero a veces el demandado debe exhibir en aquel lugar a su costa, por ejemplo, si alegas que intencionalmente llevó la cosa a un lugar apartado para que la exhibición fuera más incómoda para el actor, pues en este caso deberá exhibir a su cuenta y riesgo en el lugar donde se ventila el juicio, a fin de que no le beneficie su estrategema.

§2. Si de pluribus rebus quis conveniatur et litis contestatae tempore omnes possedit, licet poste quasdam desierit quamvis sine dolo malo possidere, damnandum, nisi exhibeat eas quas potest.

§2. Si alguien fuera demandado por varias cosas y las posye todas al momento de contestar la demanda, aunque después dejase de poseer algunas, aunque sea sin dolo malo, deberá ser condenado si no exhibe las que pueda.

12. PAULUS libro vicensimo sext ad edictum. De eo exhibendo, quem quis in libertatem vindicare velit, huic actioni

12. PAULO *en el libro vigésimo cuarto de los comentarios al edicto.* Esta acción puede tener lugar

locus esse potest.

§1. Et filius familias ea actione tenetur, si facultatem rei exhibendae habet.

§2. Saepius ad exhibendum agenti, si ex eadem causa agat, obstaturam exceptionem Iulianus ait: novam autem causam intervenire, si is, qui vindicandi gratia egisset, post acceptum iudicium eam ab aliquo accepit, et ideo exceptione ei non officere. Item si ei, qui furti acturus ad exhibendum egisset, iterum furtum factum sit. Denique si quis optandi gratia ad exhibendum egisset et post litem contestatam alterius testament optio data sit, ad exhibendum agere potest.

§3. Si quis ex uvis meis mustum fecerit vel ex olivis óleum vel ex lana vestimenta, cum sciret haec aliena esse, utriusque nomien ad exhibendum actiione tenebitur, quia quod ex re nostra fit nostrum esse verius est.

§4. Si post iudicium acceptum homo mortuus sit, quamvis sine dolo malo et culpa possessoris, tamen interdum tanti damnandus est, quanti actoris interfuerit per eum non effectum, quo minus tunc cum iudicium acciperetur homo

cuando se busca exhibir a aquel cuya libertad alguien quisiera reivindicar.

§1. También el hijo de familia se obliga por esta acción si tiene facultad para exhibir la cosa.

§2. Dice Juliano que quien ejerce varias veces la acción exhibitoria podrá oponérsele excepción si la ejerce por la misma causa. Dice que media nueva causa si quien intentó la acción para reivindicar una cosa recibió ésta de un tercero tras aceptar el juicio y, por tanto, no le perjudica la excepción. Asimismo, si se le robó por segunda vez a aquel que, habiendo ejercido previamente la exhibitoria, busca ahora intentar la acción de robo. Finalmente, si a quien intentó la acción exhibitoria para poder elegir y, luego de contestada la demanda, se le legó la elección por testamento de otro, puede ejercer la exhibitoria.

§3. Si alguien produjo mosto con mis uvas, aceite con mis aceitunas o vestidos con mi lana, sabiendo que tales cosas eran ajenas, se obligará con la acción exhibitoria por estos conceptos, pues es verdad que lo que se hace con cosa nuestra es nuestro.

§4. Si luego de aceptar el juicio murió el esclavo, aunque no mediase dolo o culpa del poseedor, no obstante ello a veces será condenado por lo que interese al actor en que no se

exhiberetur: tanto magis si apparebit eo casu mortuum esse, qui non oncidisset, si tum exhibitus fuisset.

dejase de exhibir el esclavo al momento en de aceptar el juicio. Y con mayor razón si se probase que murió por un accidente que no habría ocurrido si se le hubiera exhibido en su momento.

§5. Si iusta ex causa statim exhiberi res non possit, iussu iudicis cavere debebit se illo die exhibiturum.

§5. Si la cosa no puede exhibirse inmediatamente por una causa justificada, deberá otorgar caución por mandato del juez de que la exhibirá en un determinado día.

§6. Heres non quasi heres, sed suo nomine hac actione uti potest: item heres possessoris suo nomine tenetur: igitur non procedit quaerere, an heredit et in heredem danda sit. Plane ex dolo defuncti danda est in heredem haec action, si locupletior hereditas eo nomine facta sit, veluto quod pretium rei consecutur sit.

§6. El heredero puede usar esta acción no como heredero, sino a nombre propio. Igualmente, el heredero del poseedor se obliga en nombe propio. Y así, no procede preguntar si debe transmitirse al heredero o contra el heredero. A decir verdad, por el dolo del difunto debe concederse esta acción contra el heredero si por tal motivo se enriqueció la herencia, por ejemplo, porque se percibió el valor de una cosa.

13. GAIUS libro ad edictum praetoris urbani titulo de liberali causa. Si liber homo detineri ab aliquo dicatur, interdictum adversus eum, qui detinere dicitur, de exhibendo eo potest quis habere: nam ad exhibendum actio in eam rem inutilis videtur, quia haec actio ei ereditur competere, cuius pecuniariter interest.

13. GAYO *en el título de los juicios sobre libertad de los comentarios al edicto del pretor urbano.* Si se denuncia que un hombre libre es retenido por otro, cualquiera puede interponer un interdicto exhibitorio contra el que se denuncia que retiene, porque en este caso parece inútil la exhibitoria, pues se cree que ésta compete al que tiene interés pecuniario.

14. POMPONIUS *libro quarto decimo ad Sabinum. Si vir numos ab uxore sibi donatos, sciens suos factos non esse, pro re empta dederit, dolo malo fecit quo minus possideat et ideo ad exhibendum actione tenetur.*

14. POMPONIO *en el libro décimo cuarto de los comentarios a Sabino.* Si el marido dio por una cosa comprada el dinero que le donó su mujer, sabiendo él que no era suyo, dejó de poseer con dolo y, por tanto, se obliga por la acción exhibitoria.

15. IDEM *libro octavo decimo ad Sabinum. Thensaurus meus in tuo fundo est nec eum pateris me effodere: cum eum loco non moveris, furti quidem aut ad exhibendum eo nomine agere recte non posse me Labeo ait, quia neque possideres eum neque dolo feceris quo minus possideres, utpote cum fieri possit, ut nescias eum thensaurum in tuo fundo esse. Non esse autem iniquum iuranti mihi non calumniate causa id postulare vel interdictum vel iudicium ita dari, ut, si per me non stetit, quo minus damni infecti tibi operis nomine caveatur, ne vim facias mihi, quo minus eum thensaurum effodiam tellam exportem. Quod si etiam furtivus iste thensaurus est, etiam furti agi potest.*

15. EL MISMO *en el libro décimo octavo comentarios a Sabino.* En tu fundo hay un tesoro mío, y no me permites desenterrarlo. Dice Labeón que mientras no lo muevas de sitio no puedo ejercer la acción de robo o la exhibitoria, porque ni lo posees ni actúas dolosamente para dejar de poseerlo, lo que puede suceder si ignoras que en tu fundo hay un tesoro. Pero no es injusto que jurando yo que no lo reclamo con ánimo de calumniar, se me conceda interdicto o acción para que no me impidas por la violencia desenterrar, recoger o llevarme el tesoro si yo te concedí caución por el daño temido con motivo de la excavación. Pero si dicho tesoro me fue robado, también puede ejercerse la acción de robo.

16. PAULUS *libro decimo ad Sabinum. Cum servus tenet aliquid, dominus ad exhibendum suo nomine tenetur: si antem servus citra scientiam domini dolo fecit quo minus habeat, vel furti actio vel de dolo malo noxalis servis*

16. PAULO *en el libro décimo de los comentarios a Sabino.* Cuando el esclavo detenta alguna cosa, el dueño está obligado en nombre propio a exhibirla; pero si el esclavo actuó dolosamente para

nomine danda est, ad exhibendum autem utilis nulla constituenda est.

dejar de poseer sin conocimiento del dueño, debe concederse a nombre del esclavo la acción de hurto o la de dolo malo, pero no debe concederse ninguna acción exhibitoria útil.

17. ULPIANUS *libro nono de omnibus tribunalibus. Si quis hominem debilitatum exhibeat vel eluscatum, ad exhibendum quidem absolvi debet: exhibuit enim et nihil impedit directam actionem talis exhibitio, poterit tamen agere actor ex lege Aquilia de hoc damno.*

17. ULPIANO *en el libro noveno de todos los tribunales.* Si alguien exhibió el esclavo debilitado o tuerto, debe ser absuelto de la acción exhibitoria porque lo exhibió, aunque esto no impide la acción principal, y el actor podrá ejercer por el daño al esclavo la acción de la ley Aquilia.

18. IDEM *libro sexto opinionum. Solutione chirographo inani fcto et pignoribus liberatis nihilo minus creditor, ut instrumenta ad eum contractum pertinentia ab alio quam debiotre exhibeantur, agere potest.*

18. EL MISMO *en el libro sexto de las opiniones.* Inutilizada un documento por el pago, y una vez liberadas las prendas, a pesar de ello el acreedor puede ejercer acción para que otra persona distinta del deudor exhiba los instrumentos pertenecientes a aquel contrato.

19. PAULUS *libro quarto epitomarum Alfeni. Ad exhibendum possunt agere omnes quorum interest. Sed quídam consuluit, an possit efficere haec actio, ut rationes adversarii sibi exhiberentur, quas exhiberi magni eius interesset. Respondit non oportere ius civile calumniari neque verba captari, sed qua mente quid diceretur, animadvertere convenire. Nam illa ratione etiam studiosum alicuius doctrinae posse dicere sua interesse illos aut illos libros sibi*

19. PAULO *en el libro cuarto del epítome de Alfeno.* Pueden ejercer la acción exhibitoria todos los que tengan interés. Pero alguien preguntó: ¿podría lograr esta acción que se exhiban las cuentas de su adversario, las cuales le interesaba mucho que se exhibieran? Respondió que no debía interpretarse falsariamente el derecho civil ni interpretar torcidamente sus palabras, sino

exhiberi, quia, si essent exhibiti, cum eos legisset, doctior et melior futurus esset.

que convenía tener en cuenta con qué intención se dijo algo, porque también por esa razón el seguidor de alguna doctrina filosófica podía decir que le interesaba que se le exhibieran tales o cuales libros, ya que si así fuera, podría ser más docto y mejor luego de leerlos.

20. *ULPIANUS libro secundo regularum. Quaestionis habendae causa ad exhibendum agitur ex delictus servorum ad iudicandos conscios suos.*

20. ULPIANO *en el libro segundo de las reglas.* Se ejerce la acción exhibitoria por los delitos de los esclavos para someterlos a tormento y así descubrir a sus cómplices.

LIBER XI

LIBRO XI

TITULUS I
DE
INTERROGATIONIBUS
IN IURE FACIENDIS ET
INTERROGATORIIS
ACTIONIBUS

TÍTULO I
SOBRE LOS
INTERROGATORIOS
QUE DEBEN
HACERSE EN EL
JUICIO Y SOBRE LAS
ACCIONES
INTERROGATORIAS

1. CALLISTRATUS libro secundo edicto monitorii. Totiens heres in iure interrogandus est, qua ex parte heres sit, quotiens adversus eum actio instituitur et dubitat actor, qua ex parte is, cum qwuo agere velit, heres sit. Est antem interrogatio tunc necessaria, cum in personam sit actio et ita, si certum petetur, ne, dum ignoret actor, qua ex parte adversarius defuncto heres exstiterit, interdum plus petendo aliquid damni sentiat.

1. CALISTRATO *en el libro segundo del edicto monitorio.* El heredero debe ser interrogado ante magistrado respecto de qué parte es heredero siempre que se intente acción contra él, y la parte actora dude sobre qué parte es heredero aquél a quien busca demandar. Es necesario el interrogatorio cuando la acción es personal, por ejemplo, si se demanda una cosa cierta para que no sufra algún perjuicio pidiendo más de lo debido por ignorar el actor en qué parte es heredero el adversario.

§1. Interrogatoris autem actionibus hodie non utimur, quia nemo cogitur ante iudicium de suo iure aliquid respondere, iedoque minus frequentantur et in desuetudinem abierunt. Sed tantummodo ad probationes litigatoribus sufficiunt ea, quae ab adversa parte expressa fuerint apud iudices vel in hereditatibus vel in aliis rebus, quae in causis vertuntur.

§1. Sin embargo, hoy ya no usamos las acciones interrogatorias porque nadie está obligado a responder algo sobre su derecho antes del juicio, y por esto se usan menos, y han caído en desuso. A los litigantes les basta como pruebas tan solo lo que la parte contraria

133

manifestase ante los jueces, ya sobre herencias, ya sobre otras materias que se ventilen en los juicios.

2. ULPIANUS libro vicensimo secundo ad edictum. Edictum de interrogationibus ideo praetor proposuit, quia sciebat difficile ese ei, qui heredem bonorumve possessorem convenit, probare aliquem ese heredem bonurumve possessorem,

2. ULPIANO *en el libro vigésimo Segundo de los comentarios al edicto.* El pretor publicó el edicto sobre interrogatorios porque sabía que era difícil para quien demanda al heredero o al poseedor de los bienes hereditarios probar que alguien es heredero o poseedor de dichos bienes,

3. PAULUS libro septimo decimo ad edictum. … quia plerumque difficilis probatio aditae hereditatis est.

3. PAULO *en el libro décimo séptimo de los comentarios al edicto.* … porque en la mayoría de ocasiones es difícil probar la aceptación de la herencia.

4. ULPIANUS libro vicensimo secundo ad edictum. Voluit praetor adstringere eum qui convenitur ex sua in iudicio responsione, ut vel confitendo vel mentiendo sese oncret, simul etiam portionis, por qua quisque heres extitit, ex interrogatione certioretur.

4. ULPIANO *en el libro vigésimo segundo de los comentarios al edicto.* El pretor quiso obligar al demandado con su respuesta dada en juicio para se responsabilice confesando o falseando su declaración, y para que también se sepa por medio del interrogatorio la porción en que cada uno es heredero.

§1. Quod ait praetor: 'qui in iure interrogatus responderit' sic accipiendum est apud maistratus populi Romani vel praesides provinciarum vel alius iudices: ius enim eum solum locum ese, ubi iuris dicendi vel iudicandi gratia consistat, vel si domi vel itinere hoc agat.

§1. Lo que dice el pretor: 'Quien respondió al ser interrogado en derecho' debe entenderse ante los magistrados del pueblo romano, ante los gobernadores de las provincias u otros jueces, porque *ius* (derecho, tribunal) es el lugar donde alguno de ellos se constituye para definir el derecho o para juzgar, ya lo haga en la propia ciudad o cuando se dirige a esta.

5. GAIUS libro tertio ad edictum provinciale. Qui interrogatur, an heres vel quota ex parte sit vel an in potestate habeat eum, cuius nomine n oxali iudicio agitur, ad deliberandum tempus impetrare debet, quia, si perperam confessu fuerit, incommodo adficitur.

5. GAYO *en el libro tercero de los comentarios al edicto provincial.* Quien es interrogado sobre si es heredero, o respecto de qué parte lo es, o si tiene bajo su potestad a aquel en cuyo nombre se ejerce la acción noxal, debe solicitar un plazo para deliberar, porque si confiesa faltando a la verdad, sufre perjuicio.

6. ULPIANUS libro vicensimo secundo ad edictum. ... et quia hoc defunctorum interest, ut habeant successores, interest et viventium, ne praecipitentur, quamdiu iuste deliberant.

6. ULPIANO *en el libro vigésimo segundo de los comentarios al edicto* Y así como esto interesa a los difuntos para tener sucesores, así también interesa a los vivos en no precipitarse cuando deliberan conforme a derecho.

§1. Intedrum interrgoatus quis, an heres sit, non cogitur respondere, ut puta si controversiam hereditatis ab alio patiatur: et ita divus Hadrianus constituit, nea ut negando se heredem praeiudicet sibi aut dicendo heredem illigetur etiam ablata sibi hereditate.

§1. A veces no está obligado a responder quien es interrogado sobre si es heredero, por ejemplo, si existe controversia hereditaria promovida por otro. Y así lo dispuso el divino Adriano, para que no se perjudique quien niega ser heredero, o para no quede obligado quien lo afirme, incluso habiéndosele quitado la herencia.

7. IDEM libro cotavo decimo ad edictum. Si quis in iure interrogatus, an quadrupes quae pauperiem fecit eius sit, responderit, tenetur.

7. EL MISMO *en el libro décimo octavo de los comentarios al edicto.* Si alguien es interrogado en juicio sobre si es suyo el cuadrúpedo

que provocó un daño, y responde afirmativamente, queda obligado.

8. PAULUS libro vicensimo secundo ad edictum. Si quis interrogatus de servo qui damnum dedit, respondit suum ese servum, tenebitur lege Auilia quasi dominus et, si cum eo actum sit qui respondit, dominus ea actione liberatur.

8. PAULO *en el libro vigésimo segundo de los comentarios al edicto.* Si alguien es interrogado sobre el esclavo que provocó un daño y responde que el esclavo era suyo, quedará obligado por la ley Aquilia como si fuese dueño; y si ejerció la acción contra quien respondió, el dueño se libera de dicha acción.

9. ULPIANUS libro vicensimo secundo ad edictum. Si sine interrogatione quis responderit se heredem, pro interrogato habetur.

9. ULPIANO *en el libro vigésimo segundo de los comentarios al edicto.* Si alguien respondió que es heredero sin ser interrogado, se considera como si hubiera sido interrogado.

§1. Interrogatum non solum a praetor accipere debemus, sed et ab adversario.

§1. Debemos considerar interrogado no solo a quien lo es por el pretor, sino también a quien lo es por el adversario.

§2. Sed si servus interrogetur, nulla erit interrogatio, non magis quam si servus interroget.

§2. Pero si un esclavo fuese interrogado, será nulo el interrogatorio igual que si interrogase el esclavo.

§3. Alius pro alio non debet respondere cogi, an heres sit: de se enim debet quis in iudicio interrogari, hoc est cum ipse convenitur.

§3. Nadie debe ser obligado a responder por otro acerca de si es heredero, porque en juicio cada uno debe ser interrogado sobre sí mismo, es decir, cuando él mismo es demandado.

§4. Celsus libro quinto digestorum scribit: si defensor in iudicio interrogatus, an is quem defendit heres vel quota ex parte sit, falso responderit, ipse quidem defensor

§4. En el libro quinto de su Digesto, Celso escribe: si un procurador es interrogado en juicio sobre si aquel a quien

adversario tenebitur, ipsi autem quem defendit nullum facit praeiudicium. Veram itaque ese Celsi sententiam dubium non est. An ergo no videatur defendere, si non responderit, videndum: quod utique consequens erit dicere, quia non plene defendit.

defiende es heredero, o de cuánta parte lo es, y respondió falsamente, tal defensor quedará obligado ante el adversario, pero no irroga perjuicio alguno al que defiende. Por ello, no hay duda sobre la certeza de la opinión de Celso. Por tanto, debe verse si parecerá que no se defiende si no respondió, lo que puede afirmarse ciertamente, pues no se defiende plenamente.

§5. Qui interrogatus heredem se responderit nec adiecerit ex qua parte, ex asse respondisse dicendum est, nisi forte ita interrogetur, an ex dimidia parte heres sit, et responderit heres sum: hic enim magis eum puto ad interrogatum respondisse.

§5. Quien al ser interrogado respondió que es heredero pero no precisó de cuánta parte, debe afirmarse que respondió que del total; salvo que fuese interrogado sobre si era heredero de la mitad y respondió: "lo soy", pues en tal caso considero que más bien repsondió a lo que se le preguntó.

§6. Illud quaeritur, an quis cogatur respondere, utrum ex testament heres sit, et utrum suo nomine ei quaesita sit hereditas an per eos quos suo iuri subiectos habet vel per eum cui heres extitit. Summatim igitur praetor cognoscere debebit, cum aqueratur, an quis respondere debeat, quo iure heres sit, ut, si valde interesse compererit, plenius responderi iubeat. Quae optinere debent son solum in heredibus, sed etiam in honorariis successoribus.

§6. Se pregunta: ¿estará alguien obligado a responder si es heredero testamentario o si adquirió la herencia en nombre propio, por medio de aquellos sometidos a su potestad o por medio del causante de la herencia? En tal caso, el pretor deberá examinar en juicio sumario, cuando se pregunte sobre si alguien debe responder con qué derecho es heredero, para que si estimase que sí interesa, ordene que se responda más explícitamente; lo cual debe observarse no solo respecto a los herederos, sino también respecto a los sucesores por derecho honorario.

§7. Denique Iulianus secribit eum quoque, cui est hereditas restituta, debere in iure interrogatum respondere, an ei hereditas sit restituta.

§7. Finalmente, escribe Juliano que el fideicomisario también debe responder, si es interrogado ante el magistrado, sobre si se le restituyó la herencia.

§8. Si de peculio agatur, non oportere responderi a patre vel domino, an in potestate habeat filium vel servum, quia hoc solum quaeritur, an peculium apud eum cum quo agitur est.

§8. Si se ejerce la acción de peculio, el padre o el dueño no deben responder si tienen bajo su potestad al hijo o al esclavo, porque se pregunta tan solo si el peculio está en poder de aquel contra quien se litiga.

10. *PAULUS libro quadragesimo octavo ad edictum. Non alienum est eum, a quo damni infecti stipulari velimus, interrogare in iure, an aedes eius vel locus sit, ex quo damnum timeatur, et pro qua parte, ut, si neget suum praedium ese nec caveat damni infecti, aut cedere aut, resistendum putaverit, quasi dolo versatus tradere compeliatur.*

10. PAULO *en el libro sexagésimo octavo de los comentarios al edicto.* No es extraño que preguntemos ante el magistrado a aquel a quien queremos obligar por daño temido si es suya la casa o el lugar del que se teme el daño, y en qué porción lo es, para que, si negase que el predio es suyo y no diera caución por el daño temido, se obligue a ceder, o se opuso, a entregar dicho predio como si incurriese en dolo.

11. *ULPIANUS libro vicensimo secundo ad edictum. de aetate quoque interdum interrogatus respondere debebit.*

11. ULPIANO *en el libro vigésimo segundo de los comentarios al edicto.* A veces también deberá responder quien sea interrogado sobre su edad.

§1. Si quis, cum heres non esset, interrogatus responderit ex parte heredem ese, sic convenietur, atque si ex ea parte heres esset: fides enim ei contra se habebitur.

§1. Si alguien, no siendo heredero, al ser interrogado respondiese que lo era de una porción, será demandado como si efectivamente fuese heredero

§2. Qui ex quadrante heres vel omnino cum heres non esset responderit se heredem ex asse, in assem instituta actione convenietur.

§3. Si, cum esset quis ex semisse heres, dixerit se ex quadrante, mendacii hanc poenam feret, quod in solidum convenitur: non enim debuit mentiri, dum se monoris portionis heredem adseverat, interdum tamen iusta ratione potest opinari ese heredem ex minore parte: quid enim, si nescit sibi partem adcrevisse vel ex incerta parte fuit institutus? Cur ei responsum noceat?

§4. Qui tacuit quoque apud praetorem, in ea causa est, ut instituta actione in solidum conveniatur, quasi negaverit se heredem ese. Nam qui omnino non respondit, contumax est: contumaciae autem poenam hanc ferre debet, ut in solidum conveniatur, quemadmodum si negasset, quia praetorem contemnere videtur.

§5. Quod autem ait praetor omnino non respondisse, posteriores sic exceperunt, ut omnino non respondisse videatur, qui ad interrogatum non respondit, id est pros epos (ad verbum).

de dicha parte, porque se le creerá contra sí mismo.

§2. Quien siendo heredero de una cuarta parte, o no siéndolo en modo alguno, respondiese que es heredero universal, será demandado con la acción por toda la herencia.

§3. Si alguien, siendo heredero de la mitad, dijese que lo es de una cuarta parte, por la mentira sufrirá la pena de ser demandado por el todo, porque no debió mentir aseverando que era heredero de una porción menor. Pero a veces puede decir con justa razón que es heredero de una porción menor. Porque si no sabe que le aumentó una parte o fue instituido sobre una parte indeterminada, ¿cómo le perjudicará su respuesta?

§4. También quien calló ante el pretor tras ser interrogado se encuentra en el mismo caso del demandado con la acción por el todo, como si negase ser heredero; porque quien no respondió de ningún modo es contumaz, y por su contumacia debe sufrir la pena de ser demandado por el todo, como si lo negase, porque parece que desacata al pretor.

§5. Lo que el pretor dice: 'no respondió de ningún modo' lo entendieron los intérpretes posteriores como si se considerase que no respondió de ningún modo quien no respondió a lo preguntado, es decir, a la palabra (*pros epos* en griego).

§6. Si interrogates quis, an ex asse heres esset, responderit ex parte, si ex dimidia esset, nihil ei nocere responsum: quae sententia humana est.

§6. Si alguien, interrogándosele sobre si era heredero de toda la hrencia, respondió que lo era de una porción, en nada le perjudicará si responde que lo era de la mitad; opinión sin duda humanitaria.

§7. Nihil interest, neget quis an taceat interrogates an obscure respondeat, ut incertum dimittat interrogatorem.

§7. No hay diferencia alguna entre que alguien niegue o calle cuando se le interroga, o responda con oscuridad, de modo que deje al interrogante en la incertidumbre.

§8. Ex causa succurri ei, qui interrogatus respondit, non dubitamus: nam et si quis interrogatus, an patri heres esset, responderit, mox prolato testamento inventus sit exheredatus, aequissimum est succurri eit: et ita Celsus scribit, hic quidem et alia ratione, quod ea quae postea emergent auxilio indigent: quid enim si occultae tabulae et remotae postea prolatae sunt? Cur noceat et, qui id responderit, quod in praesentiarum videbatur? Idem dico et si qui heredem se responderit, mox falsum vel inofficiosum vel irritum testamentum fuerti pronuntiatum: non enim improbe respondit, sed scriptura ductus.

§8. No dudamos que se protege con causa a quien respondió tras ser interrogado, porque si se interrogó a alguien sobre si era heredero de su padre, respondió afirmativamente, y luego, tras hacerse público el testamento, se encontró desheredado, es muy justo que se le proteja, y así opina Celso. En tal caso, ciertamente también procede porque requieren protección los eventos que sobrevengan después, porque si después fueron presentadas tablas ocultas y olvidadas, ¿en qué forma le perjudicará a quien respondió lo que a su criterio le parecía cierto? Lo mismo digo si alguien respondió que era heredero y luego el testamento fue declarado falso, inoficioso o irrito, porque no respondió de mala fe, sino inducido por la escritura.

§9. Qui interrogates responderit, sic tenetur quasi ex contractu obligatus pro quo pulsabitur, duma b adversario interrogator: sed et si a praetor fuerit interrogates, nihil facit praetoris auctoristas, sed ipsius responsum sive mendacium.

§9. Quien respondió al ser interrogado, se obliga del mismo modo que si se obligase en virtud del contrato al ser demandado, cuando es interrogado por el adversario. Pero aunque fuese interrogado por el pretor, ningún efecto tiene la autoridad de éste, sino solo la respuesta o la mentira de quien responde.

§10. Qui iusto errore ductus negaverit se heredem, venia dignus est.

§10. Quien negase ser heredero inducido por error excusable, es digno de indulgencia.

§11. Sed et si quis sine dolo malo, culpa tameo responderit, dicendum erit absolví eum debere, nisi culpa dolo proxima sit.

§11. Pero también si alguien respondió sin dolo malo pero con culpa, se le deberá absolver, salvo que la culpa sea próxima al dolo.

§12. Celsus scribit licere respondi paenitere, si nulla captio ex eius paenitentita sit actoris: quod verissimum mihi videtur, maxime si quis postea plenius instructus quid faciat, instrumentis vel epistulis amicorum iuris sui edoctus.

§12. Celso escribe que es lícito retractarse de la respuesta si ningún perjuicio se le causa al actor al retractarse de la misma; lo que me parece muy cierto, sobre todo si con mayor conocimiento alguien hiciese después algo, enterado de su derecho por documentos o por cartas de sus amigos.

12. PAULUS libro septimo decimo ad edictum. Si filius, qui abstinuit se paterna hereditate, in iure interrogatus responderit se heredem esse, tenebitur: nam ita respondendo pro herede gessisse videtur. Sin autem filius, qui se abstinuit,

12. PAULO *en el libro décimo séptimo de los comentarios al edicto.* Si el hijo que se abstuvo de la herencia paterna, tras ser interrogado en juicio respondió que es heredero, quedará

141

interrogatus tacuerit, succurrendum est eit: quia hunc qui abstinuit praetor no habet heredis loco.

obligado a pagar las deudas de la herencia, porque al responder así se entiende que aceptó la herencia por gestión como heredero. Pero si el hijo, tras haber sido interrogado, se abstuvo de responder, deberá protegérsele, porque el pretor no considera heredero a quien se abstuvo.

§1. Exceptionibus, quae institutis in iudicio contra reos actionibus opponuntur, etiam is uti potest, qui ex sua responsione convenitur, veluti pacti conventi, rei iudicatae et ceteris.

§1. También quien es demandado en virtud de su respuesta puede usar las excepciones que se oponen a las acciones deducidas en juicio contra los demandados, como la de pacto convenido, la de cosa juzgada y otras.

13. *IDEM libro secundo al Plautium. Confessionibus falsis respondentes ita boligantur, si eius nomine, de quo quuis interrogatus sit, cum aliquo sit actio, quia quae eum alio actio esset, si dominus esset, in eosmet confessione nostra conferimus. Et si eum, qui in potestate patris esset, respondissem filium meum ese, ita me obligari, si aetas eius pateretur, ut filius meus ese possit, quia falsae confessiones naturalibus convenire deberent. Propter quae fiat, ut patris fimilias nomine respondendo non obliget.*

13. EL MISMO *en el libro segundo de los comentarios a Plaucio.* Quienes responden con falsas confesiones se obligan siempre que exista alguna acción contra cualquiera debido a aquello por lo cual alguien fue interrogado, porque esa acción que se daría contra otro, si fuese el dueño, la dirigiremos contra nosotros mismos en virtud de nuestra confesión. Y si yo respondiese que uno, sometido a la potestad de su padre, es hijo mío, quedo obligado siempre que fuese patente su edad para poder ser hijo mío, porque las confesiones falsas deben estar acordes con la naturaleza; por lo cual procederá que yo no me obligue si

§1. Eum, qui patrem familias suum ese responderit servum, non teneri noxali actione: ac ne, si bona fide liber homo mihi serviat, mecum noxali iudicio agi potest et, si actum fuerit, manebit integra actio cum ipso qui admisit.

respondo que soy jefe de familia. §1. Quien respondiese que un jefe de familia era esclavo suyo, no queda obligado por la acción noxal, y tampoco puede ejercerse contra mí la acción noxal si un hombre libre fuese esclavo de buena fe para mí, y si se ejercitase, podrá ejercerse de nuevo la acción contra quien causó el daño.

14. *IAVOLENUS libro nono ex Cassio. Si is, cuius nomine noxae iudicium acceptum est, manente iudicio liber iudicatus est, reus absolví debet, nec quicquam interrogatio in iure facta proderit, quia eius personae, cuius nomine quis cum alio actione habet, obligatione transferre potest in eum, qui in iure suum ese onfitetur, velut alienum servum suum ese confitendo: liberi autem hominis nomine quia cum alio actio non est, ne per interrogationem quidem aut confessionem tranferri poterit. Quo casi eveniet, ut non recte hominis liberi nomine actum sit cum eo qui confessus est.*

14. JAVOLENO *en el libro novena de la doctrina de Casio.* Si aquel en cuyo nombre alguien fue demandado en juicio noxal fue declarado libre durante el juicio, el demandado debe ser absuelto y el interrogatorio realizado en juicio no tendrá efecto alguno, porque la obligación de la persona en cuyo nombre alguien tiene acción contra otro, no puede transferirla a aquel que en juicio confiesa que el esclavo es suyo, como si reconociese que es suyo un esclavo ajeno; pero como en nombre de un hombre libre no hay acción contra otro, no podrá transferirse dicha acción ni por interrogatorio ni por confesión. En tal caso, no se habrá ejercido debidamente la acción contra quien confesó en nombre de un libre.

§1. In totum autem confessiones ita ratae sunt, si id, quod in confessionem venit, et ius et naturam recipere potest.

§1. Sin embargo, las confesiones son plenamente válidas si lo que se confiesa se ajusta al derecho y a la naturaleza.

15. POMPONIUS *libro octavo decimo ad Sabinum. Si ante aditam hereditatem servum hereditarium meum ese respondeam, teneor, quia domini loco habetur hereditas.*

§1. Mortuo servo, quem in iure interrogatus suum ese confessus sit, non tenetur is qui respondit, quemadmodum, si proprius eius fuisset, post mortem eius non teneretur.

16. ULPIANUS *libro trigensimo septimo ad edictum. Si servus ab hostibus captus sit, de quo quis in iure interrogatus responderit in sua potestate ese, quamvis iura postliminiorum possint efficere dubitare nos, attamen non puto locum ese noxali actioni, quia non est in nostra potestate.*

§1. Quamquam autem placet etiam eum teneri, qui alienum servum suum fassus esset, attamen rectissime placuit eum demum teneri, qui suum potuit habere, ceterum, si dominium quaerere non potuit, non teneri.

17. IDEM *libro trigensimo octavo ad edictum. Si servus non sit unius, sed plurium et omnes mentiti sunt eum in sua*

15. POMPONIO *en el libro décimo octavo de los comentarios a Sabino.* Si antes de aceptada la herencia yo respondo que es mío un esclavo de la misma, quedo obligado, porque la herencia me coloca en lugar del dueño.

§1. Si un esclavo muere no queda obligado quien, al ser interrogado en juicio, respondió que era suyo, igual que tampoco quedaría obligado después de su muerte si fuese de su propiedad.

16. ULPIANO *en el libro trigésimo séptimo de los comentarios al edicto.* Si fuese capturado por los enemigos un esclavo respecto del cual alguien respondiese, al ser interrogado en juicio, que estaba bajo su potestad, aunque el derecho de postliminio pueda hacernos dudar, no creo que proceda la acción noxal, pues no está bajo nuestra potestad.

§1. Aunque parece adecuado que también se obligue quien confesó que era suyo un esclavo ajeno, se considera con gran fundamento que tan solo quedará obligado quien pudo tenerlo como suyo; pero si no pudo adquirir su propiedad, no se obliga.

17. EL MISMO *en el libro trigésimo octavo de los comentarios al edicto.* Si el esclavo no fuese propiedad de

potestate non ese vel quídam ex illis, aut dolo fecerunt quo minus sit in potestate, minusquisque illorum tenebitur in solidum, quemadmodum tenerentur, si haberent in potestate: is vero, qui nihil dolo fecerit quo minus in potestate haberet vel non negavit, non tenebitur.

uno solo, sino de varios, y todos, o algunos de ellos, mintieron afirmando que dicho esclavo no estaba bajo su potestad, o actuaron con dolo para no tenerlo bajo su potestad, cada uno de ellos se obligará por el total, como se obligarían si lo tuvieran. Pero aquel que no actuó con dolo para no tenerlo bajo su potestad, o que no lo negó, no se obligará.

18. *IULIANUS libro quarto ad Urseium Ferocem. Qui ex parte dimidia heres erat, cum absentem coheredem suum defendere vellet, ut satisdationis onus evitare possit, respondit se solum heredem ese et condemnatus est: quaerebat actor, cum ipse solvendo non esset, an rescisso superiores iudicio in eum, qui re vera heres erat, actio dari deberet. Proculus respondit rescisso iudicio posse agi, idque est verum.*

18. JULIANO *en el libro cuarto de los comentarios a Urseyo Feroz.* Alguien que era heredero de la mitad, queriendo defender a su coheredero ausente para poder eludir el deber de la fianza como procurador, respondió que sólo el era heredero, y fue condenado; no siendo solvente preguntaba el actor al rescindirse el primer juicio, ¿deberá concedérsele acción contra quien en realidad era heredero? Próculo respondió que, una vez invalidado el juicio, puede ejercerse la acción contra el heredero, y esto es cierto.

19. *PAPINIANUS libro octavo quaestionum. Si filius, cum pro patre suo ageret, taceat interrogatus, omnia perinde observanda erunt, ac si non esset interrogatus.*

19. PAPINIANO *en el libro octavo de las cuestiones.* Si un hijo que demanda en nombre de su padre no respondiese al ser interrogado, deberá considerársele como si no fuese interrogado.

20. *PAULUS libro secundo quaestionum. Qui servum alienum responderit suum ese, si noxali iudicio conventus sit, dominum liberat: aliter atque si quis confessus sit se occidisse servum quem alius occidit, vel si quis responderit se heredem: nam his casibus non liberatur qui fecit vel qui heres est. Nec haec inter se contraria sunt: nam superiore casu ex persona servi duo tenentur, sicut in servo communi dicimus, ubi altero convento alter quoque liberatur: at is qui confitetur se occidisse vel vulnerasse suo nomine tenetur, nec debet impinitum ese delictum eius qui fecit propter eum qui respondit: nisi quasi defensor eius qui admisit vel heredis litem subiit hoc genere: tunc enim in factum exceptione data summovendus est actor, quia ille negotiorum gestorum vel mandati actione recepturus est quod praestitit: idem est in eo, qui mandatu heredis heredem se ese respondit vel cum eum alias defendere vellet.*

§1. In iure interrogatus, an fundum possideat, quaero an respondere cogendus sit et quota ex parte fundum possideat.

20. PAULO *en el libro segundo de las cuestiones.* Quien demandado en juicio noxal respondió que es suyo un esclavo ajeno, exenta de obligación al dueño, a diferencia de quien confesó que él mató al esclavo que otro mató, o si respondiese que es heredero porque en tales casos quien mató o quien es heredero no se libera. Estas cosas no son contradictorias entre sí, porque en el primer caso se obligan ambos por la persona del esclavo, como decimos respecto del esclavo común, en cuyo caso, demandado uno de los dueños, queda libre también el otro; pero quien confiesa que mató o hirió se obliga en nombre propio, pues no debe quedar impune el delincuente por causa de quien confesó, salvo que tomase a su cargo el litigio con carácter de defensor de quien lo cometió o del heredero, ya que entonces el actor será rechazado con la excepción derivada del hecho, pues el defensor debe recuperar lo que pagó por la acción de gestión de negocios o por la de mandato. Lo mismo sucede respecto de aquel que por mandato del heredero respondió que lo era, o de quien de otro modo quisiera defenderlo.

§1. Interrogado alguien en juicio sobre si posee un fundo, pregunto: ¿deberá obligársele a

Respondi: Iavolenus scribit possessorem fundi cogi debere respondere, quota ex parte fundum possideat, ut si minore ex parte possidere se dicat, in aliam partem, quae non defenderetur, in possessionem actor mittatur.

responder y a precisar qué porción posee? Respondí: Javoleno escribe que deberá obligársele a responder qué porción posee, para que si dijera que posee una porción menor, se ponga al actor en posesión de la parte que no fue defendida.

§2. Idem est si damni infecti caveamus: nam et hic respondere debet, quota ex parte eius sit praedium, ut ad eam partem stipulationem accomodemus: poena autem non repromittentis haec est, ut in possessionem eamus, et ideo eo pertinet scire an possideat.

§2. Lo mismo puede decirse si otorgásemos caución por daño temido, porque también en este caso debe responder en qué porción es suyo el predio, para que adecuemos la estipulación a dicha parte, pues la pena de quien no promete es que entremos en posesión del inmueble, y por ello importa saber si posee.

21. *ULPIANUS libro vicensimo secundo ad edictum. Ubicumque iudicem aequitas moverit, aeque oportere fieri interrogationem dubium non est.*

21. ULPIANO *en el libro vigésimo segundo de los comentarios al edicto.* No cabe duda de que con justicia debe hacerse el interrogatorio siempre que la equidad se lo aconseje al juez.

22. *SCAEVOLA libro quarto digestorum. Procuratore Caesaris ob debitum fiscale interrogante unus ex filiis, qui nec bonorum possessionem acceperat nec heres erat, respondit se heredem ese: an quasi interrogatoria creditoribus ceteris tenatur? Respondit ab his, qui in iure non interrogassent, ex responso 340, suo conveniri non posse.*

22. ESCÉVOLA *en el libro cuarto del digesto.* Al interrogar el procurador del César por razón de una deuda fiscal, uno de los hijos que no había recibido la posesión de bienes ni era heredero, respondió que sí lo era. ¿Quedará obligado ante los demás acreedores como por acción interrogatoria? Respondió que debido a su respuesta no podía ser demandado por quienes no le interrogaron en juicio.

TITULUS II
DE QUIBUS REBUS AD EUNDEM IUDICEM EATUR

TÍTULO II
DE LAS RAZONES POR LAS CUALES SE ACUDE A UN MISMO JUEZ

1. POMPONIUS libro tertio decimo ad Sabinum. Si inter plures familiae erciscundae agetur et inter eosdem communi dividundo aut finium regundorum, eundem iudicem sumendum: praeterea, quo facilius coire coheredes vel socii possunt, in eundem locum omnium praesentiam fieri oportet.

1. POMPONIO *en el libro décimo tercero de los comentarios a Sabino.* Si entre varias personas se intentase la acción de partición de herencia, la de división de cosa común o la de deslinde, debe acudirse a un mismo juez. Además, para que puedan reunirse más fácilmente los coherederos o los socios, conviene que todos comparezcan en un mismo lugar.

2. PAPINIANUS libro secundo quaestionum. Cum ex pluribus tutoribus unus, quod ceteri non sint idonei, convenitur, postulante eo omnes ad eundem iudicem mittuntur: et hoc rescriptis principum continetur.

2. PAPINIANO *en el libro segundo de las cuestiones.* Cuando entre varios tutores uno solo es demandado porque los demás no son idóneos, pidiéndolo aquel, a todos se les remite ante el mismo juez. Y así se ha dispuesto en las respuestas por escrito de los príncipes.

TITULUS III
DE SERVO CORRUPTO

TÍTULO III
DE LA CORRUPCIÓN DEL ESCLAVO

1. *ULPIANUS libro vicensimo tertio ad edictum. Ait praetor: 'Qui servum alienum alienam recepisse persuasisseve quid ei dicetur dolo malo, quo eum eam deteriorem faceret, in eum quanti ea res erit in duplum iudicim dabo'.*

1. ULPIANO *en el libro vigésimo tercero de los comentarios al edicto.* Dice el pretor: "quien fuese acusado de haber encubierto a un esclavo o a una esclava ajenos, o de haberle persuadido con dolo malo para hacer algo que lo o la pervierta, daré contra él acción por el duplo del valor de la cosa".

§1. Qui bona fide servum emit, hoc edicto non tenebitur, quia nec ipse poterit servi corrupti agere, quia nihil eius interest servum non corrumpi: et sane, si quis hoc admiserit, eveniet, ut duobus actio servi corrupti competat, quod est absurdum. Sed nec eum, cui bona fide homo liber servit, hanc actionem posse exercere opinamur.

§1. Quien de buena fe compró un esclavo del cual no era dueño no estará obligado en virtud de este edicto, porque tampoco podrá ejercer la acción de corrupción de esclavo, pues nada le importa que no se corrompa al esclavo; y si alguien admite lo contrario, sucedería que la acción de corrupción de esclavo compete a dos, al dueño y al comprador de buena fe, lo cual es absurdo. Pero opinamos que tampoco puede ejercer esta acción aquel a quien sirve como esclavo de buena fe un libre.

§2. Quod autem praetor ait 'recepisse', ita accipimus, si susceperit servum alienum ad se: et est proprie recipere refugium absondendi causa servo praestare vel in suo agro vel in alieno loco aedificiove.

§2. Lo que dice el pretor, 'haber encubierto', lo entendemos en el sentido de acoger un esclavo ajeno, y 'acogerlo' significa propiamente brindar refugio al esclavo para esconderlo en su campo, en un lugar o un edificio ajeno.

§3. Persuadere autem est plus quam compelli atque cogi sibi parere. Sed persuadere ton meson estin (est ex vocabulis mediis), nam et bonum consilium quis dando potest suadere et malum: et ideo praetor adiecit dolo malo quo eum deteriorem faceret: neque enim delinquit. Nisi qui tale aliquid servo persuadet, ex quo cum faciat deteriorem. Qui igitur servum sollicitat ad aliquid vel faciendum vel cogitandum improbe, hic videtur hoc edicto notari.

§3. Pero 'persuadir' es más que ser obligado y compelido a obedecer a uno, pues 'persuadir' es palabra de doble sentido (*ton meson estin* en griego), ya que cualquiera puede persuadir dando buen o mal consejo; y por ello añade el pretor 'con dolo malo... que lo o la pervierta', porque no delinque sino quien persuade al esclavo a una determinada cosa que lo pervierte. Así, quien solicita al esclavo para que haga o piense algo inmoral, se considera comprendido en este edicto.

§4. Sed utrum ita demum tenetur, si bonae frugi servum perpulit ad delinquendum, an vero et si malum hortatus est vel malo monstravit, quemadmodum faceret? Et est verius etiam si malo monstravit, in quem modum delinqueret, teneri eum immo et si erat servus omnimodo fugiturus vel furtum facturus, hic vero laudator huius propositi extitit, tenetur: non enim oportet laudando augeri malitiam. Sive ergo bonum servum fecerit malum sive malum fecerit deteriorem, corrupisse videbitur.

§4. ¿Se obligará únicamente si impulsó a delinquir a un esclavo de buenas costumbres o si también aconsejó al malo una mala acción o le enseñó como la haría? Y es más cierto que se obliga también si al malo le enseñó el modo de delinquir; y aunque el esclavo se fugase o cometiese un robo, si alguien alabó su propósito, queda obligado, porque no debe aumentarse la malicia con alabanzas. Por tanto, se entederá que lo corrompió tanto si volvió malo al esclavo bueno como al malo lo volvió peor.

§5. Is quoque deteriorem facit, qui servo persuadet, ut iniuriam faceret vel furtum vel fugeret vel alienum servum ut sollicitaret vel ut peculium intricaret, aut amator existeret vel erro, vel malis artibus esset deditus vel in spectaculis nimius vel

§5. También pervierte al esclavo quien lo persuade para que injurie o robe, para que huya o seduzca al esclavo ajeno, o para que empeñe su peculio o se vuelva mujeriego o vagabundo, o

seditionis: vel si actori suasit servis sive pretio, ut rationes dominicas intercideret adulteraret vel etiam ut rationem sibi commissam turbaret:

para que se dedique a malas artes o demasiado a los espectáculos, o para que sea sedicioso, o si con palabras o sobornos persuadió al esclavo administrador para que ocultase o alterase las cuentas de su dueño, o también para que falsease la administración encomendada,

2. *PAULO libro nono decimo ad edictum. ... vel luxuriosum vel contumacem fecit: quive ut stuprum pateretur persuadet.*

2. PAULO *en el libro décimo noveno de los comentarios al edicto*. ... o lo volvió lujurioso o rebelde, o lo persuade a consentir un estupro.

3. *ULPIANUS libro vicensimo tertio ad edictum. Dolo malo adiecto valliditatem notat praetor eius qui persuadet: ceterum si quis sine dolo deteriorem fecerit, non notatur, et si lusus gratia fecit, non tenetur.*

3. ULPIANO *en el libro vigésimo tercero de los comentarios al edicto*. Con las palabras 'con dolo malo' añadidas por el pretor se indica la malicia de quien persuade. Pero si alguien lo empeora sin haber dolo de por medio no se comprende en el edicto, ni tampoco si lo hizo por broma.

§1. Unde quaeritur, si quis servo alieno suaserit in tectum ascendere vel in puteum descendere et ille parens ascenderit vel descenderit et ceciderit erusque vel quid aliud fregerit vel perierit, an teneatur: et si quidem sine dolo malo fecerit, non tenetur, si dolo malo, tenebitur.

§1. Por lo cual se pregunta: si alguien persuadió al esclavo ajeno para subir a un tejado o bajar a un pozo, y él, siguiendo el consejo, lo hizo, y al caerse se rompió una pierna u otro miembro, o se matase, ¿quedará obligado? Si en verdad lo hizo sin dolo malo, no se obliga, pero si hubo dolo malo, sí se obligará.

4. *PAULUS libro nono decimo ad edictum. Sed commodius est utili lege Aquilia eum teneri.*

4. PAULO *en el libro décimo noveno de los comentarios al edicto*. Pero es más adecuado que éste se obligue por la acción útil de la ley Aquilia debido al daño culposo.

5. ULPIANUS libro vicensimo tertio ad edictum. Doli verbum etiam ad eum qui recepit referéndum est, ut non alius teneatur, nisi qui dolo malo recepit: ceterum si quis, ut domino cutodiret, recepit vel humanitate vel misericordia ductus vel alia probata atque iusta ratione, non tenebitur.

5. ULPIANO *en el libro vigésimo tercero de los comentarios al edicto.* La palabra 'dolo' se refiere también a quien le encubrió para que tan solo se obligue quien lo hizo con dolo malo. Pero si alguien le brindó refugio con objeto de guardarlo para el dueño, o compadecido por humanidad o misericordia u otra razón plausible y justificada, no se obligará.

§1. Si quis dolo malo persuaserit quid servo quem liberum putabat, mihi videtur teneri cum oportere: maius enim delinquit, qui liberum putans corrumpit: et ideo, si servus fuerit, tenebitur.

§1. Si alguien persuadió con dolo malo a un esclavo que consideraba libre para realizar alguna cosa mala, me parece que debe obligarse, porque delinque más quien corrompe al que considera libre y, por tanto, si fuese esclavo, quedará obligado.

§2. Haec actio etiam adversus fatentem in duplum est, quamvis Aquilia infitiantem dumtaxat coerceat.

§2. Esta acción es por el duplo del valor también contra quien confiesa, aunque la ley Aquilia castigue con el doble solo a quien niega.

§3. Si servus servare fecisse dicetur, iudicium cum noxae deditione redditur.

§3. Si se dijese que lo hizo un esclavo o una esclava, se concede la acción con la entrega del delincuente.

§4. Haec actio refertur ad tempus servi corrupti vel recepti, non ad praesens, et ideo et si decesserit vel alienatus sit vel manumissus, nihilo minus locum habebit actio, nec extinguitur manumisione semel nata actio:

§4. Esta acción se refiere al momento de corromper al esclavo, o de encubrirlo, no al momento presente. Por tanto, si el esclavo falleció o fue enajenado o manumitido, procederá de todos modos esta acción, y una vez iniciada no se extingue con la manumisión,

6. *PAULUS libro nono decimo ad edictum. ... praeteritae enim utilitatis aestimatio in hoc iudicium versatur:*

6. PAULO *en el libro décimo noveno de los comentarios al edicto.* ... porque en este juicio se considera el valor de la utilidad que tenía en el pasado,

7. *ULPIANUS libro vicensimo tertio ad edictum. ... nam et mali servi forstian consequuntur libertatem et posterior causa interdum tribuit manumissionis iustam rationem.*

7. ULPIANO *en el libro vigésimo tercero de los comentarios al edicto.* ... pues también los malos esclavos en ocasiones obtienen la libertad, y en ocasiones una causa posterior brinda la justa causa para manumitir.

8. *PAULUS libro non decimo ad edictum. Sed et heres eius, cuius servus corruptus est, habet hanc actionem, non solum si manserit in hereditate servus, sed et si exierit, forte legatus.*

8. PAULO *en el libro décimo noveno de los comentarios al edicto.* Pero también esta acción la tiene el heredero de aquel cuyo esclavo fue corrompido, no solo si el esclavo permaneció en la herencia, sino también si de ella salió, quizá por haber sido legado.

9. *ULPIANUS libro vicensimo tertio ad edictum. Si quis servum communem meum et suum corruperit, apud Iulianum libro nono digestorum quaeritur, an hac actione teneri possit, et ait teneri eum socio: praeterea poterit et communi dividundo et pro socio, si socii sint, teneri, ut Iulianus ait. Sed cur deteriorem facit Iulianus condicionem socii, si cum socio agat, quam si cum extraneo agit? Nam qui cum extraneo agit, sive recepti sive corruperit agere potest, qui com socio, sine*

9. ULPIANO *en el libro vigésimo tercero de los comentarios al edicto.* Si alguien corrompió a un esclavo común, mío y suyo, se pregunta Juliano en el libro noveno del Digesto: si podrá quedar obligado por esta acción. Y dice que sí se obliga respecto de su socio; además, podrá quedar obligado por la acción de división de cosa común y por la de sociedad, si fuesen socios,

alternatione, id est si corrupit. Nisi forte non putavit Iulianus hoc cadere in socium: nemo enim suum recipit, sed si celandi animo receipt, potest defendi teneri eum.

como dice Juliano. ¿Pero por qué pone Juliano más desfavorable la condición del socio si demanda a otroque si ejerce la acción contra un tercero? Porque quien demanda a un tercero puede hacerlo si lo encubrió o lo corrompió, pero quien la ejerce contra un socio, lo hace sin la alternativa, es decir, solo si lo corrompió, a no ser que Juliano no creyese que esto suceda respecto de un socio, porque nadie encubre al que es suyo. Pero si lo acogió con ánimo de ocultarlo, puede decirse que queda obligado.

§1. Si in servo ego habeam usum fructum, tu proprietatem, si quidem a me sit deterior factus, poteris mecum experiri, si tu id feceres, ego agere utili actione possum: ad omnes enim corruptelas haec actio pertinet et interesse fructuarii videtur bonae frugi servum ese, in quo usum fructum habet. Et si forte alius eum receperit vel corruperit, utilis actio fructuario competit.

§1. Si yo tuviese sobre un esclavo el usufructo y tú la propiedad, y si verdaderamente yo lo corrompí, podrás ejercer la acción contra mí, y si lo hiciste tú, yo puedo ejercer la acción útil, porque dicha acción se refiere a todas las formas de corrupción, y se entiende que interesa al usufructuario que el esclavo sobre el cual tiene el usufructo sea de buenas costumbres. Y si acaso otro lo encubrió o corrompió, compete la acción útil al usufructuario.

§2. Datur autem actio quanti ea res erit eius dupli.

§2. Esta acción se concede por el duplo de cuanto vale el esclavo.

§3. Sed quaestionis est, aestimatio utrum eius dumtaxat fieri debeat, quod servus in corpore vel in animo damni senserit, hoc est quanto vilio servus factus sit, an vero et ceterorum. Et Neratius ait tanti

§3. Pero se pregunta: ¿deberá hacerse la estimación únicamente sobre el daño causado al cuerpo del esclavo o en su alma, es decir, de cuanto disminuyó el

condemnandum corruptorem, quanti servus ob id, quod subpertus sit, minoris sit.

valor material del esclavo o también de todo lo demás? Y Neracio dice que el corruptor deberá ser condenado en todo lo que disminuyó el valor material del esclavo por haber sido corrompido.

10. *PAULUS libro nono decimo ad edictum. In hoc iudicium etiam rerum aestimatio venit, quas secum servus abstulit, quia omne damnum duplatur, neque intererit, ad eum perlatae fuerint res an ad alium sive etiam consumptae sint: etenim iustius est eum teneri, qui princeps fuerit delicti, quam eum quaeri, ad quem res perlatae sunt.*

10. PAULO *en el libro décimo noveno de los comentarios al edicto.* En este jucio se comprende también la estimación de las cosas que el esclavo se llevó con él, pues se duplica la estimación de todo el daño, y no importa que las cosas fuesen llevadas para él o para otro, o incluso que se hayan consumido, porque es más justo que sea responsable el autor principal del delito, no tanto buscar a quien se le llevaron las cosas.

11. *ULPIANUS libro vicensimo tertio ad edictum. Neratius ait postea furta facta in aestimationem non venire, quam sententiam veram puto: nam et verba edicti 'quanti ea res erit' omne detrimentum recipient.*

11. ULPIANO *en el libro vigésimo tercero de los comentarios al edicto.* Dice Neracio que los robos cometidos por el esclavo después de la corrupción no se incluyen en la estimación. Opinión que considero cierta, pues las palabras del edicto 'el valor de la cosa' comprenden cualquier detrimento.

§1. Servo persuasi, ut chirografa debitorum corrumpat: videlicet tenebor. Sed si consuetudine peccandi postea et rationes ceteraque similia instrumenta subtraxerit vel interleverit deleverit, dicendum erit corruptorem horum nomine

§1. Si persuadí a un esclavo para que altere los documentos de los deudores, indudablemente quedaré obligado. Pero si por la costumbre de delinquir dicho esclavo también sustrajó después

non teneri.

§2. *Quamvis autem rerum subtractarum nomine servi corrupti competat actio, tamen et furti agree possumus, ope enim consilio sollicitatoris videntur res abesse: nec sufficient alterutra actione egisse, quia altera alteram non minuit. Idem et in eo, qui servum recipt et celavit et deteriorem fecit, Iulianus scribit: sunt enim siversa maleficia furis et eius qui deteriorem servum facit: hoc amplius et condictionis nomine tenebitur. Quamvis enim condictione hominem, poenam autem furti actione consecutus sit, tamen et quod interest debebit consequi actione servi corrupti,*

12. *PAULUS libro nono decimo ad edictum. ... quia manet reus obligatus etiam rebus redditis.*

13. *ULPIANUS libro vicensimo tertio ad edictum. Haec actio perpetua est, non temporaria: et heredi ceterisque successoribus competit, in heredem non dabitur, quia poenalis est.*

las cuentas y otros documentos semejantes, o los rayó o borró, se dirá que el corruptor no es responsable en cuanto a estas conductas.

§2. Pero aunque competa la acción de corrupción de esclavo por razón de las cosas sustraídas, también podemos ejercer la de robo, porque se entiende que faltan las cosas por ayuda y consejo del instigador; y no bastará haber ejercido una u otra acción antes, porque no se extinguen entre sí. Lo mismo escribe Juliano respecto a quien acogió al esclavo, lo ocultó y lo pervirtió, porque hurtar y pervertir al esclavo son delitos diferentes. Además, también se obligará por la acción ejecutiva, porque aunque por ésta consiguiese el esclavo y por la de robo la pena, debrá conseguir por la de corrupción también el importe de la corrupción,

12. PAULO *en el libro décimo noveno de los comentarios al edicto.* ... porque el reo queda obligado incluso tras devolverse las cosas.

13. ULPIANO *en libro vigésimo tercero de los comentarios al edicto.* Esta acción es perpetua, intemporal y compete al heredero y demás sucesores, mas no se otorgará contra el heredero por ser penal.

§1. Sed et si quis servum hereditarium corruperit, hac actione tenebitur: sed et petitione hereditatis quasi praedo tenebitur,

§1. Pero también si alguien corrompió a un esclavo de la herencia se obligará por dicha acción, aunque se obligará también por la de petición de herencia como si fuese poseedor de mala fe,

14. PAULUS libro nono decimo ad edictum. ... ut tantum veniat in hereditatis petitionem quantum in hanc actionem.

14. PAULO *en el libro décimo noveno de los comentarios al edicto.* ... de modo que en la petición de herencia se obtenga tanto como en esta acción.

§1. De filio filiave familias corruptis huic edicto locus non est, quia servi corrupti constituta actio est, qui in patrimonio nostro esset, et pauperiorem se factum ese dominus probare potest dignitate et fama domus integra manente: sed utilis competit officio iudicis aestimanda, quoniam interest nostra animum liberorum nostrorum non corrumpi.

§1. Este edicto no aplica a la corrupción del hijo o la hija de familia, porque la acción se otorgó para la corrupción del esclavo que estuviese en nuestro patrimonio y su dueño puede probar que, aun permaneciendo íntegras la dignidad y la fama de su casa, se empobreció. Pero le compete la acción útil, que se estimará por ministerio del juez, pues nos interesa que no se corrompa el alma de nuestros hijos.

§2. Si servus communis meus et tuus proprium meum servum corruperit, Sabinus non posse agi cum socio, perinde atqque si proprius meus servus corrupisset conservum. Item si servus communis extraneum corruperit. Item si servus communis extraneum corruperit, videndum est, utrum cum duobus agi debeat an et cum singulis exemplo ceterarum noxarum: et magis est, ut unusquisque in solidum teneatur, altero autem solvent alterum liberari.

§2. Si un esclavo común, mío y tuyo, corrompió a un esclavo mío, dice Sabino que no puede ejercerse la acción contra el dueño, de igual manera que si un esclavo mío corrompiese al esclavo común. Igualmente, si el esclavo común corrompió al de otro, se pregunta: ¿deberá ejercese la acción contra los dos dueños o contra cada uno de ellos, tal como sucede en las demás acciones noxales? Y es más verdadero que cada dueño quede obligado por el todo, pero al pagar uno, se libera al otro.

§3. Si is, in quo usum fructum h abeo, servum meum corruperit, erit mihi actio cum domino proprietatis.

§3. Si aquel esclavo sobre el cual tengo el usufructo corrompió a un esclavo mío, tendré acción contra el dueño de aquel.

§4. Pignoris dati nomine debitor habet hanc actionem.

§4. El deudor tiene esta acción por razón del esclavo que diese en prenda.

§5. In hac actione non extra rem duplum est: id enim quod damni datum est duplatur.

§5. En esta acción se computa el doble del valor no por lo que respecta al esclavo, porque el importe del daño provocado es lo que se duplica.

§6. His consequente et illud probatur, ut, si servo meo persuaseris, ut Titio furtum faciat, non solum in id teneris, quo deterior servus effectus est, sed et in id quod Titio praestaturus sim.

§6. En consecuencia, también se admite que si persuadiste a mi esclavo para que robase a Ticio, no solo te obligas por pervertir al esclavo, sino también por lo que yo debí pagar a Ticio a consecuencia del robo.

§7. Item non solum si mihi damnum dederit consilio tuo, sed etiam si extraneo, eo quoque nomine mihi teneris, quod ego lege Aquilia obnoxius sim: aut si ex conducto tenear alicui, quod ei servum lovaci et propter te deterior factus sit, teneberis et hoc nomine, et si qua talia sint.

§7. También quedas obligas conmigo no solo si el esclavo me causó un daño por tu consejo, sino también si lo causó a un tercero, por la razón de que yo sería responsable según la ley Aquilia; o si quedo obligado con alguien tras haberle dado en arrendamiento el esclavo y por tu causa se pervirtió, quedarás obligado por este y otros motivos semejantes.

§8. Aestimatio autem habetur in hac actione, quanti servus vilior factus sit, quod officio iudicis expedietur:

§8. En esta acción se estima todo lo que de valioso se depreció en el esclavo, lo que se determinará por ministerio del juez.

§9. *Interdum tamen et inutilis sit, ut non expediat talem servum habere. Utrum ergo et pretium cogitur dare sollicitator et servum dominus lucrifacit, an vero cogi debet dominus restituere servum et pretium servi accipere? Et verius est electionem domino dari, sive servum detinere cupit et damnum, quanti deterior servus factus est, in duplum accipere, vel servo restituto, si copiam huius rei habeat, pretium consequi, quod si non habeat, pretium quidem simili modo accipere, cedere autem sollicitatori periculo eius de dominio servi actionibus. Quod tamen de restitutione hominis dicitur, tunc locum habet, cum homine vivo agitur. Quid atuem si manumisso eo agatur? Non facile apud iudicem audietur dicendo ideo se manumisisse, quoniam habere noluerat domi, ut et pretium habeat et libertum.*

§9. Sin embargo, a veces también resultará inútil tener a tal esclavo. En este caso, ¿se obliga el corruptor a entregar también el precio y el dueño se quedará con el esclavo, o debe obligarse al dueño a devolver el esclavo y a recibir el precio respectivo? Es más correcto que se conceda elegir al dueño entre retener al esclavo y recibir por el doble del valor del daño que se provocó al esclavo, u obtener el precio del esclavo tras restituirlo, si tuviese la posibilidad de ello; si no la tuviese, debe recibir igualmente el valor y ceder al corruptor, a riesgo de éste, las acciones sobre la propiedad del esclavo. Pero lo que se dice sobre la restitución del esclavo procede si se ejerce la acción estando vivo éste. Pero si le se ejercitase tras habérsele manumitido, no será fácilmente atendido ante el juez si dice que lo manumitió por no haberlo querido tener en casa con ánimo de tener el precio y el liberto.

15. *GAIUS libro sexto ad edictum provinciale. Corrumpitur animus servi et si persuadeatur ei, ut dominum contemneret.*

15. GAYO *en el libro sexto de los comentarios al edicto provincial.* También se corrompe el espíritu del esclavo si se le persuade para que menosprecie a su dueño.

16. *ALFENUS VARUS libro secundo digestorum. Dominus servum dispensatorem manumisit, postea rationes ab eo accepit et cum eis non constaret,*

16. ALFENO VARO *en el libro segundo del digesto.* Un dueño manumitió al esclavo administrador; después le tomó

conperit apud quandam mulierculam pecuniam eum consumpsisse: quaerebatur, possetne agere servi corrupti cum ea muliere, cum is servus iam liber esset. Respondi posse, sed etiam furti de pecuniis, quas servus ad eam detulisset.

las cuentas, y no estando conforme con ellas, averiguó que el esclavo se había gastado el dinero con cierta mujerzuela. Se pregunta: ¿podría el dueño ejercer contra aquella mujer la acción de corrupción de esclavo cuando éste ya fuese libre? Respondí que sí podía, así como la de robo por el dinero que el esclavo le entregó a ella.

17. *MARCIANUS libro quarto regularum. Servi corrupti nomine et constante matrimonio marito in mulierem datur actio, sed favore nuptiarum in simplum.*

17. MARCIANO *en el libro cuarto de las reglas.* Se concede al marido acción contra la mujer por la corrupción de esclavo durante el matrimonio, pero en consideración al matrimonio solo por el valor simple del daño.

TITULUS IV
DE FUGITIVIS

TÍTULO IV
DE LOS ESCLAVOS FUGITIVO

1. *ULPIANUS libro primo ad edictum. Is qui fugitivum celavit fur est.*

1. ULPIANO *en el libro primero de los comentarios al edicto.* Quien ocultó a un esclavo fugitivo es un ladrón.

§1. Senatus censuit, ne fugitivi admittantur in saltus neque protegantur a vilicis vel procuratoribus possessorem, et multam statuit: his autem, qui intra viginti dies fugitivos vel dominis reddidissent vel apud magistratus exhibuissent, veniam in ante actum dedit: sed et deinceps eodem senatus consulto

§1. El senado dispuso que los esclavos fugitivos no sean admitidos en los fundos forestales ni que sean protegidos por los mayordomos o administradores de los poseedores, estableciendo para ello una multa. Pero se les

impunitas datus ei, qui intra praestituta tempora, quam repperit fugitivos in agro suo, domino vel magistratibus tradiderit.

concedió el perdón por el delito cometido a quienes dentro del plazo de veinte días devolviesen los esclavos fugitivos a sus dueños o los exhibiesen ante los magistrados. Pero también el mismo senadoconsulto después concede la impunidad a quien, dentro del tiempo señalado, lo entregó a su dueño o a los magistrados cuando encontró en su terreno esclavos fugitivos.

§2. Hoc autem senatus consultum aditum etiamdedit militi vel pagano ad investigandum fugitivum in praedia senatorum vel paganorum (cui rei lex Fabia prospexerat et senatus consultum Modesto consule factum), ut fugitivos inquirere volentibus litterae ad magistratus dentur, multa etiam centum solidorum in magistratus statuta, si litteris acceptis inquirentes non adiuvent. Sed et in eum, qui quaeri apud se prohibuit, eadem poena statuta. Est etiam generalis epistula divorum Marci et Commodi, qua declaratur et praesides et magistratus et milites stationarios dominum adiuvare debere inquirendis fugitivis, et ut inventos redderent, et ut hi, apud quos delitescent puniantur, si crimine contingantur.

§2. Este senadoconsulto también concedió derecho de entrada a los militares o a los vestidos de paisanos en los predios de senadores o aldeanos para buscar a un esclavo fugitivo (también la Ley Favia y el senadoconsulto emitido durante el consulado de Quinto Ayacio Modesto se ocuparon de esto), para que los magistrados concediesen credenciales a quienes quisiesen buscar a los fugitivos, habiéndose establecido la multa de cien sueldos contra los magistrados que no ayudasen a quienes buscaban esclavos fugitivos habiendo visto las credenciales. También se ha establecido la misma pena contra quien prohibió que buscasen en su casa. Igualmente existe una epístola general de los divinos Marco y Cómodo, en la cual se declara que los gobernadores, los magistrados y los soldados de una guarnición deben ayudar al dueño a buscar a sus esclavos y que le entreguen los que encontrasen, siendo castigados aquellos en cuyas casas se ocultasen, si fuesen culpables.

§3. Unusquisque eorum, qui fugitivam adprehendit, in publicum deducere debet.

§3. Cualquiera que aprehenda a un esclavo fugitivo debe presentarlo ante la autoridad.

§4. Et merito monentur magistratus eos diligenter custodire, ne evadant.

§4. Con razón se previene a los magistrados que los custodien con cuidado para que no se escapen.

§5. Fugitivum accipe et si quis erro sit. Fugitivi autem appellatione ex fugitiva natum non contineri Labeo libro primo ad edictum scribit.

§5. Se considera fugitivo también al esclavo que fuera vagabundo, pero Labeón escribe en el libro primero de los comentarios al edicto que en la denominación de fugitivo no se comprende al hijo nacido de una esclava fugitiva.

§6. In publicum deduci intelleguntur qui magistratibus municipalibus traditi sunt vel publicis ministeriis.

§6. Se entiende que son presentados ante la autoridad los esclavos que son entregados a los magistrados municipales o a los funcionarios públicos.

§7. Diligens custodia etiam vincire permittit.

§7. La custodia diligente también permite tenerlos presos.

§8. Tamdiu autem custodiuntur, quamdiu ad praefectum vigilum vel ad praesidem deducantur.

§8. Pero se hallan custodiados hasta que se les lleva ante el prefecto de los vigilantes o ante el gobernador...

§8a. Eorumque nomina et notae et cuius se quis ese dicat ad magistratus deferantur, ut facilius adgnosci et percipi fugitivi possint (notae autem verbo etiam cicatrices continentur): idem iuris est, si haec in scriptis publice vel in aedes propones.

§8a. ... y se enteren a los magistrados sus nombres y señas, y el dueño de quien manifieste cada uno ser, para que así puedan ser más fácilmente reconocidos y recobrados los esclavos fugitivos (en la palabra 'señas' se comprenden también las cicatrices). Lo mismo procede si estas cosas se dan a conocer públicamente en anuncios o en los templos públicos.

2. CALLISTRATUS libro sexton cognitionum. Fugitivi simplices dominis reddendi sunt: sed si pro libero se gesserint, gravius coerceri solent.

2. CALISTRATO *en el libro sexto de las jurisdicciones.* Los esclavos que solo huyeron deben ser entregados a sus dueños, pero si se hicieron pasar por libres suelen ser castigados con mayor severidad.

3. ULPIANUS libro septimo de officio proconsulis. Divus Pius rescripsit cum, qui fugitivum vult requirere in praediis alienis, posse adire praesidem litteras ei daturum et, si ita res exegerit, apparitorem quoque, ut ei permittatur ingredi et inquirere, et poenam eundem praesidem in eum constituere, qui inquiri non permiserit. Sed et divus Marcus oratione, quam in senatu recitavit, facultatem dedit ingrediendi tam Caesaris quam senatorum et paganorum praedia volentibus fugitivos inquirere scrutarique cubilia atque vestigia occultantium.

3. ULPIANO *en el libro séptimo del cargo de procónsul.* El divino Antonino Pío declaró por respuesta escrita que quien desee buscar un esclavo fugitivo en predio ajeno puede acudir al gobernador, quien le concederá un permiso, y si el caso lo exige, también un alguacil para que se le permita entrar y buscar, debiendo fijar el mismo gobernador una pena contra quien no permita la búsqueda. También el divino Marco Aurelio, en un discurso que ofreció ante el senado, concedió facultad para entrar en los predios del césar, de los senadores y de los campesinos, a quienes quisieran buscar esclavos fugitivos, y reconocer los escondrijos y huellas de quienes los ocultan.

4. *PAULUS libro primo sententiarum. Limenarchae et stationarii fugitivos deprehensos recte in custodiam retinent. Magistratus municipales ad officium praesidis provinciae vel proconsulis conprehensos fugitivos recte transmittunt.*

4. PAULO *en el libro primero de las sentencias.* Los jefes de guardia de los puertos y los soldados de una guarnición tienen la facultad de retener en custodia a los esclavos fugitivos apresados. Los magistrados municipales deben remitir ante la autoridad del gobernador de provincia o del procónsul los esclavos fugitivos apresados.

5. *TRYPHONINUS libro primo disputationum. Si in harenam fugitivus servus se dederit, ne isto quidem periculo, discriminis vitae tantum, sibi irrogato potestatem domini evitare poterit: nam divus Pius rescripsit omnimodo eos dominis suis reddere sive ante pugnam ad bestias sive post pugnam, quoniam interdum aut pecunia interversa aut commisso aliquo maiore maleficio ad fugiendam inquisitionem vel iustititam animadersionis in harenam se dare mallent. Reddi ergo eos oportet.*

5. TRIFONINO *en el libro primero de las disputas.* Si un esclavo fugitivo se dio a las luchas de circo, sin duda que ni siquiera exponiéndose a perder la vida podrá librarse de la potestad de su dueño, porque en una respuesta escrita el Divino Antonino Pío declaró que de todos modos los esclavos debían volver a sus dueños, ya antes o ya después de luchar con fieras, porque a veces, tras defraudar alguna cantidad o cometer algún otro delito grave, prefieren entregarse a las luchas de circo para eludir la investigación o la sanción y, por ello, deben ser devueltos.

TITULUS V
DE ALEATORIBUS

TÍTULO V
DE LOS JUGADORES DE AZAR

1. ULPIANUS libro vicencimo tertio ad edictum. Praetor ait: 'Si quis eum, apud quem alea lusum ese dicetur, verberaverit damnumve ei dederit sive quid eo tempore dolo eius subtractum est, iudicium non dabo. In eum, qui aleae ludendae causa vim intulerit, uti quaeque res erit, animadvertam'.

§1. Si rapiñas fecerint inter se colusores, vi bonorum raptorum non denegabitur actio: susceptorem enim dumtaxat prohibuit vindicari, non et colusores, quamvis et hi indigni videantur.

§2. Item notandum, quod susceptorem verberatum quidem et damnum passum ubicumque et quandocumque non vindicat: verum furtum factum domi et eo tempore quo alea ludebatur, licet lusor non fueri qui quid eorum fecerit, impune fit. Domum autem pro habitatione et domicilio nos accipere debere certum est.

§3. Quod autem praetor negat se furti

1. ULPIANO *en el libro vigésimo tercero de los comentarios al edicto.* Dice el pretor: 'si alguien golpease a aquel en cuya casa se denunciase que había juegos de azar, o le provocase algún daño, o si en dicha casa se sustrajo algún bien por tal motivo, no concederé acción. Castigaré a quien emplease la fuerza de cualquier tipo para motivar los juegos de azar'.

§1. Si los jugadores cometen rapiña entre ellos, no se negará la acción de bienes arrebatados con violencia, pues el pretor solamente prohibió que reclamase quien tiene una casa de juegos, no también a los jugadores, aunque también estos sean considerados indignos.

§2. Igualmente debe destacarse que no ampara al dueño de una casa de juegos que fue golpeado y recibió daño en cualquier parte y ocasión, pues el robo cometido en su casa por jugar al azar resulta impune, aunque no fuese un jugador quien cometiese alguno de estos delitos. Es cosa cierta que por "casa" debemos entender la habitación y el domicilio.

§3. Pero cuando dice el pretor

actionem daturum, videamus utrum ad poenalem actionem solam pertineat, an et si ad exhibendum velit agere vel vindicare vel condicere. Et est relatum apud Pomponium solummodo poenalem actionem denegatam, quod non puto verum: praetor enim simpliciter ai 'si quid subtractum erit, iudicium non dabo'. 'In eum', inquit, 'qui aleae ludendae causa vim intulerit, uti quaeque res erit, animadvertam'. Haec clausula pertinet ad animadversionem eius qui conpulit ludere, ut aut multa multetur aut in lautumias vel in vincula publica ducatur:

que no concederá la acción de robo, ¿se referirá únicamente a la acción penal o también a quien desease ejercer la acción exhibitoria, la reivindicatoria o la ejecutiva? Pomponio dice que solamente se niega la acción penal, lo que considero erróneo, pues el pretor simplemente dice: 'si se sustrajo algún bien no concederé acción'. Dice: 'castigaré a quien emplease la fuerza de cualquier tipo para motivar los juegos de azar'; esta cláusula se refiere al castigo contra aquel que obligó a jugar para que sea multado, conducido a las canteras o a la cárcel pública,

2. PAULUS libro nono decimo ad edictum. ... solent enim quídam et cogere ad lusum vel ab initio vel victim dum retinent.

2. PAULO *en el libro décimo noveno de los comentarios al edicto.* ... porque algunos acostumbran obligar a jugar desde un principio o cuando retienen a los otros tras haber perdido.

§1. Senatus consultum vetuuit in pecuniam ludere, praeterquam si quis certet hasta vel pilo iaciendo vel currendo saliendo luctando pugnando quod virtutis causa fiat:

§1. Un senadoconsulto prohibió apostar dinero salvo si alguien compite a tirar la lanza o la flecha, o a correr, saltar, luchar o pelear, y esto se hace por deporte,

3. MARCIANUS libro quinto regularum. ... in quibus rebus ex lege Titia et Publicia et Cornelia etiam sponsionem facere licet: sed ex aliis, ubi pro virtute certamen non fit, non licet.

3. MARCIANO *en el libro quinto de las reglas.* ... en cuyos juegos es lícito apostar según lo disponen la ley Ticia, la Publicia y la Cornelia, pero es ilícito en aquellos en donde no se celebra

certamen por deporte.

4. *PAULUS libro nono decimo ad edictum. Quod in convivio vescendi causa ponitur, in eam rem familia ludere permittitur.*

§1. Si servus vel filius familias victus fuerit, patri vel domino competit repetitio. Item si servus acceperit pecuniam, dabitur in dominim de peculio actio, non noxalis, quia ex negotio gesto agitur: sed non amplius cogendus est praestare, auam id quod ex ea re in peculio sit.

§2. Adversus parentes et patronos repetitio eius quod in alea lusum est utilis ex hoc edicto danda est.

4. PAULO *en el libro décimo noveno de los comentarios al edicto.* Se permite que los esclavos se jueguen el alimento cuando se pone en la mesa.

§1. Si un esclavo o un hijo de familia perdió en el juego, le compete la reclamación al padre o al dueño. Igualmente, si un esclavo recibió dinero por causa de juego, se concederá la acción de peculio contra su dueño, no la noxal, porque se reclama por causa de negocio, no de delito. Pero no será obligado a pagar más de lo que por tal motivo ingresó al peculio.

§2. En virtud de dicho edicto, se concederá contra los padres y los patrones una acción útil para reclamar lo que se jugó al azar y perdieron los hijos o los libertos.

TITULUS VI
SI MENSOR FALSUM MODUM DIXERIT

TÍTULO VI
DE SI UN AGRIMENSOR DECLARÓ UNA MEDIDA FALSA

1. *ULPIANUS libro vicensimo quarto ad edictum. Adversus mensorem agrorum praetor in factum actionem proposuit, a quo falli, nos non oportet: nam interest nostra, ne fallamur in modi renuntiatione, si forte vel de finibus contentio sit vel*

1. ULPIANO *en el libro vigésimo cuarto de los comentarios al edicto.* El pretor estableció una acción derivada de la conducta contra el agrimensor, de quien no debemos ser engañados, pues

emptor scire velit vel venditor, cuius modi ager veneat. Ideo autem hanc actionem proposuit, quia non crediderunt veteres inter talem personam locationem et conductionem ese, sed magis operam beneficii loco praeberi et id quod datur ei, ad remunerandum dari et inde honorarium appellari: si autem ex locato conducto fuerit actum, dicendum erit nec tenere intentionem.

nos interesa que no nos engañen al declarar la medida, si hay controversia sobre los linderos, o bien el comprador o el vendedor quisiera saber el tamaño del campo que se vende. Y por ello estableció esta acción, porque los antiguos no creyeron que respecto a tal persona hubiese arrendamiento, sino que más bien se realizaba el trabajo gratuitamente, y que aquello que se da se hace para remunerarle, y por ello se llama 'honorario'. Pero si se ejercitó la acción de arrendamiento, se dirá que no responde ante la demanda de la acción derivada de la conducta.

§1. Haec actio dolum malum dumtaxat exigit: visum est enim satis abundeque coerceri mensorem, si dolus malus solus conveniatur eius hominis, qui civiliter obligatus non est. proinde si imperite versatus est, sibi imputare debet qui eum adhibuit: sed et si neglegenter, aeque mensor secures erit: lata culpa plane dolo comparabitur. Sed et si mercedem accepit, non omnem culpam eum praestare propter verba edicti: utique enim scit praetor et mercede eos intervenire.

§1. Esta acción tan solo exige el dolo malo, porque pareció que se castigaba más que suficientemente al agrimensor si únicamente se demandase el dolo malo de una persona que no se obligó civilmente. Por tanto, si actuó con impericia debe imputárselo a sí mismo quien lo empleó, pero si actuó con negligencia, tampoco será responsable el agrimensor; la culpa lata se equipara efectivamente al dolo. Pero si recibió un salario tampoco responde de toda culpa en virtud de las palabras del edicto, porque el pretor sabe ciertamente que los agrimensores prestan su servicio a cambio de un salario.

§2. Is autem tenetur hac actione qui

§2. Se obliga por esta acción

renuntiavit: sed renuntiasse et eum accipere debemus, qui per alium renuntiavit...

quien hizo la declaración de la medida, y debemos entender que también la hizo quien declaró por medio de otro,

2. *PAULUS libro vicensimo quinto ad edictum. ... vel per litteras.*

2. PAULO *en el libro vigésimo quinto de los comentarios al edicto.* ... o por escrito.

§1. Sed si ego tibi, cum esses mensor, mandaverim, ut mensuram agri ageres et tu id Titio delegaveris et ille dolo malo quid in ea re fecerit, tu teneberis, quia dolo malo versatus es, qui tali homini credidisti.

§1. Pero si tú eres el agrimensor y yo te mandé que midieses un campo, encargándoselo tú a Ticio, y él procedió con dolo malo, tú estarás obligado porque procediste con dolo malo al confiar en semejante hombre.

3. *ULPIANUS libro vicensimo quarto ad edictum. Si duobus mandavero et ambo dolose feceritn, adversus singulos in solidum agi poterit, sed altero convento, si satisfecerit, in alterum actionem denegari oportebit.*

3. ULPIANO *en el libro vigésimo cuarto de los comentarios al edicto.* Si a dos les mandé que midieran y ambos obraron con dolo, podrá ejercerse la acción solidariamente contra cada uno. Pero si pagase uno de los demandados, procederá que se niegue la acción contra el otro.

§1. Competit autem haec actio ei, cuius interfuit falsum modum renuntiatum non esse, hoc est vel emptori vel venditori, cui renuntiatio offuit.

§1. Pero esta acción compete a quien le interesó que no se declarase una medida falsa, es decir, al comprador o al vendedor perjudicado por la declaración.

§2. Pomponius tamen scribit, si emptor plus dederit venditori propter renuntiationem, quia condicere potest quod plus dedit, agi cum mensore non posse: nihil enim emptoris interesse, cum possit condicere: nisi solvendo venditor non fuit: tunc enim mensor tenebitur.

§2. Pero Pomponio escribe que si por motivo de la declaración de medida el comprador pagó de más al vendedor, no puede ejercerse la acción contra el agrimensor, ya que el comprador puede intentar la acción ejecutiva por lo que pagó de más, pues nada le interesa al comprador demandar por esta acción si puede intentar la acción ejecutiva, salvo que el vendedor no fuese solvente, porque entonces el agrimensor estará obligado,

§3. Sed si venditor maiorem modum tradiderit fraudatus a mensore, consequenter dicit Pomponius non ese actionem adversus mensorem, quia est ex vendito actio adversus emptorem, nisi et hic emptor solvendo non sit.

§3. ... pero si el vendedor entregó una medida mayor engañado por el agrimensor, dice Pomponio que, por ende, no hay acción contra el agrimensor, porque ya existe la acción de venta contra el comprador, a no ser que también en este caso el comprador no sea solvente.

§4. Idem Pomponius scribit, si propter iudicium adhibitus mensor fraudaverit me in renuntiatione, teneri eum, si ob hoc de iudicio minus tuli: plane si a iudice adhibitus contra me renuntiaverit dolo malo, dubitat, an teneri mihi debeat? Quod magis admittit.

§4. También escribe Pomponio que si el agrimensor nombrado con motivo de un juicio me defraudó en su declaración, se obliga si por esto obtuve menos en el juicio. Pero si, habiendo sido nombrado por el juez, declaró con dolo malo en mi contra, duda si deberá quedar obligado conmigo, lo que definitivamente admite.

§5. Hanc actionem heredi similibusque personis dandam Pomponius scribit: sed in heredem similesque personas denegandam sit.

§5. Pomponio escribe que esta acción se concederá al heredero y a otras personas semejantes, pero dice que deberá negarse contra el heredero y otras personas semejantes.

§6. Servi autem nomine magis noxale quam de peculio competere ait, quamvis civilis actio de peculio competat.

§6. También dice que a nombre de un esclavo agrimensor compete más la acción noxal que la de peculio, aunque la acción civil de arrendamiento puede concederse como de peculio.

4. *PAULUS libro vicensimo quinto ad edictum. Haec actio perpetua est, quia initium rei non ad circumscriptionem, sed a suscepto negotio originem accipit.*

4. PAULO *en el libro vigésimo quinto de los comentarios al edicto.* Esta acción es perpetua, porque el acto se originó no por la medición, sino por la aceptación del cargo.

5. *ULPIANUS libro vicensimo quarto ad edictum. Si mensor non falsum modum renuntiaverit, sed traxerit renuntiationem et ob hoc evenerit ut venditor liberetur, qui adsignaturum se modum intra certum diem promisit, haec actio locum non habet: sed nec dari utilem debere Pomponius ait. Erit ergo ad actionem de dolo recurrendum.*

5. ULPIANO *en el libro vigésimo cuarto de los comentarios al edicto.* Si el agrimensor no declaró una falsa medida, sino que difirió su declaración, y por ello se vio perjudicado el vendedor que prometió dar la medida dentro de un plazo determinado, no procede esta acción. Pero Pomponio dice que ni siquiera debe concederse la acción útil, por lo que habrá de recurrirse a la de dolo.

§1. Si, cum falsus modus renuntiatus esset, emptor cum venditore ex empto egisset, egere poterit etiam cum mensore: sed si nihil eius interest, condemnari mensorem non oportet. Quod si non de todo modo qui deerat cum venditore egerit, sed de minore, consequenter scribit Pomponius de residuo cum mensore agi posse.

§1. Si cuando se declaró una falsa medida el comprador ejerció contra el vendedor la acción de compra, podrá demandar también al agrimensor; pero si no tiene interés en esto, no debe condenarse a este último. Mas si no demandó al vendedor por la medida faltante, sino por otra menor, escribe Pomponio que puede demandarse al medidor por la restante.

§2. Hoc iudicium latius praetor porrexit: nam et si cuius alterius rei mensuram falsam renuntiavisse dicetur, haec actio competit. Proinde si in aedificii mensura fefellit vel in frumenti vel in vini,

§2. El pretor extendió aún más esta acción, porque si se dijese que se declaró una falsa medida de otra cosa cualquiera, también compete esta acción. Por tanto, si engañó en la medición de un edificio, en la de trigo o en la de vino,

6. *PAULUS libro vicensimo quarto ad edictum. ... sive de itineris latitudine sive de servitute immittendi proiciendique quaeratur, sive aream vel tignum vel lapidem metiendo mentitus fuerit...*

6. PAULO *en el libro vigésimo cuarto de los comentarios al edicto.* ... y se discutió sobre la anchura del paso o de la servidumbre de viga empotrada o sobre la de voladizo, ya mintiese al medir un área, una viga o un voladizo de piedra,

7. *ULPIANUS libro vicensimo quarto ad edictum. ... vel cuius alterius rei, tenebitur.*

7. ULPIANO *en el libro vigésimo cuarto de los comentarios al edicto.* ... o al medir cualquier otra cosa, quedará obligado.

§1. Et si mensor machinarius fefellerit, haec actio dabitur.

§1. Y si el agrimensor engañó con sus instrumentos, se concederá esta acción.

§2. Nec non illud quoque Pomponius dicit etiam in eum, qui mensor, non fuit, fefellit tamen in modo, competere hanc actionem.

§2. También dice Pomponio que esta acción compete contra quien no fue agrimensor y engañó al medir.

§3. Hoc exemplo etiam adversus architectum actio daru debet qui fefellit: nam et divus Severus adversus architectum et redemptorem actiones dandas decrevit.

§3. A semejanza de esto, debe concederse la acción contra el arquitecto que engañó, porque también el Divino Alejandro Severo decretó que debían concederse acciones contra el arquitecto y el contratista.

§5. Ego etiam adversus tabularium puto actiones dandas, qui in computatione fefellit.

§4. Yo opino que también deben concederse acciones contra el contador que engañó en la cuenta.

TITULUS VII
DE RELIGIOSIS ET
SUMPTIBUS FUNERUM
ET UT FUNUS DUCERE
LICEAT

TÍTULO VII
DE LOS LUGARES
RELIGIOSOS, DE LOS
GASTOS FUNERARIOS
Y DE LA LICITUD DEL
ENTIERRO

1. ULPIANUS libro decimo ad edictum. Qui propter funus aliquid impendit, cum defuncto contrahere creditur, non cum herede.

1. ULPIANO *en el libro décimo de los comentarios al edicto.* Quien hizo algún gasto por causa de un funeral, se cree que contrae obligación con el difunto, no con el heredero.

2. IDEM libro vicensimo quinto ad edictum. Locum in quo servus sepultus est religiosum ese Aristo ait.

2. EL MISMO *en el libro vigésimo quinto de los comentarios al edicto.* Dice Aristón que el lugar en que fue sepultado un esclavo es religioso.

§1. Qui mortuum in locum alienum intulit vel inferre curavit, tenebitur in factum actione. In locum alterius accipere debemos sive in agro sive in aedificio. Sed hic sermo domino dat actionem, non bonae fidei possessori: nam cum dicat 'in locum alterius', apparet de domino cum sentire, id est eo cuius locus est. sed et fructuarius inferendo tenebitur domino proprietatis, an et socius teneatur, si ignorante socio intulit, tractari potest: est tamen verius familiae erciscundae vel communi dividundo conveniri eum posse.

§1. Quien sepultó un muerto en lugar ajeno o encargó enterrarlo quedará obligado por la acción derivada de la conducta. Debemos entender por 'en lugar ajeno' un campo o una edificación. Pero dicha expresión concede la acción al dueño, no al poseedor de buena fe, porque cuando dice 'en lugar ajeno' se refiere al dueño, es decir, a aquel de quien es el lugar. Pero tras enterrar un cadáver el usufructuario también se obligará con el dueño de la propiedad. Puede discutirse si también quedará obligado el socio que enterró a alguien ignorándolo su consocio; pero es más correcto decir que el socio puede ser demandado con la acción de partición de herencia o con la de división de cosa común.

§2. Praetor ait: 'sive homo mortuus ossave hominis mortui in locum purum alterius aut in id sepulchrum, in quo ius non fuerit, illata esse dicentur'. Qui hoc fecit, in factum actione tenetur et poena pecuniaria subicietur.

§2. Dice el pretor: 'si se dijere que un muerto, o los huesos de un muerto fueron enterrados en un lugar puro propiedad de otro, o en aquel sepulcro sobre el cual no tenía derecho': quien hizo esto se obliga por la acción derivada de la conducta y se sujetará a una pena pecuniaria'.

§3. De ea autem illatione praetor sensit, quae sepulturae causa fuit.

§3. El pretor se refirió a aquella inhumación realizada para dar sepultura.

§4. Purus autem locus dicitur, qui neque sacer neque sanctus est neque religiosus, sed ab omnibus huiusmodi nominibus vacare videtur.

§4. Se denomina 'puro' al lugar que no es sacro, ni santo ni religioso, sino que se considera exento de todos los calificativos de esta naturaleza.

§5. Sepulchrum est, ubi corpus ossave hominis condita sunt. Celsus autem ait: non totus, qui sepulturae destinatus est, locus religiosus fit, sed quatenus corpus humatum est.

§5. 'Sepulcro' es el lugar donde están depositados el cuerpo o los huesos de un hombre. Pero Celso dice que no todo lugar destinado a sepultura es religioso, sino solo el sitio donde fue inhumado un cuerpo.

§6. Monumentum est, quod memoriae servandae gratia existat.

§6. El monumento se destina para conservar la memoria.

§7. Si usum fructum quis habeat, religiosum locum non facit. Sed et si alius proprietatem, alius usum fructum habuit, non faciet locum religiosum nec proprietarius, nisi forte ipsum qui usum fructum legaverit intulerit, cum in alium locum inferri tam opportune non posset: et ita Iulianus scribit. Alias autem invite

§7. Si alguien tuviese el usufructo no puede volver religioso el lugar. Pero si uno tuvo la nuda propiedad y otro el usufructo, ni siquiera el nudo propietario podrá volver religioso el lugar salvo que enterrase allí a quien legó el usufructo, si no pudo ser

fructuario locus religious non fiet: sed si consentiat fructuarius, magis est ut locus religious fiat.

enterrado en otro lugar más adecuado, y así lo escribe Juliano. Pero no se volverá religioso el lugar contra la voluntad del usufructuario, mas si lo consintiera éste, es más cierto que el suelo se vuelve religioso.

§8. Locum qui servit nemo religiosum facit, nisi consentiat is cui servitus debetur, sed si non minus commode per alium locum servitute uti potest, non videtur servitutis impediendae causa id fieri, et ideo religious fit: et sane habet hoc rationem.

§8. Nadie vuelve religioso el suelo en el que existe servidumbre salvo que lo consienta el titular de la servidumbre. Pero si no puede usar la servidumbre con igual comodidad por otro lugar, no parece que se hace esto para impedir la servidumbre y, por tanto, se vuelve religioso, siendo esto razonable.

§9. Is qui pignori dedit agrum si in eum suorum mortuum intulerit, religiosum eum facit: sed et si ipse inferatur, idem est: ceterum alii concedere non potest.

§9. Quien dio en prenda un campo, si enterró en él un muerto de su familia, lo vuelve religioso, y lo mismo sucede si él mismo fuese enterrado, aunque no puede conceder a otro la facultad de enterrar en el predio.

3. PAULUS libro vicensimo septimo ad edictum. Ex consensu tamen omnium utilius est dicere religiosum posse fieri, idque Pomponius scribit.

3. PAULO *en el libro vigésimo séptimo de los comentarios al edicto.* Pero es más conveniente decir que puede volverse religioso con la voluntad de todos, y así lo declara Pomponio.

4. ULPIANUS libro vicensimo quinto ad edictum. Scriptus heres prius quam hereditatem adeat patrem familias mortuum inferendo locum facit religiosum, nec quis putet hoc ipso pro herede eum

4. ULPIANO *en el libro vigésimo quinto de los comentarios al edicto.* El heredero instituido vuelve religioso un lugar enterrando en él a su padre fallecido antes de

gerere: finge enim adhuc eum deliberare de adeunda hereditate. Ego, etiamsi non heres eum intulerit, sed quivis alius herede vel cessante vel absente vel verente, ne pro herede gerere videatur, tamen locum religiosum facere puto: plerumque enim defuncti ante sepeliuntur, quam quis heres eis existet. Sed tunc locus fit religiosus, cum defuncti fuit: naturaliter enim videtur ad mortuum pertinere locus in quem infertur, praesertim si in eum locum inferatur, in quem ipse destinavit: usque adeo, ut, etiamsi in legatum locum sit illatus ab herede, inlatione tamen testatoris fit religious, si modo in alium locum tam opportune inferri non potuit.

que acepte la herencia. Y no debe considerarse que él hace esto como si fuera ya heredero, porque supongamos que aún está deliberando si acepta la herencia. Yo opino que aunque no lo enterrase el heredero sino otro cualquiera, al no hacerlo el heredero, por estar ausente o para evitar que parezca que obraba como heredero, vuelve religioso el suelo; porque la mayoría de las veces los difuntos son enterrados antes de que alguien se vuelva su heredero. Pero entonces se vuelve religioso el lugar cuando fue propiedad del difunto, porque naturalmente parece que pertenece a éste el suelo donde es enterrado, sobre todo si fue enterrado en aquel lugar que él mismo señaló. Y esto se admite aunque fuese enterrado por el heredero en un suelo que ha sido legado y que se considera religioso por la inhumanción del testador, si no pudo ser enterrado en otro lugar más adecuado.

5. *GAIUS libro nono decimo ad edictum provinciale. Familiaria sepulchra dicuntur, qua equis sibi familiaeque suae constituit, hereditaria autem, qua equis sibi heredibusque suis constituit,*

5. GAYO *en el libro décimo noveno de los comentarios al edicto provincial.* Se denominan "sepulcros familiares" los que alguien construyó para él y su familia, y "hereditarios" los que alguien destinó para él y sus herederos,

6. *ULPIANUS libro vicensimo quinto*

6. ULPIANO *en el libro vigésimo*

ad edictum. … vel quod pater familias iure hereditario adquisiit. Sed in utroque heredibus quidem ceterisque successoribus qualescumque fuerint licet sepeliri et mortuum inferre, etiamsi ex minima parte heredes ex testament vel abintestato sint, licet non consentiam alii, liberis autem cuiuscumque sexus vel gradus etiam filiis familiae et emancipates idem ius concessum est, sive extiterint heredes sive sese abstineant. Ex hereditatis autem, nisi specialiter testator iusto odio commotus eos vetuerit, humanitatis gratia tantum speliri, non etiam alios praeter suam posteritatem inferre licet. Liberti autem nec sepeliri nec alios inferre poterunt, nisi heredes extiterint patrono, quamvis quídam inscripserint monumentum sibi libertisque suis fecisse: et ita Pomponius respondit et saepissime idem constitutum est.

§1. Si adhuc monumentum purum est, poterit quis hoc et vendere et donare. Si cenotaphium fuit, posse hoc venire dicendum est: nec enim ese hoc religiorum divi fratres rescripserunt.

quinto de los comentarios al edicto. … o el que adquirió el cabeza de familia por derecho hereditario. En uno y otro caso es lícito que los herederos y demás sucesores, fuesen quienes fuesen, sean enterrados, así como enterrar un muerto, aunque sean herederos de una parte mínima por testamento o por sucesión intestamentaria, e incluso si no lo consienten los demás herederos. El mismo derecho se concede a los descendientes de cualquier sexo o grado, tanto a los hijos de familia como a los emancipados, ya fuesen herederos o se abstuvieron de serlo. Pero a los desheredados, salvo que movido por justo odio lo prohibiese el testador, les es permitido por razón de humanidad ser enterrados pero no enterrar a otros, salvo a sus postreros. Los libertos no podrán ser sepultados ni enterrar a otros si no fuesen herederos del patrón, aunque algunos pusiesen en la inscripción que erigieron aquel monumento para él y para sus libertos; y así opinó Papiniano, y lo mismo se dispuso muchísimas veces.

§1. Si el monumento aún está puro, cualquiera podra venderlo o donarlo. Si fuera un cenotafio, debe decirse que también puede venderse, porque los divinos hermanos Marco Aurelio y Lucio

Vero respondieron por escrito que tampoco este era lugar religioso.

7. GAIUS libro nono decimo ad edictum provinciale. Is qui intulit mortuum in alienum locum, aut tollere id quod intulit aut loci pretium praestare cogitur per in factum actionem, quae tam heredi quam in heredem competit et perpetua est.

7. GAYO *en el libro décimo noveno de los comentarios al edicto.* Quien sepultó un muerto en lugar ajeno se obliga a desenterrarlo o a pagar el precio del suelo en virtud de la acción derivada de la conducta, que procede tanto para el heredero como contra el heredero, y es perpetua.

§1. Adversus eum, qui in alterius arcam lapideam, in qua adhuc mortuus non erit conditus, mortuum intulerit, utilem actionem in factum proconsul dat, quia non proprie vel in sepulchrum vel in locum alterius intulisse dici potest.

§1. El procónsul concede la acción útil derivada de la conducta contra quien colocó un muerto en la urna de piedra que pertenecía a otro, y donde todavía no se había depositado ningún muerto, porque no puede decirse que enterró en sepulcro o suelo ajeno.

8. ULPIANUS libro vicensimo quinto ad edictum. Ossa quae ab alio illata sunt vel corpus an liceat domino loci effodere vel eruere sine decreto pontificum seu iussu principis, quaestionis est: et ait Labeo exspectandum vel permissum pontificale seu iussionem principis, alioquin iniuriarum fore actionem adversus eum qui eiecit.

8. ULPIANO *en el libro vigésimo quinto de los comentarios al edicto.* Se pregunta si es lícito que el dueño del suelo desentierre o saque los huesos o el cadáver enterrados por otro sin permiso de los pontífices o mandato del príncipe. Y dice Labeón que debe mediar permiso pontifical o mandato del príncipe, porque de lo contrario procederá la acción de injurias contra quien los desenterró.

§1. Si locus religiosus pro puro venisse dicetur, praetor in factum actionem in eum dat ei ad quem ea res pertinent: quae

§1. Si se dijese que un lugar religioso fue vendido como puro, el pretor concede al dueño

action et in heredem competit, cum quasi ex empto actionem contineat.

del suelo la acción derivada de la conducta contra el vendedor, acción que procede también contra el heredero, porque se considera que incluye la acción de compra.

§2. Si in locum publicis usibus destinatum intulerit quis mortuum, praetor in eum iudicium dat, si dolo fecerit et erit extra ordinem plectendus, modica tamen coercitione: sed si sine dolo, absolvendus est.

§2. Si alguien enterró un muerto en un lugar destinado a uso público, el pretor concede acción contra él si lo hizo con dolo, y deberá ser castigado en juicio extraordinario, aunque con una pena moderada; pero si no hubo dolo, deberá ser absuelto.

§3. In hac autem actione loci puri appellatio et ad aedifium producenta est.

§3. En esta acción la denominación de suelo puro deberá extenderse también al edificio.

§4. Nec solum domino haec actio competit, verum ei quoque, qui eiusdem loci habet usum fructum vel aliquam servitutem, quia ius prohibendi etiam hi habent.

§4. Esta acción se concede no solo al dueño, sino también a quien tiene el usufructo del suelo o alguna servidumbre, pues también estos tienen derecho para prohibir inhumar.

§5. Ei, qui prohibitus est inferre in eum locum, quo ei ius inferendi esset, in factum actio competit et interdictum, etiamsi non ipse prohibitus sit, sed procurator eius, quia intellectu aliquot ipse prohibitus videtur.

§5. A quien se le prohibió enterrar en un lugar en el que tenía el derecho para hacerlo, le competen la acción derivada de la conducta y el interdicto, aunque no se le haya prohibido a él mismo, sino a su mandatario, porque en cierto modo parece que se le prohibió a él.

9. *GAIUS libro nono decimo ad edictum provinciale. Liberum est ei qui prohibetur mortuum ossave mortui inferre aut statim interdicto uti, quo prohibetur ei vis fieri, aut alio inferre et postea in factum agere:*

9. GAYO *en el libro décimo noveno de los comentarios al edicto provincial.* Aquel a quien se prohíbe enterrar un cadáver o los huesos de un muerto, es libre para usar

per quam consequetur actor, quanti eius interfuerit prohibitum non ese, in quam computationem cadit loci empti pretium aut conducti merces, item sui loci pretium, quem quis, nisi coactus est, religiosum facturus non esset. Unde mirror, quare constare videatur neque heredi neque in heredem dandam hanc actionem: nam ut apparet, pecuniariae quantitates ratio in eam deducitur: certe perpetuo ea inter ipsos competit.

inmediatamente el interdicto con el que se prohíbe usar la violencia o para enterrarlos en otro lugar y después ejercer la acción derivada de la conducta, con la cual el actor consigue el importe de lo que se le prohibió; en cuyo cómputo se incluye el precio del suelo comprado o la renta del que se arrendó, así como el precio del suelo propio que alguien no habría vuelto religioso si no se hubiera visto obligado a ello. Por lo cual me parece extraño el motivo de considerar que esta acción no se concede ni al heredero ni contra el heredero, porque, como se ve, en ella se tiene en cuenta una cantidad de dinero, y ciertamente puede ejercerse perpetuamente entre estas personas.

10. *ULPIANUS libro vicensimo quinto ad edictum provinciale. Si venditor fundi exceperit locum sepulchri ad hoc, ut ipse posterique eius illo inferrentur, si via uti prohibeatur, ut mortuum suum inferret, agere potest: videtur enim etiam hoc exceptum inter ementem et vendentem, ut ei per iundum sepulturae causa ire liceret.*

10. ULPIANO *en el libro vigésimo quinto de los comentarios al edicto.* Si el vendedor de un fundo se reservó el lugar de un sepulcro para que él y sus descendientes fuesen enterrados en él, y se le prohibiese pasar por un camino para enterrar un difunto de su familia, puede demandar, porque se entiende que entre el comprador y el vendedor se convino que le fuera lícito a éste pasar por el fundo para llegar a la sepultura.

11. *PAULUS libro vicensimo septimo ad edictum. Quod si locus monumento hac lege venierit, ne in eum inferrentur, quos ius est inferri, pactum quidem ad hoc non sufficit, sed stipulatione id caveri oportet.*

12. *ULPIANUS libro vicensimo quinto ad edictum. Si quis sepulchrum habeat, viam autem ad sepulchrum non habeat et a vicino ire prohibeatur, imperator Antoninus cum patre rescripsit iter ad sepulchrum peti precario et concedi solere, ut, quotiens non debetur, impetretur ab eo, qui fundum adiunctum habeat. Non tamen hoc rescriptum, quod impetrandi dat facultatem, etiam actionem civilem inducit, sed extra ordinem interpelletur praeses et iam compellere debet iusto pretio iter ei praestari, ita tamen, ut iudex etiam de opportunitate loci prospiciat, ne vicinus magnum patiatur detrimentum.*

§1. Senatus consulto cavetur, id est ne sepulchrum permutationibus polluatur, id est ne sepulchrum aliae conversationis usum accipiat.

11. PAULO *en el libro vigésimo séptimo de los comentarios al edicto.* Pero si el suelo del monumento fue vendido bajo condición de que en él no se enterrasen quienes tienen derecho a ser enterrados, no basta para ello el pacto, sino que es necesario asegurar esto con estipulación.

12. ULPIANO *en el libro vigésimo quinto de los comentarios al edicto.* Si alguien tuviera un sepulcro, pero no tuviera camino para llegar a él y el vecino le prohibiese pasar, el emperador Antonino Caracala y su padre, el emperador Septimio Severo, dispusieron por escrito que solía pedirse y concederse en precario el paso al sepulcro, de modo que cuando no se deba servidumbre, se le pida a quien tenga el fundo contiguo. Pero dicho rescripto, que otorga la facultad de pedir el paso, no implica una acción civil, sino que se demandará por vía extraordinaria. El gobernador también debe obligar a que se le conceda a aquel el paso por su justo precio, de modo que el juez atienda también a la oportunidad del lugar para que el vecino no sufra excesivo perjuicio.

§1. En un senadoconsulto se dispone que no se profane con permutas el uso de los sepulcros, es decir, que no se destine un sepulcro a negociaciones

§2. Praetor ait: 'Quod funeris causa sumptus factus erit, eius reciperandi nomine in cum, ad quem ea res pertinet, iudicium dabo'.

§3. Hoc edictum iusta ex causa propositum est, ut qui funeravit persequaturf id quod impendit: sic enim fieri, ne insepulta corpora iacerent neve quis de alieno funeretur.

§4. Funus autem eum facere oportet, quem decedens elegit: sed si non ille fecit, nullam esse huius rei poenam, nisi aliquid pro hoc emolumentum ei relictum est: tunc enim, si non paruerit voluntati defuncti, ab hoc repellitur, sin autem de hac re defunctus non cavit nec ulli delegatum id munus est, scriptos heredes ea res contingit: si nemo scriptus est, legitimos vel cognatos: quosque suo ordine quo succedunt.

§5. Sumptus funeris arbitrantur pro facultatibus vel dignitate defuncti.

§6. Praetor vel magistratus municipalis ad funus sumptum decernere debet, si quidem est pecunia in hereditate, ex

indebidas.

§2. Dice el pretor: 'para recuperar los gastos que se realizaron por motivo de un funeral, concederé acción contra aquel a quien este corresponda hacerlo'.

§3. Este edicto se publicó por una causa justa: que quien realizase el funeral reclamase lo gastado, porque así se logra que los cadáveres no queden insepultos y que nadie sea enterrado a costa de otro.

§4. Conviene que el funeral lo realice aquel a quien eligió el moribundo; pero si no lo hizo, no debe imponerse pena alguna si para ello no se le dejó algún emolumento, porque entonces, si no obedeció la voluntad del difunto, será por ello sancionado. Pero si el difunto no dispuso nada sobre este aspecto, ni se encomendó a nadie este encargo, la obligación corresponde a los herederos instituidos; y si nadie fue instituido, a los herederos legítimos o a los cognados, a cada uno según el orden en que suceden.

§5. Los gastos del funeral se determinan según las posibilidades económicas o la dignidad del difunto.

§6. El pretor o el magistrado municipal debe disponer que para el funeral se gaste el dinero,

pecunia: si non est, distrahere debe tea, quae tempore peritura sunt, quorum retentio onerat hereditatem: si minus, si quid auri argentique fuerit, distrahi aut pignerari iubebit, ut pecunia expediatur:

de la herencia, si lo hay; si no lo hay, debo vender las cosas que perecerán con el tiempo, y cuya conservación grava a la herencia; y si tampoco las hubiese y existiese algún objeto de oro o de plata, mandará que se venda o se empeñe para obtener dinero,

13. *GAIUS libro nono decimo ad edictum provinciale. ... vel a debitoribus si facile exigi possit.*

13. GAYO *en el libro décimo noveno de los comentarios al edicto provincial.* ... o del dinero cobrado a los deudores, si se les pudiera exigir fácilmente.

14. *ULPIANUS libro vicensimo quinto ad edictum. Et si quis impediat eum qui emit, quo minus ei res tradantur, praetorem intervenire oportere tuerique huiusmodi factum, si quid impediat quo minus ei res venditae tradantur.*

14. ULPIANO *en el libro vigésimo quinto de los comentarios al edicto.* Si alguien impidiese que se le entreguen las cosas a quien compró de este modo, deberá intervenir el pretor y amparar lo hecho si algo impidiese que se le entreguen las cosas vendidas.

§1. Si colonus vel inquilinus sit is qui mortuus est nec si tunde funeretur, ex invectis illatis eum funerandum Pomponius scribit et si quid superfluum remanserit, hoc pro debita pensione teneri. Sed et si res legatae sint a testatore de cuius funere agitur nec si tunde funeretur, ad eas quoque manus mittere oportet: satius est enim de suo testatorem funerari, quam aliquos legata consequi. Sed si adita fuerit postea hereditas, res emptori auferenda non est, quia bonae fidei possessor est et dominium habet, qui auctore iudice comparavit. Legatarium tamen legate carere non oportet, si potest indemnis ab herede praestari: quod si non

§1. Si muriese un colono o inquilino y no hubiese con qué enterrarlo, Pomponio escribe que deberá enterrársele con el importe de los aperos por él introducidos en la finca arrendada; y si sobrase algo, queda en garantía de la renta adeudada. Pero si el testador de cuyo entierro se trata legó sus cosas y no hubiese con qué enterrarlo, debe echarse mano de las mismas, porque es mejor que se entierre al testador con su dinero a que los extraños cobren los legados. Pero si la herencia

potest, melius est legatarium non lucrari, quam emptorem damno adfici.

fue aceptada después, no debe quitársele la cosa al comprador, porque es poseedor de buena fe y tiene la propiedad quien compró con intervención del juez. Pero el legatario no debe quedarse sin su legado si puede ser indemnizado por el heredero; y si no puede, es mejor que el legatario no lucre a que el comprador se vea perjudicado.

§2. Si cui funeris sui curam testator mandaverit et ille acepta pecunia funus non duxerit, de dolo actionem in eum dandam Mela scripsit: credo tamen et extra ordinem eum a praetore compollendum funus ducere.

§2. Si el testador encargó a alguien la gestión de su entierro, y este, habiendo recibido el dinero, no lo hizo, escribe Mela que se concederá contra él la acción de dolo; aunque yo creo que también el pretor podrá obligarle de manera extraordinaria a realizar el entierro.

§3. Funeris causa sumptus factus videtur is demum, qui ideo fuit ut funus ducatur, sine quo funus duci non possit, ut puta si quid impensum est in elationem mortui: sed et si quid in locum fuerit erogatum, in quem mortuus inferretur, funeris causa videri impensum Labeo scribit, quia necessario locus paratur, in quo corpus conditur.

§3. Se consideró gasto por causa de entierro solo el realizado para llevar a enterrar, sin el cual no podría verificarse el entierro, por ejemplo, si se gastó algo para conducir el cadáver. Pero si se gastó algo en el sitio donde se enterró al muerto, escribe Labeón que también se considerará gasto por causa de entierro, porque se necesita preparar el lugar en donde se depositará el cadáver.

§4. Impensa peregre mortui quae facta est ut corpus perferretur, funeris est, licet nondum homo funeretur: idemque et si quid ad corpus custodiendum vel etiam commendandum factum sit, vel si quid in

§4. Los gastos realizados para transportar el cadáver de quien falleció durante un viaje son gastos funerarios, aunque todavía no se le haya enterrado.

marmor vel vestem collocandam.

Y lo mismo sucede si se realizó algún gasto para custodiar el cuerpo, para depositarlo o para poner el mármol o el vestido.

§5. Non autem oportet ornamenta cum corporibus condi nec quid aliud huiusmodi, quod homines simpliciores faciunt.

§5. No se deben enterrar con los cadáveres los ornamentos ni ninguna otra cosa semejante, como hacen los hombres más incultos.

§6. Haec actio quae funeraria dicitur ex bono et aequo oritur: continet autem funeris causa tantum impensam, non etiam ceterorum sumptuum. Aequum autem accipitur ex dignitate eius qui funeratus est, ex causa, ex tempore et ex bona fide, ut neque plus imputetur sumptus nomine quam factum est neque tantum quantum factum est, si immodice factum est: deberet enim haberi ratio facultatium eius, in quem factum est, et ipsius rei, quae ultra modum sine causa consumitur. Quid ergo si ex voluntate testatoris impensum est? Sciendum est nec voluntatem sequendam, si res egrediatur iustam sumptus rationem, pro modo autem facultatium sumptum fieri.

§6. Esta acción, llamada funeraria, surge de lo bueno y lo equitativo, y comprende tan solo los gastos hechos por causa de entierro, no los demás gastos. Se entiende lo equitativo según la dignidad de quien fue enterrado, las circunstancias, el tiempo y la buena fe, de modo que ni se considere gastado más de lo que se hizo ni tanto como se hizo si se gastó inmoderadamente, porque deben tenerse en cuenta las posibilidades económicas de aquel en quien se gastó y de lo gastado desmedidamente sin motivo. Por tanto, ¿qué se dirá si se realizó el gasto por voluntad del testador? Debe saberse que tampoco se cumplirá su voluntad si se excediese de un límite de gastos, sino que estos se realizan según las posibilidades económicas.

§7. Sed interdum is, qui sumptum in funus fecit, sumptum non recipit, si pietatis gratia fecit, non hoc animo quasi recepturus sumptum quem fecit: et ita imperator noster rescripsit. Igitur aestimandum erit arbitro et

§7. Pero a veces quien hizo los gastos funerarios no recupera lo gastado si lo hizo por causa de piedad y no para recobrar lo gastado, y así lo respondió por escrito nuestro emperador

perpendendum, quo animo sumptus factus sit, utrum negotium quis vel defuncti vel heredis gerit vel ipsius humanitatis, an veo misericordiae vel pietati tribuens vel affectioni. Potest tamen distingui et misericordiae modus, ut in hoc fuerit misericors vel pius qui funeravit, ut eum sepelliret, ne insepultus iaceret, non etiam ut suo sumptu fecerit: quod si iudici liqueat, non debet eum qui convenitur absolveré: quis enim sine pietatis intentione alienum cadaver funerat? Oportebit igitur testari, quem quo animo funerat, ne postea patiatur quaestionem.

§8. Plerique filii cum parentes suos funerant, vel alii qui heredes fieri possunt, licet ex hoc ipso neque pro herede gestio neque aditio praesumitur, tamen ne vel miscuisse se necessarii vel ceteri pro herede gessisse videantur, solent testari pietatis gratia facere se sepulturam. Quod si supervacuo fuerit factum, ad illus se munire videntur, ne miscuisse se credanntur, ad illud non, ut sumptum consequantur: quippe protestantur pietatis gratia id se facere. Plenius igitur eos testari oportet, ut et sumptum possint servare.

Antonino Caracala. Por ende, un árbitro deberá considerar y examinar con qué intención se hizo el gasto, si fue para gestionar un negocio del difunto, del heredero, de su propia humanidad o bien rindiendo tributo a la misericordia, la piedad o el afecto. Pero también puede ponerse un límite de la misericordia, de modo que quien lo enterró haya sido piadoso para que no quedase insepulto, mas no al grado de haberlo enterrado a su costa; porque si esto le consta al juez, no debe absolver al demandado, pues, ¿quién entierra el cadáver de un extraño si no es con intención piadosa? Por tanto, será conveniente que declare con qué intención hizo el entierro para que después no tenga problemas.

§8. Cuando entierran a sus padres, la mayoría de los hijos u otros que puedan llegar a ser herederos, auqnue por este mismo hecho no se presume ni la gestión ni la aceptación de la herencia, sin embargo, suelen declarar que ellos brindan sepultura por razones de piedad para que no parezca que se inmiscuyeron los herederos necesarios y renunciaron al beneficio de abstenerse, o bien, si son voluntarios, que obraron por gestión como herederos. ¿Pero qué pasa si esto se hizo innecesariamente? Se entiende que se previenen para evitar pensar que intervinieron en la herencia, no para recobrar lo gastado, ya que protestan que dieron sepultura por razones de piedad. Conviene, por tanto, que declaren con más precisión para que también puedan recuperar lo gastado.

§9. Fortassis quis possit dicere interdum partem sumptus facti posse reciperari, ut quis pro parte quasi negotium gerens, pro parte pietatis gratia id faciat: quod est verius: partem igitur sumptus consequetur, quem non donandi animo fecit.

§9. Quizá alguien puede decir que a veces puede recuperarse parte del gasto hecho como si alguien obrase parcialmente como gestor de un negocio y parcialmente por motivos de piedad, lo cual es más preciso. Y por tanto, recuperará la parte del gasto que realizó sin ánimo de donación.

§10. Iudicem, qui de ea aequitate cognoscit, interdum sumptum omnino non debere admittere modicum factum, si forte in contumeliam defuncti hominis locupletius modicus factus sit: nam non debet huius rationem habere, cum contumeliam defuncto fecisse videatur ita eum funerando.

§10. El juez que conoce de esta razón de quidad en ocasiones no debe admitir un gasto módicamente realizado si este se hizo en afrenta de un difunto rico, porque no debe tenerlo en consideración cuando resulta que hizo afrenta al difunto enterrándolo de tal manera.

§11. Si quis, dum se heredem putat, patrem familias funeraverit, funeraria actione ut non poterit, quia non hoc animo fecit quasi alienum negotium gerens: et ita Trebatius et Proculus putat, put tamen et ei ex causa dandam actionem funerariam.

§11. Si alguien enterró a un jefe de familia por considerarse su heredero, no podrá ejercer la acción funeraria porque no lo hizo con intención de ser gestor de negocios ajeno; y así opinan Trebacio y Próculo, aunque yo considero que también a éste se le debe conceder justamente la acción funeraria.

§12. Labeo ait, quotiens quis aliam actionem habet de funeris impensa consequenda, funeraria cum agere non posse: et ideo si familiae erciscundae agere possit, funeraria non acturum: plane si iam familiae erciscundae iudicio actum sit; posse agi.

§12. Dice Labeón que cuando alguien tiene otra acción para obtener los gastos funerarios no puede ejercer la funeraria; por tanto, si puede ejercer la acción de partición de herencia no intentará la funeraria, pero si ya ejerció la de partición de herencia, pueden intentar aquella.

§13. Idem Labeo ait, si prohibente herede funeraveris testatorem, ex causa competere tibi funerariam: quid enim si filium testatoris heres eius prohibuit? Huic contradici potest: 'ergo pietatis gratia funerasti'. Sed pone me testatum: habiturum me funerariam actionem: de suo enim expedit mortuos funerari. Et quid si testator quidem funus mihi mandavit, heres prohibet, ego tamen nihilo minus funeravi? Nonne aequum est mihi funerarium competere? Et generaliter puto iudicem iustum non meram negotiorum gestorum actionem imitari, sed solutius aequitatem sequi, cum hoc ei et actionis natura indulget.

§13. También dice Labeón que si enterraste al testador aunque te lo prohibiese el heredero, te compete con justa causa la acción funeraria. Pero, ¿qué pasa si al hijo del testador se lo prohibió su heredero? A este se le puede objetar: 'lo enterraste por razones de piedad'; y supón que yo declaré mi intención de recuperar el gasto: tendré la acción funeraria, porque conviene que se entierre a los muertos a expensas suyas. ¿Y qué pasa si el testador me encomendó su entierro, el heredero me lo prohíbe y, pese a ello, yo lo enterré? ¿Acaso no es equitativo que me competa la acción funeraria? Y en general opino que un juez justo no debe conceder la acción imitando la de simple gestión de negocios, sino atender con mayor libertad a la equidad concediendo la funeraria, ya que también se lo permite la naturaleza de la acción.

§14. Divus autem Marcus rescripsit eum

§14. El divino Marco Aurelio

heredem, qui prohibet funerari ab eo quem testator elegit, non recte facere: poenam tamen in eum statutam non esse.

contestó por escrito que el heredero que prohíbe realizar el entierro a quien el testador designó no obra rectamente, aunque no hay pena establecida contra él.

§15. Qui mandatu alterius funeravit, non habet funerariam actionem, sed is scilicet, qui mandavit funerandum, sive solvit ei cui mandavit sive debet. Quod si pupillus mandavit sine tutore auctore, utilem funerariam dandam adversus heredem ei qui impendit: lucrari enim heredem iniquum est. Si autem pupillus funus ad se pertinens sine tutoris auctoritate mandavit, dandam in eum actionem arbitror, si et heres extitit ei qui funeratus est solvendoque hereditas est. Contra si quis mandatu heredis funeravit, non posse eum funeraria agere Labeo scribit, quia habet mandate actionem.

§15. Quien enterró por mandato de otro no tiene la acción funeraria, sino el mandante, tanto si le pagó al mandatario como si se lo debe. Pero si el mandante es un pupilo que no cuenta con la autorización de su tutor, deberá concederse a quien realizó los gastos la acción útil funeraria contra el heredero, porque es injusto que éste último lucre. Pero si el pupilo encargo un entierro que le incumbía sin la autorización del tutor, opino que deberá concederse la acción contra él si fue heredero del enterrado y la herencia es solvente. Por el contrario, Labeón escribe que si alguien enterro por mandato del heredero, no puede ejercer la acción funeraria porque tiene la acción de mandato.

§16. Si tamen quasi negotium heredis herens funeravit, licet ratum non habeat, tamen funeraria eum agere posse Labeo scribit.

§16. Pero si enterró como gestor de negocios del heredero, escribe Labeón que, aunque no ratifique el segundo, puede a pesar de ello ejercer la acción funeraria.

§17. Datur autem haec actio adversus eos ad quos funus pertinet, ut puta adversus heredem bonorumve possessorem ceterosque successores.

§17. Se concede esta acción contra quienes tienen el deber de enterrar, por ejemplo, contra el heredero, el poseedor de los bienes hereditarios y los demás sucesores.

15. POMPONIUS *libro quinto ad Sabinum. Funeris impensam et patronus, qui bonorum possessionem petit contra tabulas, praestat.*

15. POMPONIO *en el libro quinto de los comentarios a Sabino.* También el patrón que pide la posesión de bienes hereditarios contra el testamento es responsable de los gastos funerarios.

16. ULPIANUS *libro vicensimo quinto ad edictum. In eum, ad quem dotis nomine quid pervenerit, dat praetor funerariam actionem: aequissimum enim visum est veteribus muleres quasi de patrimoniis suis ita de dotibus funerary et eum, qui morte mulieris dotem lucratur, in funus conferre debere, sive pater mulieris est sive maritus.*

16. ULPIANO *en el libro vigésimo quinto de los comentarios al edicto.* El pretor concede la acción funeraria vontra aquel a quien correspondió alguna cosa por razón de la dote, porque pareció muy justo a los antiguos que las mujeres se enterrasen con cargo a sus dotes, como patrimonio suyo que es, y que quien por la muerte de su mujer obtiene la dote debe contribuir al entierro, tanto si es el padre de la mujer como si es el marido.

17. PAPINIANUS *libro tertio responsorum. Sed si nondum pater dotem reciperaverit, vir solus convenietur reputaturus patri, quod eo nomine praestiterit:*

17. PAPINIANO *en el libro tercero de las respuestas.* Pero si el padre no ha recuperado todavía la dote, será demandado tan solo el marido, quien deberá cobrar al padre lo que por tal concepto gastó,

18. IULIANUS *libro decimo digestorum. ... impensa enim funeris aes alienum dotis est:*

18. JULIANO *en el libro décimo del digesto.* ... porque los gastos funerarios son deudas pagables con la dote,

19. ULPIANUS libro quinto decimo ad Sabinum. ... *ideoque etiam dos sentiré hoc aes alienum debet.*

19. ULPIANO *en el libro décimo quinto de los comentarios a Sabino.* ... y por ello también la dote debe soportar esta deuda.

20. IDEM libro vicensimo quinto ad edictum. Neratius quaerit, si is, qui dotem dederat pro muliere, stipulatus est duas partes dotis reddi, tertiam apud maritum remanere, pactus sit, ne quid maritus in funus conferret, an funeraria maritus tenentur. Et ait, si quidem ipse stipulator mulierem funeravit, locum esse pacto et inutilem ei funerariam fore: si vero alius funeravit, posse eum maritum convenire, quia pacto hoc publicum ius infringi non possit. Quid tamen si quis dotem hac lege dederit pro muliere, ut ad ipsum redirect, si in matrimonio mortua esset, aut quoque modo solute matrimonio? Numquid hic in funus non conferat? Sed cum dos morte mulieris ad cum pervenerit, potest dici conferre eum.

20. EL MISMO *en el libro vigésimo quinto de los comentarios al edicto.* Neracio pregunta: si quien dio la dote por la mujer estipuló que se le devolviesen dos partes de la misma y que la tercera quedase en poder del marido, pactando además que éste no aportase nada para el entierro, ¿quedará obligado el marido por la acción funeraria? Y dice que si el estipulante enterró a la mujer, procede el pacto y le sería inútil la acción funeraria, pero que si otro la enterró éste puede demandar al marido porque con tal pacto no podría infringirse el derecho público. ¿Pero qué pasa si alguien dio la dote por la mujer a condición de que se le devolviese si ella muriese durante el matrimonio o, disuelto de algún modo el matrimonio, este no contribuirá al entierro? Habiéndosele devuelto la dote por muerte de la mujer, puede decirse que sí contribuye.

§1. Si maritus lucratur dotem, convenietur funeraria, pater autem no, sed in hunc casum puto, si dos, quia permodica fuit, in funus non sufficit, in superfluum in patrem debere actionem dari.

§1. Si el marido se queda con la dote será demandado con la acción funeraria, no así el padre. Pero en este caso considero que si la dote no bastó para pagar el entierro por ser muy pequeña, debe concederse acción contra el padre por el faltante.

§2. *Cum mater familias decedit nec est eius solvendo hereditas, funerari eam ex dote tantum oportet: et ita Celsus scribit.*

§2. Cuando fallece una jefa de familia que no tiene padre y su herencia no es solvente, procede que ella sea enterrada tan solo con cargo a su dote, y así lo escribe Celso.

21. PAULUS *libro vicensimo septimo ad edictum. In patrem, cuius in potestate fuerit is cuius funus factum erit, competit funeraria actio pro dignitate et facultatibus.*

21. PAULO *en el libro vigésimo séptimo de los comentarios al edicto.* Procede la acción funeraria contra el padre bajo cuya potestad estuvo aquel cuyo entierro se hizo, con arreglo a su dignidad y posibilidades económicas.

22. ULPIANUS *libro vicensimo quinto ad edictum. Celsus scribit: quotiens mulier decedit, ex dote, quae penes virum remanet, et ceteris mulieris bonis pro portione funeranda est.*

22. ULPIANO *en el libro vigésimo quinto de los comentarios al edicto.* Celso escribe que cuando fallece la mujer deberá ser enterrada en proporción a su dote, la cual queda en poder del marido, así como a los demás bienes de la mujer,

23. PAULUS *libro vicensimo septimo ad edictum. Veinti si in dotem centum sint, in hereditate ducenta, duas partes heres, una vir conferet.*

23. PAULO *en el libro vigésimo séptimo de los comentarios al edicto.* ... por ejemplo, si en la dote hubo cien y en la herencia doscientos, el heredero contribuirá con dos partes y el marido con una.

24. ULPIANUS *libro vicensimo quinto ad edictum. Iulianus scribit: non decutis legatis...*

24. ULPIANO *en el libro vigésimo quinto de los comentarios al edicto.* Juliano escribe que sin deducirse previamente los gastos,

25. *PAULUS libro vicensimo septimo ad edictum.* ... *nec pretiis manumissorum...*

25. PAULO *en el libro vigésimo séptimo de los comentarios al edicto.* ... ni los precios de los esclavos manumitidos,

26. *POMPONIUS libro quinto decimo ad Sabinum.* ... *nec aere alieno deducto...*

26. POMPONIO *en el libro décimo quinto de los comentarios a Sabino.* ... ni deducirse las deudas,

27. *ULPIANUS libro vicensimo quinto ad edictum.* ... *sic pro rata et maritum et heredem conferre in funus oportet.*

27. ULPIANO *en el libro vigésimo quinto de los comentarios al edicto.* ... conviene que contribuyan de manera proporcional para el entierro el marido y el heredero.

§1. Maritus funeraria non convenietur, si mulieri in matrimonio dotem solverit, ut Marcellus scribit: quae sententia vera est: in his tamen casibus, in quibus hoc ei facere legibus permissum est.

§1. Según opina Marcelo, el marido no será demandado con la acción funeraria si durante el matrimonio pagó la dote a la mujer. Opinión que es cierta, pero solo en los casos que las leyes le permiten hacerlo.

§2. Praeterea maritum puto funeraria in di demum teneri quod facere potest: id enim lucrari videtur, quod praestaret mulieri, si conveniretur.

§2. Además, opino que el marido se obliga por la acción funeraria tan solo en lo que puede pagar al momento de la demanda, porque se entiende que lucra solo en lo que pagaría a la mujer si fuera demandado.

28. *POMPONIUS libro quinto decimo ad Sabinum. Quod si nulla dos esset, tunc omnem impensam patrem praestare debere Atilicinus aita ut heredes eius mulieris, puta emancipatae, quod si neque heredes habeat neque pater solvendo sit, maritum in quantum facere potest pro hoc conveniri, ne iniuria eius videretur quondam uxorem eius insepultam relinqui.*

28. POMPONIO *en el libro décimo quinto de los comentarios a Sabino.* Atilicino dice que si no hubiese dote entonces debe sufragar todo el gasto el padre o, si estaba emancipada, los herederos de la mujer. Pero si no tuviera herederos ni el padre fuera solvente, el marido será demandado por cuanto pueda pagar en ese momento, para que no parezca que injuria a la que fue su mujer por dejarla insepulta.

29. *GAIUS libro nono decimo ad edictum provinciale. Si mulier post divortium alii nupta decesserit, non putat Fulcinius priorem maritum, licet lucre dotem faciat, funeris impensam praestare.*

29. GAYO *en el libro décimo noveno de los comentarios al edicto provincial.* Si la mujer divorciada que se casó con otro fallece, Fulcinio no considera que el primer marido debe sufragar los gastos funerarios aunque se quede con la dote.

§1. Is qui filiam familias funeravit, antequam dos patri reddatur, cum marito recte agit: reddita dote patrem obligatum habet. Utique autem, si cum marito actum fuerit, is eo minus patri mulieris restituturus est.

§1. Quien enterró a una hija de familia ejerce lícitamente la acción funeraria contra el marido, antes que se devuelva la dote al padre; pero una vez devuelta esta, queda el padre obligado con él. Sin embargo, si la acción se ejerció contra el marido, éste debe restituir después al padre de la mujer la dote disminuida en la cantidad reclamada.

30. *POMPONIUS libro quinto decimo ad Sabinum. Contra quoque quod pater in funus filiae inpendit aut alio agente secum funeraticia praestitit, ipse actione de dote a marito recipit.*

30. POMPONIO *en el libro décimo quinto de los comentarios a Sabino.* Por el contrario, también lo que el padre gastó en el entierro de su hija, o lo que pagó a otro que ejerció contra él la acción funeraria, lo recupera el padre del marido por medio de la acción de dote.

§1. Sed si emancipata decedat, collaturos heredes bonorumve possessore et patrem pro portione dotis quam recipit et virum

§1. Pero si la hija emancipada fallece durante el matrimonio, deberán contribuir los herederos

pro portione dotis quam lucratus est.

o los poseedores de los bienes hereditarios y el padre en proporción a la parte de dote que recuperan, y el marido según la porción de dote retenida.

31. *ULPIANUS libro vicensimo quinto ad edictum. Si filius familias miles sit et habeat castrense peculium, puto successores eius ante teneri, sic deinde ad patrem venire.*

31. ULPIANO *en el libro vigésimo quinto de los comentarios al edicto.* Si el hijo de familia es militar y tiene peculio castrense, opino que se obligan en primer lugar sus sucesores y después se procede contra el padre.

§1. Qui servum alienum vel ancillam sepelivit, habet adversus dominum funerariam actionem.

§1. Quien enterró al esclavo o a la esclava ajenos, tiene la acción funeraria contra el dueño.

§2. Haec actio non est annua, sed perpetua, et heredi ceterisque successoribus et in successores datur.

§2. Esta acción no es anual sino perpetua, y se concede al heredero y demás sucesores, así como contra los sucesores.

32. *PAULUS libro vicensimo septimo ad edictum. Si possessor hereditatis funus fecerit, deinde victus in restitutione non deduxerit quod impenderit, utilem esse ei funerariam.*

32. PAULO *en el libro vigésimo séptimo de los comentarios al edicto.* Si el poseedor de la herencia realizó el funeral, y luego de ser vencido en la petición de herencia por el heredero no dedujo lo que gastó al devolver, tiene a su favor la acción funeraria.

§1. Si eodem momento remporis vir et uxor decesserit, Labeo ait in heredem viri pro portione dotis dandam hanc actionem, quoniam id ipsum dotis nomine ad eum pervenit.

§1. Si en un periodo fallecieron el marido y la mujer, dice Labeón que debe concederse esta acción contra el heredero del marido en proporción a la dote, porque esto también pasó a su poder por razón de dote.

33. *ULPIANUS libro sexagensimo octavo ad edictum. Si quis fuit heres,*

33. ULPIANO *en el libro sexagésimo octavo de los comentarios al*

deinde hereditas ablata sit ei quasi indigno, magis est, ut penes eum iura sepulchrorum remaneant.

edicto. Si uno fue heredero y después le quitaron la herencia por indigno, es más correcto que conserve los derechos de sepultura.

34. *PAULUS libro sexagensimo quarto ad edictum. Si locus sub condicione legatus sit, interim heres inferendo mortuum non facit locum religiosum.*

34. PAULO *en el libro sexagésimo cuarto de los comentarios al edicto.* Si un lugar fue legado bajo condición, mientras ésta dure el heredero no vuelve religioso el sitio enterrando un cadáver.

35. *MARCELLUS libro quinto digestorum. Minime maiores lugendum putaverunt eum, qui ad patriam delendam et parentes et liberos interficiendos venerit: quem si filius patrem aut pater filium occidisset, sine scelere, etiam praemio aedificiendum omnes constituerunt.*

35. MARCELO *en el libro quinto del digesto.* Los antepasados opinaron que por ningún motivo debe hacerse duelo a quien vino a destruir la patria o a matar a sus ascendientes y descendientes, decidiendo todos que, si el hijo mató a tal padre, o viceversa, deberá absolvérsele del delito e incluso volvérsele digno de un premio.

36. *POMPONIUS libro vicensimo sexto ad Quintum Mucium. Cum loca capta sunt ab hostibus, omnia desinunt religiosa vel sacra esse, sicut homines liberi inservitutem perveniunt: quod si ab hac calamitate fuerint liberata, quasi quodam postliminio reversa pristino statui restituuntur.*

36. POMPONIO *en el libro vigésimo sexto de los comentarios a Quinto Mucio.* Cuando las tierras son ocupadas por los enemigos, todas dejan de ser religiosas o sagradas, tal y como los hombres libres caen en esclavitud. Pero si se liberasen de dicha calamidad, vuelven a su anterior estado como en una especie de postliminio.

37. *MACER libro primo ad legem vicensimam hereditatium. Funeris*

37. MÁCER *en el libro primero de los comentarios a la ley vigésima de las*

sumptus acciptiru, quidquid corporis causa veluti unguentorum erogatum est, et pretium loci in quo defunctus humatus est, et si qua vectigalia sunt, vel sarcophagi et vectura: et quidquid corporis causa antequam sepeliatur consuptum est, funeris impensam esse existimo.

§1. Monumentum autem sepulchri id esse divus Hadrianus rescripsit, quod monumento, id est causa muniendii eius loci factum sit, in quo corpus impositum sit. Itaque si amplum quid aedificari testator iusserit, veluti incircum porticationes, eos sumptus funeris causa non esse.

38. ULPIANUS libro nono de omnibus tribunalibus. Ne corpora aut ossa mortuorum detinerentur aut vexarentur neve prohiberentur quo minus via publica transferrentur aut quominus sepelirentur, praesidis provinciae officium est.

39. MARCIANUS libro tertio institutionum. Divi fratres edicto admonuerunt, ne iustae sepulturae traditum, id est terra conditum corpus inquietetur: videtur autem terra conditum et si in arecula conditum hoc animo sit, ut

herencias. Se entiende por gastos de entierro todo lo gastado en un cadáver, por ejemplo, en ungüentos, así como el precio del sitio donde fue inhumado el difunto y los impuestos, si los hay, o todo lo gastado en el sarcófago y en el carruaje, y opino que son gastos de entierro todo lo que se gastó a causa del cadáver antes de ser enterrado.

§1. El divino Adriano contestó por escrito que era monumento de un sepulcro lo que se realizó para resguarda el lugar en que se depositó el cadáver. Y así, si el testador dispuso que se edificase alguna cosa suntuosa, por ejemplo, pórticos alrededor de su sepulcro, estos no son gastos realizados por razones del entierro.

38. ULPIANO *en el libro noveno de todos los tribunales.* Es atribución del gobernador de la provincia que no se detenga el traslado de los cadáveres, que no se insulte a los huesos de los muertos, que no se impida el ser conducidos por la vía pública o que sean enterrados.

39. MARCIANO *en el libro tercero de las instituciones.* Los divinos hermanos Marco Aurelio y Lucio Vero previnieron en un edicto que no se exhume el cadáver llevado a una sepultura legítima,

non alibi tranferatur. Sed arculam ipsam, si res exigat, in locum commodiorem licere transferre non est denegandum.

es decir, depositado ya en tierra. Pero también se considera depositado en tierra si se depositó en una caja con la intención de no trasladarlo a otra parte. Pero si el caso lo exigiese, no se niega que es lícito trasladar la misma caja a un lugar más conveniente.

40. *PAULUS libro tertio quaestionum. Si quis enim eo animo corpus intulerit, quod cogitaret inde alio postea transferre magisque temporis gratia deponere, quam quod ibi sepeliret mortuum et quasi aeterna sede dare destinaverit, manebit locus profanus.*

40. PAULO *en el libro tercero de las cuestiones.* Si alguien enterró un cadáver para depositarlo allí temporalmente con la intención de trasladarlo después a otra parte para sepultarlo allí y darle morada eterna, el lugar seguirá siendo profano.

41. *CALLISTRATUS libro secundo institutionum. Si plures sint domini eius loci, ubi mortuus infertur: nam ex ipsis dominis quemlibet recte ibi sepeliri constat etiam sine ceterorum consensu, maxime cum alius non sit locus in quo sepeliretur.*

41. CALISTRATO *en el libro segundo de las instituciones.* Si fuesen varios los dueños del sitio donde se entierra un cadáver, todos deben consentir cuando se entierren a terceros, porque es sabido que cualquiera de los codueños tiene derecho a ser enterrado allí, incluso sin el consentimiento de los demás, sobre todo cuando no hay otro lugar para sepultarlo.

42. *FLORENTINUS libro septimo institutionum. Monumentum generaliter res est memoriae causa in posterum prodita: in qua si corpus vel reliquiae inferantur, fiet sepulchrum, si vero nihil eorum inferatur, erit monumentum memoriae causa factum, quod Graeci*

42. FLORENTINO *en el libro séptimo de las instituciones.* En general, monumento es una cosa legada a la posteridad para la memoria de alguien; si en ella se enterrase un cadáver o restos humanos se volverá sepulcro,

κενοτάφιον appellant.

pero si nada se colocó en ella, será monumento erigido para la memoria, lo que los griegos llamaron "cenotafio" (sepulcro vacío).

43. *PAPINIANUS libro octavo quaestionum. Sunt paersonae, quae, quamquam religiosum locum facere non possunt, interdicto tamen de mortuo inferendo utiliter agunt, ut puta dominus proprietatis, si in fundum, cuius fructus alienus est, mortuum inferat aut inferre velit: nam si intulerit, non faciet iustum sepulchrum, sed si prohibeatur, utiliter interdicto, qui de iure dominio quaeritur, aget. Eademque sunt in socio, qui in fundum communem invito socio mortuum inferre vult. Nam propter publicam utilitatem, ne insepulta cadavera iacerent, strictam rationem insuper habemus, quae nonnumquam in ambiguis religionum quaestionibus amitti solet: nam summam esse rationem, quae pro religione facit.*

43. PAPINIANO *en el libro octavo de las cuestiones.* Hay personas que, aunque no pueden volver religioso un lugar, ejercen pese a ello el interdicto de enterrar un muerto, por ejemplo, el dueño de la propiedad si en el fundo, cuyo usufructo es de otra persona, enterrase o quisiese enterrar un cadáver, porque si lo enterró no será lícito el sepulcro, pero si se le prohibiese, podrá ejercer el interdicto, pues demanda por su derecho de propiedad. Lo mismo sucede con el socio que quiere enterrar un cadáver en un fundo común contra la voluntad de otro socio, porque para que los cadáveres no yascan insepultos, por causa de utilidad pública prescindimos de la razón estricta, la cual suele omitirse en las discusiones ambiguas de las religiones, pues la razón en favor de la religión es suprema.

44. *PAULUS libro tertio quaestionum. Cum in diversis locis sepultum est, uterque quidem locus religiosus non fit, quia una sepultura plura sepulchra efficere non potest: mihi autem videtur illum religiosum esse, ubi quod est principale*

44. PAULO *en el libro tercero de las cuestiones.* Cuando un cadáver fue enterrado en diversos lugares, ciertamente no se vuelven religiosos todos ellos, porque la sepultura de uno solo no puede

conditum est, id est caput, cuius imago fit, inde cognoscimur, cum autem impetratur, ut reliquiae transferantur, desinit locus religiosus esse.

constituir muchos sepulcros. Me parece que se vuelve religioso aquel sitio donde fue enterrada la parte principal, es decir, la cabeza, por cuya imagen somos conocidos. Pero cuando se obtiene autorización para trasladar los restos, el lugar deja de ser religioso.

45. *MARCIANUS libro octavo fideicommissorum. Impensa funeris semper ex hereditate deducitur, quae etiam omne creditum solet praecedere, cum bona solvendo non sint.*

45. MECIANO *en el libro octavo de los fideicomisos.* Los gastos funerarios siempre se deducen de la hrencia y suelen ser preferentes a todos los créditos cuando los bienes hereditarios no bastan para pagar.

46. *SCAEVOLA libro secundo quaestionum. Si plura praedia quis habuit et omnium usum fructum separatim legaverit, poterit in unum inferri et electio erit heredis et gratificationi locus: sed fructuario utilem actionem in heredem dandam ad id recipiendum, quod propter eam lectionem minutus est usus fructus.*

46. ESCÉVOLA *en el libro segundo de las cuestiones.* Si alguien tuvo varios predios y legó por separado el usufructo de todos, podrá ser enterrado en uno solo y la elección corresponderá al heredero, procediendo la gratificación. Pero al usufructuario se le concederá la acción útil contra el heredero para obtener el valor en que se disminuyó el usufructo a causa de la elección.

§1. Si heres mulieris inferat mortuam in hereditarium fundum, a marito qui debet in funus conferre, pro aestimatione loci consequatur.

§1. Si el heredero de la mujer enterró a la fallecida en un fundo de la herencia, deberá ser indemnizado por el marido, quien está obligado al entierro, con arreglo a la estimación del sitio.

§2. Ei, cui vestimenta legantur, si in

§2. A quien se le legan los

funus erogata sint, utilem actionem in hredem dandam placuit et privilegium funerarium.

vestidos, si se consumieron en el entierro, se estimó procedente que se le conceda la acción útil contra el heredero y el privilegio de crédito funerario.

TITULUS VIII DE MORTUO INFERENDO ET SEPULCHRO AEDIFICANDO

TÍTULO VIII SOBRE EL ENTIERRO DEL DIFUNTO Y LA CONSTRUCCIÓN DEL SEPULCRO

1. ULPIANUS libro sexagensimo octavo ad edictum. Praetor ait: 'Quo quave illi mortuum inferre invito te ius est, quo minus illi eo eave mortuum inferre et ibi sepelire liceat, vim fieri veto'.

1. ULPIANO *en el libro sexagésimo octavo de los comentarios al edicto.* Dice el pretor: 'prohíbo que se ejerza violencia para impedir a alguien que traslade un cadáver por donde tiene derecho y lo sepulte contra tu voluntad'.

§1. Qui inferendi mortuum ius habet, non prohibetur inferre: prohiberi autem inferre videtur, sive in locum inferre prohibeatur sive itinere arceatur.

§1. A quien tiene derecho de enterrar un cadáver no se le prohíbe enterrarlo. Se considera que se le prohíbe si se le impide hacerlo en el suelo o se se le impide el paso.

§2. Hoc interdicto de mortuo inferendo dominus proprietatis uti potest, quod etiam de loco puro competit.

§2. El dueño puede usar el interdicto de enterrar un muerto, el cual se aplica también respecto a un lugar puro.

§3. Item si mihi in fundum via debeatur, in quem fundum inferre volo, et via prohibear, hoc interdicto posse me experirir placuit, quia inferre prohibeor, qui via uti prohibeor: idque erit probandum et si alia servitus debeatur.

§3. También si tuviese una servidumbre de paso hacia un fundo en el que deseo enterrar y se me prohíbe el acceso, se decretó que puedo ejercer este interdicto, porque se me prohíbe enterrar al prohibirseme usar el camino, y lo mismo deberá

§4. Hoc interdictum prohibitorium esse palam est.

§5. Praetor ait: 'Quo illi ius est invito te mortuum inferre, quominus illi in eo loco sepulchrum sine dolo malo aedificare liceat, vim fieri veto'.

§6. Interdictum hoc proterea propositum est, quia religionis interest monumenta exstrui et exornari.

§7. Facere sepulchrum sive monumentum in loco, in quo ei ius est, nemo prohibetur.

§8. Aedificare videtur prohibere et qui prohibet eam materiam convehi, quae aedificio necessaria sit. Proinde et si operi necessarios prohibuit quis venire, interdictum locum habet, et si machinam alligare quis prohibeat, si tamen eo loci prohibeat, qui servitutem debeat: ceterum si in meo solo velis machinam ponere, non tenebor interdicto, si iure te non patiar.

§9. Aedificare autem non solum qui novum opus molitur intellegendus est, verum is quoque, qui vult reficere.

§10. Is qui id agit, ut labatur sepulchrum, hoc interdicto tenetur.

admitirse si se debiera otra servidumbre.

§4. Es evidente que este interdicto es prohibitorio.

§5. Dice el pretor: 'prohíbo que se impida con violencia que se construya sin dolo malo un sepulcro allí donde alguien tiene derecho de enterrar un muerto contra tu voluntad'.

§6. Este edicto se emitió porque interesa a la religión que se erijan y adornen monumentos.

§7. A nadie se le impide construir un sepulcro o un monumeto en aquel lugar donde tiene derecho.

§8. Se considera que también impide edificar quien prohíbe que se introduzcan los materiales necesarios para el edificio. Por tanto, si alguien impidió el paso a los trabajadores necesarios para la obra, procede este interdicto; también si alguien prohibió instalar una máquina en aquel lugar que tiene servidumbre. Pero si quieres poner la máquina en terreno mío, no me obligará el interdicto si con derecho yo no te lo permito.

§9. Se entiende que construye no solo quien edifica una obra nueva, sino también quiere desea repararla.

§10. Quien hace algo para que se arruine un sepulcro queda obligado por este interdicto.

2. *MARCELLUS libro vicensimo octavo digestorum. Negat lex regia mulierem, quae praegnas mortua sit, humari, antequam partus ei excidatur: qui contra fecerit, spem animantis cum gravida peremisse videtur.*

2. MARCELO *en el libro vigésimo octavo del digesto.* La ley de los antiguos reyes prohíbe que la mujer que haya muerto embarazada sea sepultada antes de extraerle el feto, y quien haga lo contrario se considera que mató, con el entierro de la embarazada, la esperanza de que viviese el producto.

3. *POMPONIUS libro nono ad Sabinum. Si proprius aedes tuas quis aedificet sepulchrum, opus novum tu nuntiare poteris, sed facto opere nullam habebis actionem nisi quod vi aut clam.*

3. POMPONIO *en el libro noveno de los comentarios a Sabino.* Si alguien construyó un sepulcro muy cerca de tu casa, podrás denunciar la obra nueva. Pero una vez hecha la obra no tendrás ninguna acción salvo el interdicto de lo que se realizó con violencia o de forma clandestina.

§1. Si proprius aedificium alienum intra legitimum modum mortuus illatus sit, postea eum prohibere non poterit aedificii dominus, quominus alium mortuum eo inferat vel monumentum aedificet, si ab initio domino sciente hoc fecerit.

§1. Si se enterró muy cerca de un edificio ajeno un cadáver, y a menor distancia de la legal, el dueño de dicho edificio no podrá después impedir que allí mismo se entierre otro cadáver o que se erija un monumento si esto se hizo sabiéndolo desde un inicio el dueño.

4. *ULPIANUS libro secundo responsorum. Longa possessione ius sepulchri non tribui ei, cui iure non competit.*

4. ULPIANO *en el libro segundo de las respuestas.* A quien no tiene derecho de sepulcro, éste no se le concede por la posesión continua durante largo plazo.

5. *IDEM libro primo opinionum. Si in eo monumento, quod imperfectum esse*

5. EL MISMO *en el libro primero de las opiniones.* Si se depositaron

dicitur, reliquiae hominis conditae sunt, nihil impedit quominus id perficiatur.

los restos de un difunto en un monumento que se afirma no estar concluido, nada impide que se concluya.

§1. Sed si religiosus locus iam factus sit, pontifices explorare debent, quatenus salva religione Desiderio reficiendi operis medendum sit.

§1. Pero si el lugar ya se había vuelto religioso, los pontífices deben examinar cómo debe accederse al deseo de terminar la obra dejando a salvo la religión.

DOMINI IUSTINIANI
DIGESTORUM SEU PANDECTARUM
PARS TERTIA (DE REBUS)

TERCERA PARTE DEL DIGESTO O
PANDECTAS DEL SEÑOR JUSTINIANO
(DE LAS COSAS)

LIBER XII

LIBRO XII

TITULUS I
DE REBUS CREDITIS SI CERTUM PETETUR ET DE CONDICTIONE

TÍTULO I
DE LAS COSAS DADAS EN PRÉSTAMO, DE CUANDO SE PIDE UNA COSA DETERMINADA Y DE LA ACCIÓN EJECUTIVA

1. ULPIANUS libro vicensimo sexto ad edictum. E re est, priusquam ad verborum interpretationem perveniamus, pauca de significatione ipsius tituli referre.

1. ULPIANO *en el libro vigésimo sexto de los comentarios al edicto*. Es conveniente que, antes de llegar a la interpretación de las palabras, digamos algo sobre el significado del presente título.

§1. Quoniam igitur multa ad contractus varios pertinentia iura sub hoc titulo praetor inseruit, ideo rerum creditarum titulum praemisit: omnes enim contractus, quos alienam fidem secuti instituimus, conplectitur: nam, ut libro primo questionum Celsus ait, credendi generalis appellatio est: ideo sub hoc titulo praetor et de comodato et de pignore edixit. Nam cuicumque rei adsentiamur alienam fidem secuti mox recepturi quid, ex hoc contractu credere dicimur, rei quoque verbum ut generale praetor elegit.

§1. Ya que el pretor englobó en este título muchas disposiciones relativas a diversos contratos, le antepuso el título de 'cosas prestadas'; en efecto, abarca todos los contratos que realizamos confiando algo a alguien, pues como señala Celso en el libro primero de las cuestiones, el vocablo 'préstamo' es general. Por ello, el pretor dispuso en este título edictos relativos tanto al comodato como a la prenda, ya que cuando acordamos confiar algo a otra persona para después recuperarlo en virtud de dicho contrato, se dice que 'prestamos'. También el pretor eligió el vocablo 'cosa' de manera génerica.

2. *PAULUS libro vicensimo octavo ad edictum. Mutuum damus recepturi non eandem speciem quam dedimus (alioquin commodatum erit aut depositum), sed idem genus: nam si aliud genus, veluti ut pro tritico vinum recipiamus, non erit mutuum*

2. PAULO *en el libro vigésimo octavo de los comentarios al edicto.* Damos en mutuo no para recuperar la misma especie que dimos (pues, de lo contrario, será comodato, o depósito), sino el mismo género; porque si fuera distinto, por ejemplo, vino en lugar de tigo, no sería ya mutuo.

§1. Mutui datio consistit in his rebus, quae pondere numero mensura consistunt, quoniam eorum datione possumus in creditum ire, quia in genere suo functionem recipiunt per solutiionem quam specie: nam in ceteris rebus ideo in creditum ire non possumus, quia aliud pro alio invito creditori solvi non potest.

§1. La dación en mutuo es propia de las cosas determinadas por su peso, número o medida; al entregarlas podemos constituir un crédito, ya que pueden pagarse con otras de su género, no tanto por su especie; en efecto, no podemos constituir crédito sobre las demás cosas, ya que no puede pagarse una cosa por otra sin la voluntad del acreedor.

§2. Appellata est autem mutui datio ab eo, quod de meo tuum fit: et ideo, si non fiat tuum non nascitur obligatio.

§2. Se denomina 'dación en mutuo' porque de mío (*meo*) algo pasa a ser tuyo (*tuum*); por tanto, si no se volviera tuyo, no nace obligación alguna.

§3. Creditum ergo a mutuo differt qua genus a specie: nam creditum consistit extra eas res, quae pondere numero mensura continentur sic, ut, si eandem rem recepturi sumus, creditum est. item muttum non potest esse, nisi proficiscatur pecunia, creditum autem interdum etiam si nihil proficiscatur, veluti si post nuptias dos promittatur.

§3. Por ende, el préstamo difiere del mutuo en lo que el género de la especie, porque el primero va más allá de las cosas que se pueden pesar, contar o medir; y así, si recuperásemos la misma cosa, lo que hay es un préstamo. Ahora bien, no puede haber mutuo si no hay de por medio una cantidad de dinero, aunque a veces hay préstamo sin que medie cosa alguna, por ejemplo, si se prometiera restituir la dote tras disolverse las nupcias.

§4. In mutui datione oportet dominum ese dantem, nec obest, quod filius familias et servus dantes peculiares nummos obligant: id enim tale est, quale si voluntate mea tu des pecuniam: nam mihi actio adquiritur, licet mei nummi non fuerint.

§4. En la dación en mutuo quien da debe ser el dueño, y no importa si el hijo de familia y el esclavo, al dar dinero de su peculio, obligan a quien lo recibe; porque es como si por mi voluntad tú dieras dinero a un tercero: aunque el dinero no sea mío, yo adquiero la acción.

§5. Verbis quoque credimus quodam actu ad obligationem comparandam interposite, veluti stipulatione.

§5. También podemos constituir un préstamo de manera verbal si, para establecer la obligación, se interpuso cierto acto, por ejemplo, una estipulación.

3. POMPONIUS libro vicensimo septimo ad Sabinum. Com quid muttum dederimus, etsi non cavimus, ut aeque bonum nobis redderetur, non licet debitori deteriorem rem, quae ex eodem genere sit, reddere, veluti vinum novum pro vetere: nam in contrahendo quod agitur pro cauto habendum est, id autem agi intellegitur, ut eiusdem generis et eadem bonitate solvatur, qua datum sit.

3. POMPONIO *en el libro vigésimo séptimo de los comentarios a Sabino.* Cuando damos algo en mutuo, aunque no expresemos que se nos devuelva algo de idéntica calidad, no es correcto que el deudor devuelva algo peor, aunque del mismo género, por ejemplo, vino nuevo en lugar de añejo, pues al contratar debe considerarse expresado lo que realmente se trata, y se entiende que se pague con algo del mismo género y de la misma calidad que se entregó.

4. ULPIANUS libro trigensimo quarto ad Sabinum. Si quis nec causam nec propositum faenerandi habuerit et tu empturus praedia desideraveris mutuam pecuniam nec volueris creditae nomine antequam emisses suscipere atque ita creditor, quia necessitatem forte proficiscendi habebat, deposuerit apud te han eandem pecuniam, ut, si emisses, crediti nomine obligatus esses, hoc

4. ULPIANO *en el libro trigésimo cuarto de los comentarios a Sabino.* Si alguien no tuvo causa ni propósito de prestar al interés, y tú, debiendo comprar unos predios, deseaste dinero en mutuo, pero no quieres tomarlo en préstamo antes de hacer la compra, y el acreedor, acaso por tener necesidad de ausentarse, te dio en depósito

depositum periculo est eius qui suscepit. Nam et qui rem vendendam acceperit, ut pretio uteretur, periculo suo rem habebit.

§1. Res pignori data pecunia soluta condici potest. Et fructus ex iniusta causa percepti condicendi sunt: nam et si colonus post lustrum completum fructus perceperit, condici eos consta tita demum, si non ex voluntate domini percepti sunt: nam si ex voluntate, procul dubio cessat condictio.

§2. Ea, quae vi iluminnum importata sunt, condici possunt.

5. POMPONIUS libro vicensimo secundo ad Sabinum. Quod te mihi dare oporteat si id postea perierit, quam per te factum erit quominus id mihi dares, tuum fore id detrimentum constat. Sed cum quaeratur, an per te factum sit, animadverti debebit, non solum in potestate tua fuerit id nec ne aut dolo malo feceris quominus esset vel fuerit nec ne, sed etiam si aliqua iusta causa sit, propter quam intellegere deberes te dare oportere.

dicha cantidad para que, si compras, quedes obligado por préstamo, dicho depósito es a riesgo de quien lo recibió. Porque también quien recibió una cosa para venderla y usase su precio, tendrá la cosa bajo su riesgo.

§1. La cosa dada en prenda puede ser reclamada por medio de la acción ejecutiva una vez pagada la cantidad garantizada. También son objeto de tal acción los frutos percibidos por causa injustificada. Porque si el colono percibió los frutos una vez cumplido el quinquenio del arrendamiento, es sabido que le son reclamados por la acción ejecutiva, siempre que no fueren percibidos con el consentimiento del dueño; de lo contrario, no hay duda de que no procede la acción ejecutiva.

§2. Las cosas que fueron traídas por la corriente del río pueden ser reclamadas con la acción ejecutiva.

5. POMPONIO *en el libro vigésimo Segundo de los comentarios a Sabino.* Si lo que debías darme pereció luego de que por actos tuyos no me lo diste, es sabido que la pérdida es tu responsabilidad. Pero al indagar si fue por acto tuyo, deberá observarse no solo si estuvo en tu poder dar o no, si actuaste con dolo malo o no, para no dar o no haber dado, sino también si hubo alguna causa justificada por la cual debiste entender que estabas

obligado a dar.

6. PAULUS libro vicensimo octavo ad edictum. Certum est, cuius species vel quantitas, quae in obligatione versatur, aut nomine suo aut ea demonstratione quae nominis vice fungitur qualis quantaque sit ostenditur. Nam et Pedius libro primo de stipulationibus nihil referre ait, proprio nomine res applletur an digito ostendatur an vocabulis quibusdam demonstretur: quatenus mutua vice fungantur, quae tantundem praestent.

6. PAULO *en el libro vigésimo octavo de los comentarios al edicto.* Hay cosa cierta si la especie o cantidad objeto de la obligación se señala en el cuál y en el cuánto, con su nombre propio o con alguna indicación que supla al nombre. Porque también dice Pedio en el libro primero de las estipulaciones que no importa si la cosa se designa por su nombre, se le señala con el dedo o se refiera a ella con determinadas palabras, siempre que éstas equivalgan para expresar lo mismo.

7. ULPIANUS libro vicensimo sexto ad edictum. Omnia, quae inseri stipulationibus possunt, eadem possunt etiam numerationi pecuniae, et ideo et condiciones.

7. ULPIANO *en el libro vigésimo sexto de los comentarios al edicto.* Todas las cosas que puedan introducirse en las estipulaciones también podrán añadirse al pago del dinero; por ende, también las condiciones.

8. POMPONIUS libro sexto ex Plautio. Proinde mutui datio interdum pendet, ut ex post facto confirmetur: veluti si dem tibi mutuos numos, ut, si condicio aliqua existiterit, tui fiant sisque mihi obligatus: Item si legatam pecuniam heres crediderit, deinde legatarius eam noluit ad se pertinere, quia heredis ex die aditae hereditatis videntur nummi fuisse, ut credita pecunia peti possit. Nam Iulianus ait et 'traditiones' ab herede factas ad id tempus redigi, quo hereditas adita fuerit,

8. POMPONIO *en el libro sexto de la doctrina de Plaucio.* Por tanto, la dación en mutuo puede depender de un suceso posterior, por ejemplo, si yo te doy dinero en mutuo para que, en caso de cumplirse alguna condición, se haga tuyo y quedes obligado conmigo. Igualmente, si un heredó prestó cierto dinero legado, y luego el legatario lo repudió, porque se entiende que el dinero fue del heredero desde el

cum repudiatum sit legatum aut adpositum.

día en que se aceptó la herencia, para que el dinero prstado pueda pedirse. También dice Juliano que las entregas hechas por el heredero se retrotraen al momento en que se aceptó la herencia, a cuando el legado fue repudiado o aceptado.

9. ULPIANUS libro vicensimo sexto ad edictum. Certi condictio competit ex omni causa, ex omni obligatione, ex qua certum petitur, sive ex certo contractu petatur sive ex incerto: licet enim nobis ex omni contractu certum condicere, dummodo paesens sit obligatio: ceterum si in diem sit vel sub condicione obligatio, ante diem vel condiciones non potero agere.

9. ULPIANO *en el libro vigésimo sexto de los comentarios al edicto.* Procede la acción ejecutiva de cosa cierta por cualquier causa y por cualquier obligación por la cual se pide algo determinado, ya sea en virtud de contrato cierto o incierto, porque podemos demandar con la acción ejecutiva siempre que la obligación haya vencido; pero si la obligación está sujeta a plazo determinado o a una condición, no podré ejerecer la acción antes del término o de cumplirse la condición.

§1. Competit haec actio etiam ex legati causa et ex lege Aquilia. Sed et ex causa furtiva per hanc actionem condicitur. Sed et si ex senatus consulto agetur, competit haec actio, veluti si is cui fiduciaria hereditas restituta est agere volet.

§1. También procede esta acción por causa de legado y en virtud de la ley Aquilia; incluso se intenta esta acción ejecutiva por causa de robo; y también procede si se demanda en virtud de un senadoconsulto, por ejemplo, si quiere demandar aquel a quien se restituyó una herencia fiduciaria.

§2. Sive autem suo nomine quis obligatus sit sive alieno, per hanc actionem recte convenitur.

§2. Ya sea que uno se obligue en nombre propio o ajeno, es demandado lícitamente por esta acción.

§3. Quoniam igitur ex omnibus contractibus haec certi condictio competit, sive res fuerit contractus factus sive

§3. Ya que esta acción ejecutiva de cosa cierta procede en virtud de cualquier contrato, ya sea que se

verbis sive coniunctim, referenade sunt nobis quaedam species, quae dignum habent tractatum, an haec actio ad petitionem eorum sufficiat.

§4. Numeravi tibi decem et haec alii stipulatus sum, nulla est stipulatio: an condicere decem per hanc actionem possim, quasi duobus contractibus intervenientibus, uno qui re factus est, id est numeratione, alio qui erbis, id est inutiliter, quoniam alii stipulari non potui? Et puto posse.

§5. Idem erit, si a pupillo fuero sine tutoris auctoritate stipulatus, cui tutotre auctore credidi: nam et tunc manebit mihi condictio ex numeratione.

§6. Item quaeri potest et si, quod tibi numeravi, sub impossibili condicione stipuler: cum enim nulla sit stipulatio, manebit condictio.

§7. Sed et si ei numeravero, cui postea bonis interdictum est, mox ab eo stipuler, puto pupillo cum comparandum, quoniam et stipulando sibi adquirit.

realice mediante cosa, mediante palabras o mediante una y otras, debemos considerar ciertos casos específicos sobre las que justamente se discute si basta esta sola acción para reclamarlas.

§4. Te presté diez mil sestercios y estipulé dicha cantidad en favor de un tercero: es nula la estipulación. ¿Podré entonces reclamar con la acción ejecutiva los diez mil como si hubiese dos contratos, el primero, celebrado con la cosa, es decir, con la entrega del dinero, y el segundo, celebrado con palabras, es decir, inútil, pues no pude estipular en favor de tercero? Y opino que sí puedo.

§5. Lo mismo sucederá si, sin la autorización de su tutor, yo estipulé de cierto pupilo, pero le presté con dicha autorización, porque en este caso también tendré la acción ejecutiva con base en la entrega del dinero.

§6. Lo mismo puede preguntarse si yo estipulo el dinero que te entregué bajo una condición imposible: al ser nula la estipulación, quedará la acción ejecutiva.

§7. Igualmente, si yo entregué una cantidad de dinero a quien después se le impuso la interdicción respecto de sus bienes, y luego yo estipulé de él, opino que deberá comparársele con un pupilo, porque también al estipular adquiere para él.

§8. Si numos meos tuo nomine dedero velut tuos absente te et ignorante, Aristo scribir adquiri tibi condictionem: Iulianus quoque de hoc interrogatus libro decimo scribit veram ese Aristonis sententiam nec dubitari, quin, si meam pecuniam tuo nomine voluntate tua dedero, tibi adquiritur obligatio, cum cottidie credituri pecuniam mutuam ab alio poscamus, ut nostro nomine creditor numeret futuro debitori nostro.

§8. Aristón escribe que, si estando tú ausente o ignorándolo, entregué en tu nombre dinero mío como si fuera tuyo, adquieres la acción ejecutiva. También escribe Juliano en el libro décimo cuando se le interrogó sobre esto que, si yo entregué dinero mío con tu consentimiento y a tu nombre, sin duda adquieres la obligación, pues cotidianamente pedimos a otro que preste dinero y lo entregue en nombre nuestro a quien será nuestro deudor.

§9. Deposui apud te decem, postea permisi tibi uti: Nerva Proculus etiam antequam moveantur, condicere quasi mutua tibi haec posse aiunt, et est verum, ut et Marcello videtur: animo enim coepit possidere. Ergo transit periculum ad eum, qui mutuam rogavit et poterit ei condici.

§9. Te entregué en calidad de depósito diez mil sestercios, y luego te permití que los usases; Nerva y Próculo dicen que antes incluso de usarlos puedo reclamártelos con la acción ejecutiva, como si te los hubiese dado en mutuo; y es verdad, como igualmente opina Marcelo, porque se empezó a poseer con la sola intención y, por tanto, se transmite el riesgo a quien solicitó dinero en mutuo, pudiendo demandársele con la acción ejecutiva.

10. IDEM libro secondo ad edictum. Quod si ab initio, cum deponerem, uti tibi si voles permisero, creditam non esse antequam mota sit, quoniam debitu iri non est certum.

10. EL MISMO *en el libro segundo de los comentarios al edicto.* Pero si desde un principio te permití elegir si querías usar el dinero dado en depósito, no hay préstamo antes de haberlo usado, porque no era seguro constituir una deuda.

11. IDEM libro vicensimo sexto ad edictum. Rogasti me, ut tibi pecuniam

11. EL MISMO *en el libro vigésimo sexto de los comentarios al edicto.* Me

crederem: ego cum non haberem, lancem tibi dedi vel massam auri, ut eam venderes et nummis utereris, si vendideris, puto mutuam pecuniam factam. Quod si lancem vel massam sine tua culpa perdideris prius quam venderes, utrum mihin an tibi perierit, quaestionis est. Mihi videtur Nervae distinctio verissima existimantis multum interesse, venalem habui hanc lancem vel massam nec ne, ut, si venalem habui, mihi perierit, quemadmodum si alii dedissem vendendam: quod si non fui proposito hoc ut venderem, sed haec causa fuit vendendi, ut tu utereris, tibi eam perisse, et maxime si sine usuris credidi.

§1. Si tibi dedero decem sic, ut novem debeas, Proculus ait, et recte, non amplius te ipso iure debere quam movem. Sed si dedero, ut undecim debeas, putat Proculus amplius quam decem condici non posse.

§2. Si fugitius servus numos tibi crediderit, an condicere tibi dominus possit, quaeritur. Et quidem si servus meus, cui concessa et peculii administratio, crediderit tibi, erit mutua: fugitivus autem vel alius servus contra voluntatem domini credendo non facit accipientis. Quid ergo? Vindicari nummi possunt, si exstant, aut, si dolo malo desinant posideri, ad exhibendum

pediste que te prestase dinero, y como yo no tenía, te di un plato o un lingote de oro para que lo vendieses y usases el importe de la venta; si lo vendiste, opino que el dinero se entregó en calidad de mutuo. Pero si se perdió el plato o el lingote sin culpa tuya antes de venderlos, se pregunta si se perdió para mí o para ti. Me parece muy acertada la distinción de Nerva cuando dice: hay mucha diferencia entre si tuve o no a la venta dicho plato o lingote, porque si así fue, pereció para mí, como si se lo hubiese dado a alguien para venderlo; pero si no fue así, sino que la causa de venderlo fue que usases el importe de la venta, pereció para ti, y con mayor razón si te presté sin interés.

§1. Si te di diez mil sestercios para que me debas nueve mil, dice Próculo con razón que en derecho solo debes nueve mil. Pero si te los di para que me debas once, opina Próculo que solo pueden reclamarse diez con la acción ejecutiva.

§2. Si un esclavo fugitivo te prestó dinero, se pregunta si su dueño podrá demandarte con la acción ejecutiva; y, a decir verdad, si un esclavo mío que administraba un peculio te los prestó, se considerará como mutuo. Pero si el fugitivo, u otro esclavo, prestó contra la voluntad de su dueño, no transmite la propiedad a quien

agi: quod si sine dolo malo consumpsisti, condicere tibi potero.

recibe. ¿Entonces qué solución hay? Si las monedas todavía existen, pueden reivindicarse; si dejaron de poseerse con dolo malo podrá ejercerse la acción exhibitoria; pero si las consumiste sin dolo, se te podrán reclamar con la condicción.

12. POMPONIUS *libro sexto ex Plauto. Si a furioso, cum eum compotem mentis ese putares, pecuniam quasi mutuam acceperis eaque in rem tuam versa fuerit, condictionem furioso adquiri Iulianus ait: nam ex quibus causis ignorantibus nobis actiones adquiruntur, ex isdem etiam furioso adquiri. Item si is qui servo crediderat furere coeperit, deinde servus in rem domini id verterit, condici furioso nomine posse. Et si alienum pecuniam credendi causa quis dederit, deinde furere coeperit et consumpta sit ea pecunia, condictionem furioso adquiri.*

12. POMPONIO *en el libro sexto de la doctrina de Plaucio.* Dice Juliano que, si recibiste dinero como si fuera mutuo de un demente al que creías en su juicio, y éste te brindo beneficios, el demente tiene la acción ejecutiva, pues por las mismas causas por las que, ignorándolas, obtenemos acciones, también las obtiene el demente. Igualmente, si quien realizó un préstamo a un esclavo comenzó a enloquecer, y luego el esclavo lo incorporó al patrimonio de su dueño, puede ejercerse la acción ejecutiva en representación del demente. Y si alguien dio dinero de un tercero para prestarlo y luego comenzó a enloquecer, el demente obtiene la acción ejecutiva tras consumirse el dinero.

13. ULPIANUS *libro vicensimo sexto ad edictum. Nam et si fur numos tibi credendi animo dedit, accipientis non facit, sed consumptas eis nascitur condictio.*

13. ULPIANO *en el libro vigésimo sexto de los comentarios al edicto.* Igualmente, si un ladrón te dio dinero con intención de prestártelo, no transmite la propiedad a quien lo recibe, pero una vez consumido el dinero,

§1. Unde Papinianus libro octavo quaestionum ait: si alienos numos tibi mutuos dedi, non ante mihi teneris, quam eos consumpseris. Quod si per partes eos consumpseris, an per partes tibi condicam, quaerit: et ait condicturum, si admonitus alienos numos fuisse ideo per partem condico, quia nondum totos consumptos compereram.

§2. Si servus communis decem crediderit, puto, sive administratio servo concessa est, sive non et consumantur nummi, quinum competere actionem: nam et si comunes tibi numos credidero centum, posse me quinquaginta condicere libro octavo quaestionum Papinianus scribit, etiamsi singula corpora communia fuerint.

14. IDEM libro vicensimo nono ad edictum. Si filius familias contra senatus consultum mutuatus pecuniam solverit, patri numos vindicanti nulla exceptio obicietur: sed si fuerint consumpti a creditore nummi, Marcellus ait cessare condictionem, quoniam totiens condictio datur, quotiens ex ea causa numerati sunt, ex qua actio esse potuisset, si dominium ad accipientem transisset: in proposito autem non esset. Denique per errorem soluti contra senatus consulto

surge la acción ejecutiva.

§1. Por ello, Papiniano dice en el libro octavo de las cuestiones: si te di en mutuo dinero de un tercero, quedas obligado hasta que lo hayas consumido. Pero si lo consumiste una parte, pregunta si te demandaré dicha parte con la acción ejecutiva; y Papiniano dice que la ejerceré si se te advirtió que el dinero era ajeno y, por tanto, ejerzo parcialmente la acción ejecutiva, porque había averiguado que aún no se consumía todo.

§2. Si un esclavo común prestó diez mil sestercios, opino que, haya o no tenido el esclavo la administración, compete acción por cinco mil si el dinero se consume; porque si presté cien mil monedas comunes, escribre Papiniano en el libro octavo de las cuestiones que puedo ejercer la acción por cincuenta mil, aunque cada moneda por separado haya sido común.

14. EL MISMO *en el libro vigésimo noveno de los comentarios al edicto.* Si un hijo familia pagó el dinero dado en mutuo contraviniendo la disposición del senadoconsulto <Macedoniano>, no podrá oponerse ninguna excepción al padre que reivindique el dinero; pero si el acreedor consumió el dinero, dice Marcelo que no procede la acción ejecutiva, porque ésta se concede siempre

crediti magis est cessare repetitionem.

que se pagase en virtud de una causa por la que habría podido haber acción si la propiedad fuese transmitida, y en el caso propuesto no la hay. Por último, deja de haber repetición de lo prestado si se pagó por error contraviniendo al senadoconsulto.

15. *IDEM libro trigensimo primo ad edictum. Singularia quaedam recepta sunt circa pecuniam creditam. Nam si tibi debitorem meum iussero dare pecuniam, obligaris mihi, quamvis meos numos non acceperis. Quod igitur in duabus personis recipitur, hoc et in eadem persona recipiendum est, ut, cum ex causa mandate pecuniam mihi debeas et convenerit, ut crediti nomine eam retineas, videatur mihi data pecunia et a me ad te profecta.*

15. EL MISMO *en el libro trigésimo primero de los comentarios al edicto.* Sobre el préstamo de dinero se admiten algunos casos especiales; si yo auticé a un deudor mío que te diese dinero, te obligas en favor mío, aunque no hayas recibido dinero mío. Pues lo que se admite respecto de un intermediario también debe admitirse respecto de una sola, de modo que, cuando por causa de mandato me debas dinero y se conviniese que lo retengas en calidad de préstamo, se considera que dicha cantidad me fue entregada, y que de mí pasó a ti.

16. *PAULUS libro trigensimo secundo ad edictum. Si socius propriam pecuniam mutuam dedit, omnimodo creditam pecuniam facit, licet ceteri dissenserint: quod si communem numeravit, non alias creditam efficit, nisi ceteri quoque consentiant, quia suae partis tantum alienationem habuit.*

16. PAULO *en el libro trigésimo segundo de los comentarios al edicto.* Si un socio dio en mutuo dinero suyo, el dinero queda desde luego prestado, aunque los demás se hubiesen negado. Pero si prestó dinero común, no swe considera prestado si los demás no consienten, porque solo podía disponer de su parte.

17. ULPIANUS *libro primo disputationum. Cum filius familias viaticum suum mutuum dederit, cum studiorum causa Romae ageret, responsum est a Scaevola extraordinario iudicio esse illi subveniendum.*

17. ULPIANO *en el libro primero de las disputas.* Si el hijo de familia, residiendo en Roma por causa de estudios, dio en mutuo su dinero del viaje, Escévola respondió que debe protegérsele con un juicio extraordinario.

18. IDEM *libro septimo disputationum. Si ego pecuniam tibi quasi donaturus dedero, tu quasi mutuam accipias, Iulianus scribit donationem non esse: sed an mutua sit, videndum. Et puto nec mutuam esse magisque numos accipientis non fieri, cum alia opinioine acceperit. Quare si eos consumpserit, licet condictione teneatur, tamen doli exceptione uti poterit, quia secundum voluntatem dantis nummi sunt consumpti.*

18. EL MISMO *en el libro séptimo de las disputas.* Si yo te entregué dinero con la intención de donártelo, y tú lo recibiste como si fuese mutuo, escribe Juliano que no hay donación, pero debe analizarse si hay mutuo. Yo opino que tampoco lo hay, y que el dinero no se transmite a quien lo recibe, porque lo recibió con otra intención. Por tanto, si lo consumió, aunque esté obligado por la acción ejecutiva, no obstante ello podrá oponer la excepción de dolo, pues el dinero se consumió con la voluntad de quien lo dio.

§1. Si ego quasi deponens tibi dedero, tu quasi mutuam accipias, nec depositum nec mutuum est: idem est et si tu quasi mutuam pecuniam dederis, ego quasi commodatam ostendendi gratia accepi; sed in utroque casu consumptis nummis condictioni sine doli exceptione locus erit.

§1. Si yo te entregué dinero en calidad de depósito y tú lo recibiste como si fuera mutuo, no hay ni uno ni otro. Lo mismo sucede si entregaste el dinero en calidad de mutuo y yo lo recibí en calidad de comdato para poder ostentarlo; pero en ambos casos, al consumirse el dinero, procederá la acción ejecutiva sin la excepción de dolo.

19. *IULIANUS libro decimo digestorum. Non omnis numeratio eum qui accepit obligat, sed quotiens id ipsum agitur, ut confestim obligaretur. Nam et is, qui mortis causa pecuniam donat, numerat pecuniam, sed non aliter obligabit accipientem, quam si exstitisset casus, in quem obligation collate fuisset, veluti si donator convaluisset aut is qui accipiebat prior decessisset. Et eum pecunia daretur, ut aliquid fieret, quamdiu in pendent esset, an id futurum esset, cessabit obligation: cum vero certum esse coepisset futurum id non esse, obligabitur qui accepisset: veluti si Titio decem dedero, ut Stichum intra calendas manumitteret, ante kalendas nullam actionem habebo, post kalendas ita demum agere potero, si manumissus non fuerit.*

§1. Si pupillus sine tutoris auctoritate crediderit aut solvendi causa dederit, consumpta pecunia condictionem habet vel liberatur non alia ratione, quam quod facto eius intelligitur ad eum qui acceperit pervenisse: quapropter si eandem pecuniam is, qui in creditum vel in solutum acceperat, alii porro in creditum vel in solutum dederit, consumpta ea et ipse pupillo obligatur vel eum a se liberabit et eum cui dederit obligatum habebit vel se ab eo liberabit. Nam omnino qui alienam pecuniam

19. JULIANO *en el libro décimo del digesto.* No toda entrega de dinero obliga a quien lo recibe, sino cuando esto se hace para que quede obligado. Porque también quien dona dinero por causa de muerte, entrega el dinero, pero no obliga a quien lo recibe salvo que se produzca el supuesto al que se refirió la obligación, por ejemplo, si el donador recuperó la salud o quien lo recibía falleció primero. Y cuando se entrega el dinero para hacer algo, mientras está pendiente si debe realizarse, la obligación queda suspendida. Pero en cuanto es cierto que no se hará, se quedará obligado quien lo recibió, por ejemplo, si yo di diez mil sestercios a Ticio para que manumita a Estico el primer día del mes, antes de esta fecha no tendré acción alguna, y después de la misma solo podré ejercer la acción si no se le hubiese manumitido.

§1. Si un pupilo prestó dinero o lo entregó para pagar sin la autorización del tutor, una vez consumido el dinero tiene la acción ejecutiva o queda liberado, porque se entiende que por un acto suyo el dinero pasó a quien lo recibió; por tanto, si quien recibió el mismo dinero en calidad de préstamo o de pago a su vez lo dio en calidad de préstamo o en pago a un tercero, una vez consumido, queda obligado con el pupilo, o lo

credenda causa dat, consumpta ea habet obligatum eum qui acceperit: item qui in solutum dederit, liberabitur ab eo qui acceperit.

liberará de él, y obligará a aquel a quien se lo dio, o lo liberará de él. Porque, en general, quien entrega dinero ajeno para prestarlo, una vez consumido este, tiene obligado a quien lo recibió; igualmente, quien lo dio en pago quedará liberado de quien lo recibió.

20. IDEM *libro quadragensimo octavo digestorum. Quídam existimaverunt neque cum, qui decem peteret, cogendun quinque accipere et reliqua persequi, neque eum, qui fundum suum diceret, partem dumtaxat iudicio persequi: sed in utraque causa humanius facturus videtur praetor, si actorem compulerit ad accipiendum id quod offeratur, cum ad officium eius pertineat lites dominuere.*

20. EL MISMO *en el libro décimo octavo del digesto.* Si yo te doné dinero para que luego me lo prestases, ¿existirá el mutuo? Respondí que en semejantes casos usamos inapropiadamente las palabras, porque tal contrato no es donación, porque no se entrega el dinero con la intención de que quede en propiedad de quien lo recibe, ni es préstamo de dinero porque se da más bien para pagar, no para obligar a otro. Por lo tanto, si quien recibió dinero a condición de que me lo diese en calidad de préstamo lo dio por recibido, no fue prestado, porque debe entenderse más bien que recibí lo que es mío. Pero esto debe entenderse así por el rigor de las palabras, aunque es más equitativo que sean válidos ambos negocios.

21. IDEM *libro quadragensimo octavo digestorum. Quídam existimaverunt, neque eum, qui decem peteret, cogendum quinque accipere, et reliqua persequi, neque eum, qui fundum suum diceret,*

21. EL MISMO *en el libro cuadragésimo octavo del digesto.* Algunos han opinado que ni quien pide diez mil sestercios debe ser forzado a recibir cinco mil y

partem duntaxat iudicio persequi; sed in utraque causa humanius facturus videtur praetor, si actorem compulerit ad accipiendum id, quod offeratur, quum ad officium eius pertineat lites deminuere.

demandar el resto, ni quien dijo que un fundo es suyo debe pretender en juicio tan solo una parte; pero en ambos casos el pretor obra con mayor humanidad si compele al actor a recibir lo que se le ofrece, ya que corresponde a su función reducir los pleitos.

22. *IDEM libro quarto ex Minicio. Vinum, quod muttum datum erat, per iudicem petitum est: quaesitum est, cuius temporis aestimatio fieret, utrum cum datum esset an cum litem contestatus fuisset an cum res iudicaretur. Sabinus respondit, si dictum esset quo tempore redderetur, quanti tunc fuisset, si dictum non esset, quanti tunc fuisset, cum petitum esset. Interrogavi, cuius loci pretium sequi oporteat. Respondit, si convenisset, ut certo loco redderetur, quanti eo loco esset, si dictum non esset, quanti ubi esset petitum.*

22. EL MISMO *en el libro cuarto de la doctrina de Minucio.* Se reclamó judicialmente vino dado en mutuo; se preguntó: ¿en relación a qué momentó se haría la estimación: a cuando fue entregado, a cuando se contestó la demanda o a cuando se juzgó el asunto? Sabino respondió que si se dijo expresamente en qué momento se devolvería, se estimará por lo que valió entonces; de lo contrario, por lo que valía cuando se exigió judicialmente. Pregunté: ¿el precio de qué lugar deberá considerarse? Respondió que, si se convino devolverlo en cierto lugar, al precio de aquel lugar; de lo contrario, al del lugar donde se exigió judicialmente.

23. *AFRICANUS libro secondo quaestionum. Si eum servum, qui tibi legatus sit, quasi mihi legatum possederim et vendiderim, mortuo eo posse te mihi pretium condicere Iulianis ait, quasi ex re tua locupletior factus sim.*

23. AFRICANO *en el libro segundo de las cuestiones.* Si yo poseo, en calidad de legado, el esclavo que se te legó, y yo lo vendiese, dice Juliano que, al morir el esclavo, puedes exigirme por la acción ejecutiva su valor, como si yo me hubiese enriquecido con un bien de tu propiedad.

24. ULPIANUS libro singulari pandectarum. Si quis certum stipulatus fuerit, ex stipulatu actionem non habet, sed illa condicticia actione id persequi debet, per quam certum petitur.

24. ULPIANO *en el libro único de las pandectas.* Si alguien estipula una cosa cierta, no tiene a su favor la acción por lo estipulado, sino que debe exigirla por medio de la acción ejecutiva, con la que se reclama una cosa cierta.

25. IDEM libro singulari de officio consularium. Creditor, qui ob restitutionem aedificiorum crediderit in pecuniam quam crediderit privilegium exigendi habebit.

25. EL MISMO *en el libro único del cargo de cónsul.* El acreedor que prestó para reparar unos edificios, tendrá privilegio de cobro para exigir la cantidad prestada.

26. IDEM libro quinto opinionum. Si pecuniam militis procurator eius mutuam dedit fideiussoremque accepit, exemplo eo quo si tutor pupilli aut curator iuvenis pecuniam alterutrius eorum crditam stipulatus fuerit, actionem dari militi cuius pecunia fuerit placuit.

26. EL MISMO *en el libro quinto de las opiniones.* Si el mandatario de un soldado dio dinero en mutuo de éste último y aceptó fiador, es correcto que se otorgue acción al militar dueño del dinero, a semejanza de cuando el tutor de un pupilo, o el curador de un joven menor de veinticinco años, estipuló el dinero prestado perteneciente a cualquiera de ellos.

27. IDEM libro decimo ad edictum. Civitas mutui datione obligari potest, si ad utilitatem eius pecuniae versae sunt: alioquin ipsi soli qui contraxerunt, non civitas tenebuntur.

27. EL MISMO *en el libro décimo de los comentarios al edicto.* Una ciudad puede obligarse con la entrega de un mutuo si el dinero revirtió en utilidad de la misma; de lo contrario, tan solo se obligarán los que contrataron, no la ciudad.

28. GAIUS libro vicensimo primo ad edictum provinciale. Creditor, qui non idoneum pignus accepit, non amittit exactionem eius debiti quantitatis, in

28. GAYO *en el libro vigésimo primero del edicto provincial.* El acreedor que recibió una prenda insuficiente no pierde por ello el cobro de la

quam pignus non sufficit.

deuda para la cual no basta la prenda.

29. *PAULUS libro quarto ad Plautium. Si institorem servum dominus habuerit, posse dici Iulianus ait etiam condici ei posse, quasi iussu eius contrahatur, a quo praepositus sit.*

29. PAULO *en el libro cuarto cuarto de los comentarios a Plaucio.* Si el dueño tiene un esclavo comerciante, dice Juliano que puede afirmarse que también puede demandársele con la acción ejecutiva, como si se contratase con la autorización de aquel que lo nombró.

30. *IDEM libro quinto ad Plautium. Qui pecuniam creditam accepturus spopondit creditori futuro, in potestate habet, ne accipiendo se ei obstringat.*

30. EL MISMO *en el libro quinto de los comentarios a Plaucio.* Si quien debía recibir dinero prestado prometió a su futuro acreedor, puede no obligarse con él negándose a recibir el dinero.

31. *IDEM libro septimo decimo ad Plautium. Cum fundus vel homo per condictionem petitus esset, puto hoc nos iure uti, ut post iudicium acceptum causa omnis restituenda sit, id est omne, quod habiturus esset actor, si litis contestandae tempore solutus fuisset.*

31. EL MISMO *en el libro décimo séptimo de los comentarios a Plaucio.* Cuando se reclama por medio de la acción ejecutiva un fundo o un esclavo, considero que tenemos el derecho de que se nos restituya toda la cosa tras contestar la demanda, es decir, todo lo que debía tener el actor si se hubiese pagado al momento de contestarse la demanda.

§1. *Servum tuum imprudens a fure bona fide emi: is ex peculio, quod ad te pertinebat, hominem paravit, qui mihi traditus est. Sabinus Cassius posse te mihi hominem condicere: sed si quid mihi abesset ex negotio quod is gessisset, invicem me tecum acturum. Et hoc verum est: nam et Iulianus ait*

§1. Compré de buena fe a un ladrón un esclavo sin saber que era tuyo; éste, con dinero de tu peculio, compró otro esclavo que me fue entregado. Sabino y Casio dicen que puedes reclamarme el otro esclavo con la acción ejecutiva, pero si me falta algo

videndum, ne dominus integram ex empto actionem habeat, venditor autem condicere possit bonae fidei emptori. Quod ad peculiares nummos attinet, si exstant, vindicare eos dominus potest, sed actione de peculio tenetur venditori, ut pretium solvat: si consumpti sint, actio de peculio evanescit. Sed adicere debuit Iulianus non aliter domino servi venditorem ex empto teneri, quam si ei pretium solidum et quaecumque, si cum libero idem dici debet, si bonae fidei possessori solvissem, si tamen actiones, quas adversus eum habeam, praestare domino paratus sim.

debido al negocio que él realizó, podré demandarte. Y esto es correcto, porque también Juliano dice que debe considerarse si el dueño tiene íntegra la acción de compra, y que el vendedor pueda reclamar con la acción ejecutiva al comprador de buena fe. Respecto al dinero del peculio, si subsiste, puede reivindicarlo el dueño, pero se obliga a pagar el precio al vendedor con la acción de peculio; y si se consumió, se extingue la acción de peculio. Sin embargo, Juliano debió agregar que el vendedor se obliga con la acción de compra si el dueño del esclavo le entregó el valor íntegro y todo lo que se debía, si contrató con un hombre libre. Lo mismo se dirá si yo pagué al poseedor de buena fe, siempre que yo estuviese dispuesto a ceder al dueño las acciones que tenga contra aquél.

32. *CELSUS libro quinto digestorum. Si et me et Titium mutuam pecuniam rogaveris et ego meum debitorem tibi promittere iusserim, tu stipulatus sis, cum putares eum Titii debitorem ese, an mihi obligaris? Subsisto, si quidem nullum negotium mecum contraxisti: sed propius est, ut obligari te existimem, non quia pecuniam tibi credidi (hoc enim nisi inter consentientes fieri non potest): sed quia pecunia mea quae ad te pervenit, eam mihi a te reddi bonum et aequum est.*

32. CELSO *en el libro quinto del digesto.* Si nos pediste dinero en mutuo a Ticio y a mí, y yo ordené a mi deudor que te lo prometiera, y tú estipulaste creyendo que era el deudor de Ticio, ¿te obligarás en favor mío? Lo dudo, si no contrajiste conmigo negocio alguno; pero es más probable que yo considere que sí te obligas, no porque te preste el dinero (pues esto solo puede verificarse entre quienes están de acuerdo), sino porque es bueno y justo que me devuelvas el dinero de mi propiedad que se volvió tuyo.

33. MODESTINUS libro decimo pandectarum. Principalibus constitutionibus cavetur, ne hi qui provinciam regunt quive circa eos sunt negotientur mutuamve pecuniam dent faenusve exerceant.

33. MODESTINO *en el libro décimo de las pandectas.* En las constituciones de los príncipes se dispone que quienes gobiernan las provincias o quienes forman parte de su séuito no realicen negocios, ni den dinero en mutuo ni se dediquen a la usura.

34. PAULUS libro secundo sententiarum. Praesidis provinciae oficiales, quia perpetui sunt, mutuam pecuniam dare et faenebrem exercere possunt.
§1. Praeses provinciae mutuam pecuniam faenebrem sumere non prohibetur.

34. PAULO *en el libro segundo de las sentencias.* Los funcionarios del gobernador de provincia, al ser permanentes, pueden dar dinero en mutuo y prestarlo al interés.
§1. No se prohíbe al gobernador de provincia que tome dinero prestado al interés.

35. MODESTINUS libro tertio responsorum. Periculum nominum ad eum, cuius culpa deterius factum probari potest, pertinet.

35. MODESTINO *en el libro tercero de las respuestas.* El riesgo de un crédito por insolvencia corresponde al administrador que por su culpa pueda probarse que el crédito sufrió detrimento.

36. IAVOLENUS libro primo epistolarum. Pecuniam, quam mihi sine condicione debebas, iussu meo promisisti Attio sub condicione: cum pendente condicione in eo statu sit obligatio tua adversus me, tamquam sub contrariam condicionem eam mihi spopondisti, si pendente condiciones petam, an nihil acturus sum? Respondit: non dubito, quin mea pecunia, quam ipse sine condicione stipulatus sum, etiam si

36. JAVOLENO *en el libro primero de las epístolas.* Con autorización mía prometiste a Atio bajo condición el dinero que me debías sin mediar condición; mientras está pendiente la condición, como tu obligación hacia mí se halla en idéntica situación a si me lo prometiste bajo una condición negativa, ¿intentaré inútilmente la acción estando pendiente la

condicio in persona Attii, qui ex mea voluntate eandem pecuniam sub condicione stipulatus est, non extiterit, credita ese permaneat (perinde est enim, ac si nulla stipulatio intervenisset): pendente autem causa condicionis idem petere non possum, quoniam, cum incertum sit, an ex ea stipulatione deberi possit, ante tempus petere videor.

condición que yo reclamo? Respondió: no dudo que sigue prestado el dinero que estipulé sin condición, mientras no se cumpla la condición respecto de Atio, quien con mi voluntad estipuló el mismo dinero bajo condición (porque sería como si no interviniese ninguna otra estipulación); pero estando pendiente la condición no puedo pedir esa cantidad, porque se considera que pido antes de tiempo al ser incierto el que pueda deberse en virtud de aquella estipulación.

37. *PAPINIANUS libro primo definitionum. Cum ad praesens tempus condicio confertur, stipulatio non suspenditur et, si condicio vera sit, stipulatio tenet, quamvis tenere contrahentes condicionem ignorent, veluti 'si res Parthorum vivit, centum mihi dari spondes?' eadem sunt et cum in praeteritum condicio confertur.*

37. PAPINIANO *en el libro primero de las definiciones.* Cuando la condición se refiere al momento presente, la estipulación no se suspende, y si la condición se verifica, aquélla vale, aunque los contratantes ignoren que exista la condición, por ejemplo: '¿prometes dar cien mil sestercios si vive el rey de los partos?' Lo mismo sucede cuando la condición se refiere al pasado.

38. *SCAEVOLA libro primo quaestionum. Respiciendum enim ese, an, quantum in natura hominum sit, possit scire eam debitu iri.*

38. ESCÉVOLA *en el libro primero de las cuestiones.* Debe considerarse si alguien puede saber que quedará endeudado en cuanto esté en la naturaleza humana.

39. *PAPINIANUS libro primo definitionum. Itaque tunc potestatem condicionis optinet, cum in futurum*

39. PAPINIANO *en el libro primero de las definiciones.* Y así, cuando se refiere al momento futuro, tiene

confertur.

fuerza la condición.

40. *PAULUS* libro tertio *quaestionum. Lecta est in auditorio Aemilii Papiniani praefecti praetorio iuris consulti cautio huiusmodi: 'Lucius Titius scripsi me accepisse a Publio Maevio quindecim mutua numerata mihi de domo et haec quindecim proba recte dari kalendis futuris stipulatus est Publius Maevius, spopondi ego Lucius Titius, si die supra scripta summa Publio Maevio eive ad quem ea res pertinebit data soluta satisve eo nomine factum non erit, tunc eo amplius quo post solvam, poenae nomine in dies triginta inque denarios centenos denarios singulos dari stipulatus est Publius Maevius, spopondi ego Lucius Titius. Convenitque inter nos, uti pro Maevio ex summa supra scripta menstruos refundere debeam denarios trecenos ex omni summa ei heredive eius'. Quaesitum est de obligatione usurarum, quoniam numerus mensium, qui solutioni competebat, transierat. Dicebam, quia pacta in continente facta stipulationi inesse creduntur, perinde ese, ac si per singulos menses certam pecuniam stipulatus, quoad tardius soluta esset, usuras adiecisset: igitur finito primo mense primae pensionis usuras currere et similiter post secundum et tertium tractum usuras non solutae pecuniae pensionis crescere nec ante sortis non solutae usuras peti posse quam ipsa sors peti potuerat. Pactum autem quod subiectum est quidam dicebat ad sortis solutionem tantum pertinere, non etiam*

40. PAULO *en el libro tercero de las cuestiones.* En el consultorio del jurisconsulto y prefecto del pretorio Emilio Papiniano se leyó el siguiente documento: 'Yo, Lucio Ticio, reconocí por escrito que recibí de Publio Mevio quince mil sestercios en mutuo, los cuales me fueron entregados de su patrimonio; Publio Mevio estipuló que se le diera debidamente tal cantidad en buena moneda en las próximas calendas, y yo, Lucio ticio, así lo prometí. Si en el plazo arriba mencionado no se dio ni pagó ni se le garantizo esta cantidad a Publio Mevio, o a quien correspondiese, pues para tal supuesto Publio Mevio estipuló, y yo Lucio Ticio prometí que, además de lo que yo pague después, daría en calidad de pena por el retras un denario cada treinta días y uno por cada cien denarios. Y entre nosotros se convino que, de la mencionada suma, yo debía restituir a Publio Mevio o a su heredero trescientos denarios mensuales'. Se preguntó sobre la obligación de los intereses, pues ya había transcurrido la cantidad de meses que competía para el pago. Decía yo que, dado que los pactos realizados se consideran dentro de la estipulación, resulta como si, habiendo estipulado cierta

ad usurarum, quae priore parte simpliciter in stipulationem venissent, pactumque id tantum ad exceptionem prodesse et ideo non soluta pecunia statutis pensionibus ex die stipulationis usuras deberi, atque si id nominatim esset expressum. Sed cum sortis petition dilata sit, consequens est, ut etiam usurae ex eo tempore, quo moram fecit, accedant, et si, ut ille putabat, ad exceptionem tantum prodesset pactum (quamvis sentential diversa optinuerit), tamen usurarum obligation ipso iure non committetur: non enim in mora est is, a quo pecunia propter exceptionem peti non potest. Sed quantitatem, quae medio tempore colligitur, stipulamur, cum condicio exstiterit, sicut est in fructibus: idem et in usuris potest exprimi, ut at diem non solute pecunia quo competit usurarum nomine ex die interpositae stipulationis praestetur.

cantidad del capital por cada mes, se añadieran intereses ante el retraso del pago; así, transcurrido el primer mes corren los intereses del primer abono, y del mismo modo los del segundo y tercero, sumándose los intereses del periodo no pagado; y no pueden pedirse los intereses del capital no pagado antes de haberse pedido el capital. Pero algunos decían que el pacto agregado se refería tan solo al pago del capital, sin incluir los intereses, los cuales se habían incluido simplemente como objeto de la estipulación en la primera parte del documento; que este pacto únicamente servía para conceder la excepción; por tanto, al no pagarse el dinero en los plazos establecidos, se deben los intereses desde el día de la estipulación, como si tal cosa se hubiese expresado. Sin embargo, habiéndose diferido el reclamo del capital, es consecuente que se incluyan los intereses desde el momento en que incurrió en mora; y, si como aquél juzgaba, el pacto tan solo sirve para conceder la excepción (aunque prevalezca la opinión contraria), no se incurre de derecho en la obligación de los intereses, porque no cae en mora aquel a quien no puede reclamársele la cantidad por causa de excepción. Pero si estipulamos la cantidad que se percibe en un plazo intermedio, antes de

cumplirse la condición, como en el caso de los frutos, lo mismo procede respecto a los intereses, de modo que si el dinero no se pagó en el día señalado, se pagará lo correspondiente a intereses desde el día en que se interpuso la estipulación.

41. *AFRICANUS libro octavo quaestionum. Eius, qui in provincia Stichum servum kalendario praeposuerat, Romae testamentum recitatum erat, quo idem Stichus liber et ex parte heres erat scriptus: qui status sui ignarus pecunias defuncti aut exegit aut credidit, ut interdum stipularetur et pignora acciperet. Consulebatur quid de his iuris esset. Placebat debitores quidem ei qui solvissent liberatos ese, si modo ipsi quoque ignorassent dominum decississe. Earum autem summarum nomine, quae ad Stichum pervenissent, familiae erciscundae quidem actionem non competere coheredibus, sed negotiorum gestorum dari debere. Quas vero pecunias ipse credidisset, eas non ex maiore parte, quam ex qua ipse heres sit, alienatas esse: nam et si tibi in hoc dederim nummos, ut eos Sticho credas, deinde mortuo me ignorans dederis, accipientis non facies: neque enim sicut illud receptum est, ut debitores solvents ei liberentur, ita hoc quoque receptum, ut credendo nummos alienaret. Quare si nulla stipulation intervenisset, neque ut creditam pecuniam pro parte coheredis peti pose neque pignora teneri. Quod si stipulates quoque esset, referret,*

41. AFRICANO *en el libro octavo de las cuestiones.* Se publicó en Roma el testamento de alguien que había encomendado en una provincia su libro de cuentas a su esclavo Estico; en dicho testamento, Estico había sido declarado libro y heredero de una porción; éste, ignorando su situación, cobró y prestó cantidades de su difunto amo, de modo que en ocasiones estipulaba y en ocasiones recibía prendas. Se preguntaba: ¿qué solución hay para tales actos? Pareció adecuado que los deudores que le pagasen quedasen liberados, siempre que también ellos ignorasen la muerte del dueño; sin embargo, por las sumas que cobró Estico no compete a los coherederos la acción de partición de herencia, sino la de gestión de negocios. Por el contrario, las cantidades que el esclavo prestó no se habían enajenado más allá de la parte que él heredó, porque si yo te entregué dinero para que lo prestases a Estico, y tras haber yo fallecido, ignorándolo lo diste, no se volverá

quemadmodum stipulates esset: nam si nominatim forte Titio domino suo mortuo iam dari stipulates sit, procul dubio inutiliter esset stipulates. Quod si sibi dari stipulatus esset, dicendum hereditati eum adquisisse: sicut enim nobismet ipsis ex re nostra per eos, qui liberi vel alieni servi bona fide serviant, adquiratur, ita hereditati quoque ex re hereditaria adquiri. Post aditam vero a coheredibus hereditatem non aeque idem dici potest, utique si scierint eum sibi coheredem datum, quoniam tunc non possunt videri bonae fidei possessors esse, qui nec possidendi animum haberent. Quod si proponatur coheredes eius id ignorasse, quod forte ipsi quoque ex necessariis fuerint, potest adhuc idem responderi: quo quidem casu illud eventurum, ut, si suae condicionis coheredes iste servus habeat, invicem bona fide servire videantur.

propiedad de quien lo recibe, porque, así como se admite que queden liberados los deudores que le pagan, no se admite que enajene el dinero que preste. Por tanto, si no medió estipulación, no puede reclamarse como prestado el dinero en cuanto a la parte del coheredero, ni vaeln las prendas. Pero si estipuló, deberá saberse cómo lo hizo, porque si estipuló expresamente que se diera a Ticio cuando su dueño ya había fallecido, sin duda que estipuló inútilmente; si estipuló que se le diera a él, se dirá que adquirió para la herencia, porque, así como se adquiere para nosotros con nuestros bienes, por medio de quienes siendo libres o esclavos de otros nos sirven como esclavos de buena fe, así también se adquiere para la herencia con bienes de la herencia. Pero no puede decirse lo mismo después de que los herederos hayan aceptado la herencia, es decir, si supieron que tenían un coheredero, porque entonces no puede considerarse que son poseedores de buena fe quienes ni siquiera tenían intención de poseer. Pero si los coherederos lo ignoraban, quizá porque también ellos fuesen herederos necesarios, también puede responderse lo mismo, en cuyo caso, si este esclavo tiene coherederos de su propia condición, se entiende que se

prestan recíprocamente servidumbre de buena fe.

42. *CELSUS libro sexto digestorum. Si ego decem stipulatus a Titio deinceps stipuler a Seio, quanto minus a Titio consequi possim: si decem petiero a Titio, non liberatur Seius, alioquin nequicquam mihi cavetur: at si iudicatum fecerit Titius, nihil ultra Seius tenebitur. Sed si cum Seio egero, quantumcumque est quo minus a Titio postea petere possum.*

42. CELSO *en el libro sexto del digesto*. Estipulé de Ticio diez mil sestercios, y después estipulé de Seyo lo que no pudiera conseguir del primero; habiendo demandado a Ticio por los diez mil, Seyo no queda liberado, porque de lo contrario no tendría yo garantía de pago. Si Ticio pagó la cantidad por la cual se le condenó, Seyo no quedará ya obligado. Pero si demandó a Seyo por cuanto no pudo cobrar a Ticio al momento en que Seyo y yo aceptamos el juicio, no podré pedir tal cantidad a Ticio.

§1. *Labeo ait, cum decem dari curari stipulatus sis, ideo non posse te decem dare oportere intendere, quia etiam reum locupletiorem dando promisor liberari possit: quo scilicet signifcat non ese cogendum eum accipre iudicium, si reum locupletem offerat.*

§1. Dice Labeón que, habiendo estipulado tú que se pagasaen diez mil sestercios, no puedes pretender que se obligue a dar los diez mil, porque el promitente también puede quedar liberado otorgando un fiador con mayor solvencia; lo que significa que no podrá forzársele a aceptar el juicio si ofrece fiador solvente.

**TITULUS II
DE IUREIURANDO
SIVE VOLUNTARIO
SIVE NECESSARIO
SIVE IUDICIALI**

**TÍTULO II
DEL JURAMENTO
VOLUNTARIO,
NECESARIO O
JUDICIAL**

1. *GAIUS libro quinto ad edictum*

1. GAYO *en el libro quinto de los*

provinciale. Máximum remedium expediendarum litium in usum venti iurisiurandi religio, qua vel ex pactione ipsorum litigatorum vel ex auctoritate iudicis deciduntur controversiae.

comentarios al edicto provincial. Como remedio extremo para terminar los pleitos, se ha introducido en la práctica la santidad del juramento, gracias a la cual se dirimen las controversias, ya sea por medio de pacto entre los litigantes, ya sea por medio de la autoridad del juez.

2. PAULUS libro octavo decimo ad edictum. Iusiurandum speciem transactionis continet maioremque habet auctoritatem quam res iudicata.

2. PAULO *en el libro décimo octavo de los comentarios al edicto.* El juramento consiste en una especie de transacción y tiene una autoridad mayor que la cosa juzgada.

3. ULPIANUS libro vicensimo secundo ad edictum. Ait praetor: 'Si is cum quo agetur condicione delata iuraverit'. Eum cum quo agetur accipere debemus ipse reum. Nec frustra adicitur 'condicione delata': nam si reus iuravit nemine ei iusiurandum deferente, praetor id iusiurandum non tuebitur: sibi enim iuravit: alioquia facillimus quisque ad iusiurandum decurrens nemine sibi deferente iusiuandum oneribus actionum se liberabit.

3. ULPIANO *en el libro vigésimo segundo de los comentarios al edicto.* Dice el pretor: 'Si aquel a quien se demanda juró, tras ofrecerle esta opción'; con la frase 'aquel a quien se demanda' debe entenderse al propio reo. Y no se añade sin razón 'tras ofrecerle esta opción', porque si el demandado juró sin que nadie le ofreciese el juramento, el pretor no lo amparará, porque juró por sí y para sí; de lo contrario, si cualquiera recurre al juramento sin que nadie se lo ofrezca, se librará muy fácilmente de la carga probatoria.

§1. Quacumque autem actione quis conveniatur, si iuraverit, proficiet et iusiurandum, sive in personam sive in rem sive in factum sive poenali actione vel quavis alia agatur sive de interdicto.

§1. Si el demandado juró, sin importar la acción con la que se le demande, dicho juramento beneficiará al actor, ya se trate de una acción personal, real, derivada de la conducta, penal o cualquier otra, o bien un interdicto.

§2. Sed et si de condicione personae fuerit iuratum, praetor iusiurandum tuebitur: ut puta detuli iusiurandum et iurasti in potestate mea te non ese: tuendum erit iusiurandum.

§3. Unde Marcellus scribit etiam de eo iurari posse, an praegnas sit mulier vel non sit, et iuriiurando standum: denique ait, si de possessione erat quaestio, servari oportere, si forte quasi praegnas ire in possessionem volebat et, cum ei ontradiceretur, vel ipsa iuravit se praegnatem vel contra eam iuratum est: nam si ipsa, ibit, quamvis vere praegnas fuerit: proderitque, inquit Marcellus, mulieri iuranti iusiurandum, ne conveniatur quasi calumniae causa ventir nomine fuerit in possessionem neve vim patiatur in possessione. Sed an iusiurandum eo usque prosit, ut post editum partum non quaeratur, ex eo editur sit an non sit cuius ese dicitur, Marcellus tractat: et ait veritatem esse quaerendam, quia iusiurandum alteri neque prodest neque nocet: matris igitur iusiurandum partui non proficient: nec nocebit, si mater detulerit et iuretur ex eo praegnas non esse.

§2. Si se juró sobre la condición jurídica de una persona, el pretor amparará dicho juramento. Por ejemplo, te di la opción de jurar, y juraste no estar bajo mi potestad: deberá ampararse este juramento.

§3. Por ello, Marcelo escribe que también puede jurarse respecto de si una mujer está o no embarazada, y que debe atenerse a lo jurado. Igualmente dice que, si la controversia es sobre una posesión hereditaria, debe observarse, por ejemplo, si quería entrar en posesión por estar embarazada, y en caso de haber oposición, ella jurase que lo estaba o se juró contra ella; porque en el primer caso entrará en posesión sin problema, pero en el segundo, no, aunque realmente esté embarazada. Y dice Marcelo que el juramento le beneficiará a la mujer para no ser acusada de entrar en posesión con calumnia en nombre del hijo que lleva en el vientre, ni que padezca violencia en dicha posesión. Sin embargo, Marcelo examina si el juramento le beneficiará al punto de no inquirirse, tras dar a luz, si dio a luz o no al hijo de quien se dice que nació; y opina que debe conocerse la verdad, pues un juramento no beneficia ni perjudica a terceros; por tanto, el juramento de la madre no beneficiará ni perjudicará al hijo nacido si la madre ofreció el

§4. *Iurari autem oportet, ut delatum est iusiurandum: ceterum si ego detuli ut per deum iurares, tu per caput unum iurasti...*

4. *PAULUS libro octavo decimo ad edictum. ... vel filiorum tuorum,*

5. *ULPIANUS libro vicensimo secundo ad edictum. ... non erit ratum habendum iusiurandum: quod si exegi, ut per salutem tuam iurares, et iurasti, stabitur. Omne enim omnino licitum iusiurandum, per quod voluit quis sibi iurari, idoneum est et si ex eo fuerit iuratum, praetor id tuebitur.*

§1. *Divus Pius iureiurando, quod propia superstitione iuratum est, standum rescripsit.*

§2. *Dato iureurando non aliud quaeritur, quam an iuratum sit, remissa quaestione an debeatur, quasi satis probatum sit iureiurando.*

§3. *Sed si quis illicitum iusiurandum detulerit, scilicet improbatae publice religionis, videamus an pro eo habeatur atque si iuratum non esset: quod magis existimo dicendum.*

juramento y el adversario jurase que no estaba embarazada de él.

§4. Debe realizarse el juramento en los términos exactos en que se ofreció, porque si yo lo ofrecí para que jurases por la divinidad, y tú juraste por tu vida...

4. PAULO *en el libro décimo octavo de los comentarios al edicto.* ... o por la vida de tus hijos,

5. ULPIANO *en el libro vigésimo segundo de los comentarios al edicto.* ... no se considerará válido el juramento. Pero si exigí que jurases por tu salud, y lo hiciste, valdrá, porque todo juramento con el cual alguien quiso que se le jurase es válido, y si se juró de ese modo, el pretor lo amparará.

§1. El divino Antonino Pío contestó por medio de respuesta escrita que debe atenerse al juramento realizado según la propia religión.

§2. Una vez realizado el juramento, tan solo se indaga si se juró, sin detenerse en si se debió algo o no, como si ello quedase suficientemente probado con el juramento.

§3. Si alguien ofreció un juramento ilícito, por ejemplo, según alguna religión públicamente proscrita, analicemos si se considera que alguien no juró. Considero esto último como lo más acertado.

§4. Si neque iuratum est neque remissum iusiurandum, pro eo debet haberi, atque si res in iusiurandum admissa non esset. Proinde si postea iurare paratus sit, nihil ei hoc iusiurandum proficiet, quia ex eo quod delatum est iuratum non est.

§4. Si no se juró ni se dispensó el juramento, debe considerarse como si el asunto no se hubiese sometido a juramento; por tanto, si después alguien estuviese dispuesto a jurar, ya no le beneficiará tal juramento, porque no se juró conforme a lo que se ofreció.

6. PAULO libro nono decimo ad edictum. Remittit iusiurandum, qui deferente se cum paratus esset adversarius iurare gratiam ei facit contentus voluntate suscepti iurisiurandi. Quod si suscepti iusiurandum, licet postea parato iurare actor nolit deferre, non videbitur remissum: nam quod susceptum est remitti debet.

6. PAULO *en el libro décimo novento de los comentarios al edicto.* Dispensa del juramento quien, habiéndolo ofrecido a un adversario dispuesto a jurar, se lo perdona después, contentándose con que el adversario acepte voluntariamente el ofrecimiento. Pero si no lo aceptó, aunque el actor no quiera después ofrecerlo a quien estaba dispuesto a jurar, no se entenderá que lo haya dispensado, porque solo debe dispensarse lo que se aceptó.

7. ULPIANUS libro vicensimo secundo ad edictum. Ait praetor: 'Eius rei, de auq iusiurandum delatum fuerit, neque in ipsum neque in cum ad quem ea res pertinet actionem dabo'. 'Eius rei' sic erit accipiendum, sive de tota re sive de parte sit iuratum: nam de eo quod iuratum est pollicetur se actionem non daturum neque in eum qui iuravit neque in eos qui in locum eius cui iusiurandum delatum est succedunt,

7. ULPIANO *en el libro vigésimo segundo de los comentarios al edicto.* Dice el pretor: 'Respecto de aquel asunto sobre el que se ofreció juramento, no concederé acción ni contra quien juró ni contra aquel a quien interesa el asunto'. La frase 'respecto de aquel asunto' debe entenderse como si se jurase sobre todo el litigio o sobre una parte; porque el pretor promete no conceder acción respecto del asunto sobre el que se juró, ni contra quien juró ni contra

quienes se subrogan en el lugar de aquel a quien se ofreció el juramento,

8. *PAULUS libro octavo decimo ad edictum. … etiamsi in rem successerint.*

8. PAULO *en el libro décimo octavo de los comentarios al edicto.* … aunque le sucediesen en un solo asunto.

9. *ULPIANUS libro vicensimo secundo ad edictum. Nam posteaquam iuratum est, denegatur actio: aut, si controversia erit, id est si ambigitur, an iusiurandum datum sit, exceptioni locus est.*

9. ULPIANO *en el libro vigésimo segundo de los comentarios al edicto.* Porque luego de haber jurado se niega la acción, y si hay litigio, es decir, si se discute el haber prestado o no juramento, procede una excepción.

§1. Iureiurando dato vel remisso reus quidem adquirit exceptionem sibi aliisque, actor vero actionem adquirit, in qua hoc solum quaeritur, an iuraverit dari sibi oportere vel, cum iurare paratus esset, iusiurandum ei remissum sit.

§1. Tras haberse prestado o dispensado el juramento, el demandado adquiere una excepción para él y para otros, mientras que el actor adquiere una acción para la cual cual tan solo se indaga si juró que el demandado debía entregarle alguna cosa, o si el demandado le dispensó el juramento cuando estuvo dispuesto a jurar.

§2. Si damnetur quis post iusiurandum ex famoso iudicio, famosum ese magis est.

§2. Si después de jurar alguien fue condenado en un juicio infamante, sin duda se vuelve infame.

§3. Si is, qui temporaria actione mihi obligatus erat, detulerit iusiurandum, ut iurem eum dare oportere, egoque iuravero, temporenon liberatur, quia post litem contestatam cum eo perpetuatur adversus eum obligatio.

§3. Si quien estuvo obligado conmigo en virtud de una acción temporal me ofreció que yo jurase que él debía dar algo, y yo lo hice, no se libera por el paso del tiempo, porque tras contestar contra él la demanda, se perpetúa la obligación a su cargo.

§4. Si minor viginti quinque annis detulerit et hoc ipso captum se dicat,

§4. Dice Pomponio que, si un menor de veinticinco años ofreció

adversus exceptionem iurisiurandi replicari debebit, ut Pomponius ait. Ego autem puto hanc replicationem non Semper ese dandam, sed plerumque ipsum praetorem debere cognoscere, an captus sit, et sic in intergrum restituere: nec enim utique qui minor est statim et circumscriptum se docuit. Praeterea exception ista sive cognition statutum tempus post annum vicensimum quantum non debet egredi.

§5. Sed et si quis in fraudem creditorum iusiurandum detulerit debitori, adversus exceptionem iurisiurandi replicatio fraudis creditoribus debet dari. Praeterea si fraudator detulerit iusiurandum creditori, ut iuret sibi decem dari oportere. Mox bonis eius venditis experirir volet, aut denegari debet action aut exception opponitur fraudatorum ereditorum.

§6. Iusiurandum defensoris vel procuratoris ei ab adversario delatum prodesse exceionemque domino parere Iulianus scribit. Idem ergo dicendum erit et si datus ad petendum procurator reo deferente iuraverit dari mihi oportere: nam actionem mihi parit. Quae sententia habet rationem

juramento, y luego alegó que por ello se vio perjudicado, deberá replicar contra la excepción de juramento. Pero yo opino que no siempre debe responderse esto, sino que, en la mayoría de ocasiones el pretor debe indagar en juicio si fue hubo engaño, y en tal caso restituirle íntegramente; pues, a decir verdad, tampoco se probó que hubo perjuicio por el hecho de ser menor. Además, esta excepción, o su indagación, no debe rebasar el plazo establecido después de los veinticinco años.

§5. También si alguien ofreció a su deudor el juramento en fraude de acreedores, debe darse a éstos la réplica de fraude contra la excepción de juramento. Igualmente, si el deudor fraudulento ofreció el juramento a su acreedor para que éste jure que debe darle diez mil sestercios, y tras haber vendido en concurso sus bienes quisiera después el acreedor demandar con la acción ejecutiva, se le negará ésta o se le opondrá la excepción de fraude de acreedores.

§6. Juliano escribe que el juramento del defensor o del procurador del demandado, ofrecido por el adversario, beneficia al representado y produce excepción. Lo mismo sucede si el procurador del demandante ofreció juramento ante el demandado, obligándose a

§7. Si petitor iuravit possessore deferente rem suam ese, actori dabitur actio, sed hoc dumtaxat adversus eum qui iusiurandum detulit eosque qui in eius locum successerunt: ceterum adversus alium si velit praerogativa iurisiurandi uti, nihil ei proderit,

10. *PAULUS libro octavo decimo ad edictum. ... quia non deberte alii nocere, quod inter alios actum esset.*

11. *ULPIANUS libro vicensimo secundo ad edictum. Sed si possessori fuerit iusiurandum delatum iuraveritque rem petitoris non ese, quamdiu quidem possidet, adversus eum qui detulit iusiurandum, si petat, exceptione iurisiurandi utetur: si vero amiserit possessionem, actionem non habebit, ne quidem si is possideat qui ei iusiurandum detulit: non enim rem suam esse iuravit, sed eius non esse.*

§1. Proinde si, cum possideret, deferente petitore rem suam iuravit, consequenter dicemus amissa quoque possessione, si is qui detulit iusiurandum nanctus sit possessionem, actionem in factum ei

dar algo, porque me produce acción, opinión que considero razonable.

§7. Si el demandante de una acción real juró que la cosa es suya al ofrecérselo el poseedor, se concederá acción al actor, pero solamente contra quien ofreció el juramento y contra quienes se subrogaron en su lugar; y si quisiera usar la ventaja del juramento contra otro, no le aprovechará,

10. PAULO *en el libro décimo octavo de los comentarios al edicto.* ... porque lo que se trató entre dos no debe perjudicar a terceros.

11. ULPIANO *en el libro vigésimo segundo de los comentarios al edicto.* Si se ofreció el juramento al poseedor, y éste juró que la cosa no era propiedad del demandante, tendrá a su favor la excepción de juramento contra aquel que, habiéndole ofrecido el juramento, le demandase durante el tiempo que posea el bien; pero si perdió la posesión, no tendrá acción, ni aunque posea quien ofreció el juramento, porque no juró que la cosa era suya, sino que no era del otro.

§1. Por tanto, si mientras posee la cosa, el demandante le ofreció juramento y el poseedor juró que la cosa era suya, y quien ofreció el juramento alcanzó la posesión,

dandam. Et fructus perceptos ex re, quam meam esse iuravi, restitui mihi placuit: sed et partum editum fetusque pecerum restituendos constat post iusiurandum delatum.

§2. *Item si iuravero usum fructum alicuius rei vel meum esse vel dari mihi oportere, eatenus mihi competit actio, quatenus, si vere usum fructum haberem, duraret: quibus vero casibus amitteretur, non competit mihi actio, sed si rerum, in quibus usus fructus propter abusum constitui non potest, iuraverit usum fructum se habere vel sibi deberi, effectum iurisiurandi sequendum arbitror ideoque tunc quoque videri eum recte iurasse puto et ex eo iureiurando posse petere usum fructum cautione oblata.*

§3. *Si, cum de hereditate inter me et te controversia esset, iuravero hereditatem meam esse, id consequi debeo, quod haberem, si secundum me de hereditate pronuntiatum esset. Et non solum eas res restituere debes, quas tunc possidebas, sed et si quas postea coepisses possidere, perindeque haberi quod iuratum est atque si probatum esset: idcirco utilis actio mihi competit,*

diremos en consecuencia que, en caso de haberla perdido, se le debe conceder al que juró la acción derivada de la conducta, y los frutos percibidos de la cosa que juré era mía se determinó que me sean devueltos. Sin embargo, consta que, después del juramento ofrecido, también deben restituirse el parto de la esclava y las crías de los animales.

§2. Igualmente, si yo juré que el usufructo de alguna cosa me pertenece o debe dárseme, procede la acción por el tiempo que aquél dure si verdaderamente yo lo tengo; pero no procede en los casos en que el usufructo se pierde. Y si se juró que alguien tiene o que se le debe el usufructo sobre bienes en que no puede constituirse por ser consumibles, juzgo que debe respetarse el efecto del juramento; por tanto, también opino que aquél juró válidamente, y en virtud de tal juramento puede pedir el usufructo, habiendo ofrecido previamente caución usufructuaria.

§3. Si habiendo litigio entre tú y yo respecto de una herencia, juré que la herencia es mía, deberé conseguir lo que habría tenido si se fallase a mi favor sobre dicha herencia; por ende, debes restituir no solo los bienes que poseías al momento del litigio, sino también los que comenzaste a poseer después; y se entiende lo que se

quod si ego ex eadem hereditate possiderem tuque coepisses petere eam a me, cum adversus te iurassem, exceptione me uti debere iurisiurandi. Plane si alius a me hereditatem petere coeperit, dubium non erit, ut et Iulianus scribit, nihil mihi iusiurandum prodesse.

juró como si se hubiese probado, por lo que compete la acción útil. Pero si yo poseo la herencia, y tu me la reclamas en juicio, habiendo yo jurado contra ti debo usar la excepción de juramento. Pero como escribe Juliano, si otro reclama la herencia que yo poseo, indudablemente de nada me servirá el juramento.

12. *IULIANUS libro nono digestorum. Idem est et si ego a quolibet alio possidente res hereditarias petere velim, quia et si petissem a te hereditatem et probassem meam, nihilo minus ab altero petendo id ipsum probare necesse haberem.*

12. JULIANO *en el libro noveno del digesto.* Lo mismo sucede si yo quiero pedir los bienes hereditarios a un tercero que los posee, porque también, si yo te demandase la herencia, y probase que es mía, tendría que probar lo mismo si otro me la reclamase.

13. *ULPIANUS libro vicensimo secundo ad edictum. Si duo patroni essent et libertus altero deferente iurasset se libertum eius non esse, utrum alteri totius debitae patronis portionis an vero dimidiae debitae eis partis bonorum possessio competeret? Et ait, si is cui iuratum eest patronus fuisset, alteri suae partis bonorum possessionem competere nec eo prodesse, quod adversus alterum libertus iurasset: multum tamen fidei et auctoritatis apud iudicem patronum habiturum, quo magis solum se patronum probaret, quod libertus iurasset alterum patronum non esse.*

13. ULPIANO *en el libro vigésimo segundo de los comentarios al edicto.* Si hubiese dos patrones, y habiendo ofrecido juramento uno de ellos, el liberto juró que él no era liberto de aquél, ¿competerá al otro patrón la posesión de bienes hereditarios del total de la cuota debida a los patrones o solo de la mitad que le corresponde? Y dice Juliano que, si aquel ante quien se juró fuese el verdadero patrón, al otro compete la posesión de bienes hereditarios solo en cuanto a su parte, y que no le beneficia el juramento del liberto contra el otro; sin embargo, el patrón deberá inspirar suficiente confianza y autoridad ante el juez para probar que el únicamente era

§1. *Iulianus ait eum, qui iuravit fundum suum esse, post longi temporis praescriptionem etiam utilem actionem habere debere.*

§2. *Idem Iulianus scribit eum, qui iuravit furtum se non fecisse, videri de toto iurasse, atque ideo neque furti neque condicticia tenetur, quia condicticia, inquit, solus fur tenetur. Numquid ergo qui iuravit se furtum ne fecisse hoc solo nomine, condictione si conveniatur, exceptione utatur? Ceterum si contendat qui condicit quasi cum herede se furis agere, non debet repelli et quasi unius partis condictio ei dari debet adversus furis heredem nec pati eum iudex debet, si coeperit temptare probare furem.*

§3. *Si quis iuraverit vendidisse me ei rem centum, ex empto agere poterit, ut ei cetera praestentur, id est res tradatur et de evictione caveatur: an tamen ad pretium consequendum ex vendito conveniri possit, videndum. Et si quidem et de hoc ipso iuratum est, quod pretium solutum est, nulla pro pretio action superest: si vero hoc no fuerit iuratum, tunc consequens est de pretio eum teneri.*

patrón por el solo hecho de que el liberto juró que el otro no lo era.

§1. Dice Juliano que quien juró que un fundo era suyo, debe tener la acción útil aunque haya transcurrido la prescripción de largo tiempo.

§2. También escribe que quien juró no haber cometido un robo se entiende que lo hizo en general y, por consiguiente, no queda obligado ni por la acción de robo ni por la acción ejecutiva, pues por ésta únicamente se obliga el ladrón. Entonces, ¿el que juró no haber cometido el robo usará la excepción contra la acción ejecutiva por este único motivo? Porque si quien intenta dicha acción pretende ejercerla como a heredero del ladrón, no debe ser rechazado, y debe concedérsele la acción ejecutiva contra dicho heredero como indivisible, no debiendo permitirle el juez que el demandante pruebe ser ladrón si lo intenta.

§3. Si alguien juró que yo le vendí un objeto en cien mil sestercios, podrá ejercer la acción de compra para cumplir con lo que se debe, es decir, que se le entregue la cosa y se le garantice para el caso de evicción. Pero debe verse si podrá demandársele por la acción de venta para cobrarle el precio; si se juró que se pagó el precio, no queda acción alguna al respecto, pero si no se juró, queda obligado

§4. Idem dicemus et si quis societatem fecisse iuraverit: nam et si pro socio pterit conveniri.

§5. Marcellus etiam scribit, si quis iuraverit ob decem pignori dedisse fundum, non alias eum pigneraticia agere posse, quam si decem solverit: sed et illud adici fortassis eum etiam in decem ex iureiurando suo posse conveniri, quod magis probat cui Quintus Saturninus consentit argumentoque utitur eius, qui iuravit eam, quae uxor sua fuerit, rem sibi in dotem dedisse: nam et hic uxori ait utilem de dote actionem dandam. Quae non esse extra aequitatem posita non negaverim.

§6. Si quis iuraverit in re pecuniaria per genium principis dare se unon oportere et peieraverit vel dari sibi oportere, vel intra certum tempus iuraverit se soluturum nec solvit: imperator noster cum patre rescripsit fustibus cum castigandum dimittere et ita ei superdici: temere ne iurato.

a resarcir el precio.

§4. Lo mismo sucede si alguien juró haber contraído una sociedad, porque también este podrá ser demandado con la acción de sociedad.

§5. También escribe Marcelo que, si alguien juró haber dado un fundo en garantía por diez mil sestercios, solo podrá ejerceré la acción pignoraticia si pagó ya dicha cantidad; pero también agrega que podrá ser demandado por los diez mil en virtud de su juramento, lo que considera más probable. En ello concuerda Quinto Saturnino, empleando el argumento de aquel que juró que su anterior esposa le había dado un bien en dote, pues también en este caso se concederá a la mujer una acción útil de dote, lo cual no negaré que ello es conforme a la equidad.

§6. Si en un negocio de deuda pecuniaria alguien juró por el genio tutelar del emperador que no estaba obligado a dar, y cometió perjurio, o juró que debía dar o pagar dentro de cierto tiempo, y no pagó, nuestro emperador Antonino Caracala contestó por respuesta escrita que se le castigase con azotes, amonestándosele además con estas palabras: 'no jures temerariamente'.

14. PAULUS libro tertio ad edictum. Quotiens propter rem iuratur, nec parenti patrono remittitur iusiurandum: propter rem autem iusiurandum exigitur veluti de pecunia credita, cum iurat actor sibi dari oportere vel reus se dare non oportere. Idem est, cum de pecunia constituta iusiurandum exigitur.

14. PAULO *en el libro tercero de los comentarios al edicto.* Cuando se jura en virtud de un asunto litigioso, el juramento no se dispensa ni al ascendiente que manumitió ni al patrón. Se presta juramento por razón de un asunto litigioso, por ejemplo, sobre dinero prestado, cuando el actor jura que el adversario debe darle algo o el demandado jura que no está obligado a dar. Lo mismo sucede cuando se presta juramento sobre el compromiso de pago a plazo.

15. IDEM libro sexto ad edictum. Ad personas egregias eosque qui valetudine impediuntur domum mitti oportet ad iurandum.

15. EL MISMO *en el libro sexto de los comentarios al edicto.* Es conveniente que a las personas de rango ilustre y a los impedidos por alguna enfermedad se les tome juramento en su domicilio.

16. ULPIANUS libro decimo ad edictum. Si patronus libertam suam uxorem duxerit, non compelletur iurare de rerum amotarum iudicio. Sed et si ipse deferat iusiurandum libertae suae, de calumnia non debet iurare.

16. ULPIANO *en el libro décimo de los comentarios al edicto.* Si un patrón se casó con su liberta, no se le obligará a jurar en el juicio de cosas amovidas por la esposa; pero si él ofrecio el juramento a su liberta, tampoco debe jurar de calumnia.

17. PAULUS libro octavo decimo ad edictum. Iusiurandum, quod ex conventione extra iudicium defertur, referri non potest.

17. PAULO *en el libro décimo octavo de los comentarios al edicto.* En el juramento ofrecido a través de convenio fuera de juicio no puede devolverse el ofrecimiento.

§1. Pupillus tutore auctore iusiurandum deferre debet: quod si sine tutore auctore detulerit, exceptio quidem obstabit, sed

§1. El pupilo debe ofrecer el juramento con autorización de su tutor, porque si lo ofreció sin

replicabitur, quia rerum administrandarum ius ei non competit.

§2. Si tutor qui tutelam gerit aut curator furiosi prodigive iusiurandum detulerit, ratum id haberi debet: nam et alienare res et solvi eis potest et agendo rem in iudicium deducunt.

§3. Procurator quoque quod detulit ratum habendum est, scilicet si aut universorum bonorum administrationem sustinet aut si id ipsum nominatim mandatum sita ut si in rem suam procurator sit:

18. *ULPIANUS libro vicensimo sexto ad edictum.* ... *alias autem procuratorem deferentem iusiurandum non esse audiendum Iulianus libro decimo digestorum scribit, ne postea reus, qui semel iuravit, a domino conveniatur: nec multum ei proficere, si fuerit ei de rato cautum: sive enim dominus petat, cogetur docere reus liquido se iurasse posita scilicet exceptione, sive ex stipulatione de rato agat, necesse habebit ipse de periurio suo docere.*

aquélla, podrá oponerse la excepción, pero habrá replica, porque no le corresponde el derecho de administrar sus bienes. §2. Si el tutor que administra la tutela o el curador del demente o del pródigo ofreció juramento, deberá considerársele válido, porque pueden enajenar bienes, cobrar créditos y deducir un bien en juicio mediante una acción. §3. El juramento que ofreció un procurador también debe considerarse válido, siempre que tenga la administración de todos los bienes, tenga mandato expreso para ello o sea procurador en interés propio.

18. ULPIANO en el libro vigésimo sexto de los comentarios al edicto. En el libro décimo de su digesto, Juliano escribe que el procurador que ofrece juramento no debe ser oído en juicio, para que el demandado, una vez que juró, no sea demandado después por el representado. Y no le servirá de mucho si le ofreció garantía de que será ratificado porque, si el demandante reclama, el demandado se obliga a probar que juró de buena fe una vez interpuesta la excepción; y si reclama en virtud de lo estipulado de futura ratificación, deberá probar que no cometió perjurio.

Digesto Libro XII Título II

19. IDEM *libro vicensimo sexto ad edictum. Si itaque mandatum fuit procuratori, ut petat, ille iusiurandum detulit, aliud fecit quam quod mandatum est.*

19. EL MISMO *en el libro vigésimo sexto de los comentarios al edicto.* Así, si se le dio mandato al procurador para que demande, y ofreció juramento, hizo algo distinto de lo que se le mandó.

20. PAULUS *libro octavo decimo ad edictum. Servus quod detulit vel iuravit, servetur, si peculii administrationem habuit:*

20. PAULO *en el libro décimo octavo de los comentarios al edicto.* Si el esclavo tenía la administración de su peculio, debe observarse el juramento que ofreció o dio,

21. GAIUS *libro quinto ad edictum provinciale. ... huic enim solvi quoque recte potest et novandae obligationis ius habuit.*

21. GAYO *en el libro quinto de los comentarios al edicto provincial.* ... pues también el esclavo puede cobrar válidamente, y tiene el derecho de novar la obligación.

22. PAULUS *libro octavo decimo ad edictum. Quídam et de peculio actionem dandam in dominum, si actori detulerit servus iusiurandum. Eadem de filio familias dicenda sunt.*

22. PAULO *en el libro décimo octavo de los comentarios al edicto.* Algunos opinan que debe concecederse la acción de peculio contra el dueño si el esclavo ofreció el juramento al actor. Lo mismo procede en el caso del hijo de familia.

23. ULPIANUS *libro vicensimo sexto ad edictum. Si servus iuraverit dominum dare non oportere, exceptio domino indulgenda est sibique adverasrius imputabit, qui servo detulit iusiurandum.*

23. ULPIANO *en el libro vigésimo sexto de los comentarios al edicto.* Si un esclavo juró que su dueño no estaba obligado a dar, deberá concederse la excepción al dueño, y se amonestará al adversario que ofreció juramento a un esclavo para que tenga mayor cuidado.

24. PAULUS *libro vicensimo octavo ad edictum. Multo magis proderit patri religio filii, cum quo etiam iudicium*

24. PAULO *en el ibro vigésimo octavo de los comentarios al edicto.* Sin duda beneficiará más al padre el

consistere potest. Ipsi autem referentes condicionem eorum, quibus subiecti sunt, non faciunt deteriorem.

juramento del hijo, con quien incluso puede haber un juicio; pero al devolver el ofrecimiento los hijos no perjudican a los padres bajo cuya potestad están.

25. *ULPIANUS libro vicensimo sexto ad edictum. Sed et si servus meus delato vel relato ei iureiurando, iuravit rem domini esse vel ei dari oportere, puto dandam mihi actionem vel pacti exceptionem propter religionem et conventionem.*

25. ULPIANO *en el libro vigésimo sexto de los comentarios al edicto.* Si mi esclavo, habiéndosele ofrecido el juramento o devuelto su ofrecimiento, juró que cierto bien era de su dueño, o que el adversario debía darle algo, juzgo que debe concedérseme acción o excepción de pacto en virtud del juramento convenido.

26. *PAULUS libro octavo decimo ad edictum. Sui iurasse dicitur nihil refert cuius sexus aetatisve sit: omni enim modo custodiri debet iusiurandum adversus eum, qui contentus eo cum deferret fuit: quamvis pupillus non videatur peierare, quia sciens fallere non videatur.*

26. PAULO *en el libro décimo octavo de los comentarios al edicto.* No importa el sexo o la edad de quien se reconoce haber jurado, porque en todo caso debe observarse el juramento contra quien aceptó ofrecerlo, aunque se entiende que el pupilo no comete perjurio, pues no se considera que engaña conscientemente.

§1. Si pater filium dare non oportere iuraverit, Cassius respondit et patri et filio dandam exceptionem iurisiurandi: si pater iuraverit in peculio nihil esse, filius conveniri poterit: sed et pater ita convenietur, ut post adquisiti peculii rratio habeatur.

§1. Si un padre juró que su hijo no estaba obligado a dar, Casio respondió que a ambos debe concedérseles la excepción de juramento. Si el padre juró que no había bienes en el peculio, podrá demandarse al hijo; pero también el padre podrá ser demandado para que se tenga en cuenta el peculio adquirido posteriormente.

§2. Iurisiurandi condicio ex numero esse potest videri novandi delegandive, quia

§2. El acuerdo de jurar puede parecerse al de novar o de delegar,

proficiscitur ex conventione, quamvis habeat et iustam iudicii.

porque se funda en un convenio, aunque también parezca un juicio.

27. *GAIUS libro quinto ad edictum provinciale. Iusiurandum etiam loco solutionis cedit.*

27. GAYO *en el libro quinto de los comentarios al edicto provincial.* El juramento también hace las veces de pago.

28. *PAULUS libro octavo decimo ad edictum. In duobus reis stipulandi ab altero delatum iusiurandum etiam alteri nocebit.*

28. PAULO *en el libro décimo octavo de los comentarios al edicto.* En el caso de dos obligados por una misma estipulación, el juramento ofrecido por uno de ellos perjudicará al otro.

§1. Quod reus iuravit, etiam fideiussori proficit. A fideiusore exactum iusiurandum prodesse etiam reo Cassius et Iulianus aiunt: nam quia in locum solutionis succedit, hic quoque eodem loco habendum est: si modo ideo interpositum est iusiurandum, et de ipse contractu et de re, non de persona iurantis ageretur.

§1. El juramento del deudor beneficia también a asu fiador. Casio y Juliano dicen que el juramento prestado por el fiador también beneficia al deudor principal, porque al hacer las veces de pago, también debe equpararse a estos efectos, siempre que el juramento se haya interpuesto para el mismo contrato y su objeto, no para la persona que jura.

§2. Si e, qui debitorem meum in iudicium exhibere promisit, iusiurandum detulerim isque iuraverit se omnino exhibitionem eius non promisise, prodesse debitori meo id non debet: si vero iuraverit se nihil mihi praestare oportere, distinguendum sit et replicatione emendandum, utrum ideo iuraverit an quia post promissionem exhibuerit an vero quia solverit: quod et in fideiussorem debiti distinguendum est.

§2. Si yo ofrecí el juramento a quien prometió presentar en juicio a mi deudor, y él juró que de ningún modo había prometido hacerlo, dicho juramento no debe beneficiarle a mi deudor; pero si juró que él no me debía nada, debe distinguirse y tenerse en cuenta, al momento de contestar la demanda, si juró porque ya había presentado tras haberlo prometido o por haber ya pagado.

§3. Ex duobus reis promittendi eiusdem pecuniae alter iuravit: alteri quoque prodesse debebit.

§4. Exceptio iurisiuandi non tantum si ea actione quis utatur, cuius nomine exegit iusiurandum, opponi debet, sed etiam si alia, si modo eadem quaestio in hoc iudicium deducatur, forte si ob actionem mandati negotiorum gestorum societatis ceterasque símiles iusiurandum exactum sit, deinde ex isdem causas certum condicatur, quia per alteram actionem altera quoque consumitur.

§5. Si quis iuraverit se non rapuisse, non debet adiuvari hoc iureiurando in actione furti aut contradictione, quia aliud est furtum fecisse, quod vel clam fieri potest.

§6. Colonus, eum quo propter succisas forte arbores agebatur ex locato, si iuraverit se non succidise, sive a lege duodecim tabularum de arboribus succisis sive a lege Aquilia damni iuniuria sive interdicto quod vi aut clam postea convenietur, per exceptionem iurisiurandi defendi poterit.

Lo que también debe distinguirse respecto al fiador de una deuda.

§3. Si de dos deudores solidarios de una misma cantidad uno de ellos juró, su juramento deberá beneficiar también al otro.

§4. La excepción del juramento debe oponerse no solo si alguno ejerce la acción por la que se prestó el juramento, sino también si se ejerció otra acción distinta siempre que se deduzca la misma cuestión en juicio, por ejemplo, haber prestado juramento en la acción de mandato, de gestión de negócios, de sociedad u otra semejante, y luego reclamar una deuda cierta con la acción ejecutiva por las mismas causas, pues una acción también extingue a la otra.

§5. Si alguien juró no haber robado, no debe verse favorecido con este juramento en la acción de robo o en la ejecutiva, porqueel haber cometido un robo es algo distinto, ya que puede realizarse incluso clandestinamente.

§6. Si el colono contra el cual se ejercía la acción de arrendamiento por haber talado árboles juró no haberlo hecho, y después se le demandó con la acción de tala de árboles de la Ley de las Doce Tablas, o con la de daño ilícitamente causado de la ley Aquilia, o con el interdicto de lo que se realiza con violencia o clandestinamente, podrá

§7. Quae iuravit divortii causa rem se non amovisse, non debet defendi per exceptionem, si cum ea in rem agatur, et si contendan suam esse, alio iureiurando opus est: contra si iuraverit suam esse, debet in actione rerum amotarum defendi. Et omnino hoc observandum est, licet per aliam actionem eadem quaestio moveatur, ut exceptio iurisiurandi locum habeat.

§8. Igitir si quis iuravit se non esse condemnatum, etiamsi ex stipulatu iudicatum solvi ob rem iudicatam conveniatur, defendetur per exceptionem. Contra si, cum ex stipulatu iudicatum solvi conveniretur, iuravit se dare non oportere, agenti iudicati non utique obstabit exceptio: potest enim fieri, ut non sit commissa stipulatio, licet res iudicata sit: nisi ideo iurasset, quod nec damnatum se esse diceret.

§9. Item Pomponius ait eum, qui furtum sibi factum alicuius rei iuravit, non statim etiam condictionis causam cancisci.

§10. Item cum ex hac parte

defenderse con la excepción de juramento.

§7. La mujer que por motivo de divorcio juró no haber amovido cosa alguna, no debe defenderse con la excepción si se le demanda con la acción reivindicatoria, y si afirmase que es suya, se requerirá nuevo juramento. Por el contrario, si juró que sí lo es, debe ser defendida por la excepción señalada si después se le demanda con la acción de cosas amovidas. Y esto debe observarse: aunque se mueva la misma cuestión por medio de acción distinta, procede la excepción de juramento.

§8. Por tanto, si alguien juró que no fue condenado, aunque sea demandado en virtud de la caución de pagar la condena por razón de la cosa juzgada, se le defenderá por medio de la excepción. Por el contrario, si al demandársele por la caución de pagar la condena juró que no estaba obligado a dar, la excepción no le perjudicará a quien ejerza la acción de cosa juzgada, porque puede ocurrir que no se haya incumplido la caución aunque se haya juzgado el asunto, a no ser que jurase diciendo que tampoco había sido condenado.

§9. Pomponio también dice que quien juró que alguien le robó un bien no le brinda la causa para la acción ejecutiva.

§10. Igualmente, como el

iusiurandum et actionem et exceptionem inducat, si forte reus extra iudicium actore inferente iuraverit se dare non oportere et actor reo deferente dari sibi oportere, vel contra, posterior causa iurisiurandi potior habebitur: nec tamen praeiudicium periuro alterius fiet, quia non quaeretur, an dare eum oportet, sed an actor iuraverit.

juramento de esta parte del edicto produce acción y excepción, si el demandado, a invitación del actor, juró extrajudicialmente que no estaba obligado a dar, y el actor, a invitación del demandado, juró que sí debía dársele, o al contrario, el juramento posterior prevalecerá; y esto no servirá de prejuicio para la cuestión del perjurio de la otra parte, porque no se observará si debe dar, sino si el actor juró.

29. *TRYPHONINUS libro sexto disputationum. Quod si iuravi te deferente non iurasse te dare tibi oportere, et adversus utilem actionem, opponenda est exceptio iurisiurandi perementis quaestionem actione comprehensam.*

29. TRIFONINO *en el libro sexto de las disputas.* Si yo juré, al ofrecerme tú el juramento, que no juraste que debía darte, a la acción útil, por la cual se indaga si juraste que yo estaba obligado contigo, también se opondrá la excepción de juramento que decide la cuestión incluida en la acción.

30. *PAULUS libro octavo decimo ad edictum. Eum, qui iuravit ex ea actione quae infitiando crescit aliquid sibi deberi, simple, non dupli persecutionem sibi adquirere Pedius ait: abunde enim sufficere exonerare petitorem probando necessitate, cum omissa hac parte edicti dupli actio integra maneat: et potest dici hoc iudicio non principalem causam exerceri, sed iusiurandum actoris conservari.*

30. PAULO *en el libro décimo octavo de los comentarios al edicto.* Pedio dice que, en virtud de una acción que crece ante la negación del hecho, quien juró que debe dársele algo obtiene la acción reipersecutoria por el importe simple, no al duplo, porque bastante tiene el demandante con no tener que probar, cuando, dejando de lado esta parte del edicto, le queda íntegra la acción por el duplo; y puede decirse que en este juicio fundado en el juramento no se ventila la causa principal, sino la observación del juramento del actor.

§1. Si iuravero te Stichum mihi dare oportere, qui non sit in rerum natural, nec aestimationem mihi praestare reus debet nisi ex causa furtiva vel propter moras: tunc enim etiam post mortem servi aestimatio praestatur.

§1. Si juré que debías darme en propiedad al esclavo Estico, el cual ha fallecido, el demandado no debe pagarme su estimación, salvo por causa de robo o mora del deudor, porque en tales casos se paga la estimación del esclavo incluso tras haber muerto.

§2. Si mulier iuraverit decem dotis sibi deberi, tota ea summa praestanda est: sed si iuravit decem se dedisse in dotem, hoc solum non erit quaerendum, an data sint, sed quasi data sint, quod ex eo reddi oportet praestadum erit.

§2. Si la mujer juró que se le deben diez mil sestercios de su dote, debe pagársele la suma completa. Pero si juró que ella dio diez mil en calidad de dote, queda fuera de cuestión el haberse dado, pero se deberá pagar lo que de la cantidad admitida el marido se obliga a devolver.

§3. In popoularibus actionibus iusiurandum exactum ita demum adversus alios proderit, si bona fide exactum fuerit: nam et si quis egerit, ita demum consumit publicam actionem, si non per collusionem actum sit.

§3. El juramento otorgado en las acciones populares aprovechará solo si se otorgó de buena fe, porque si alguien ejerció la acción consume la acción pública solo si no actuó en colusión.

§4. Si libertus deferente patrono iuravit se libertum non esse, ratum habendum est iusiurandum, ut nec operarum petitio nec bonorum possessio contra tabulas dari debeat.

§4. Si el liberto, invitado por su patrón, juró que no es liberto, el juramento deberá considerarse válido, de modo que no deba concederse ni la reclamación de servicios ni la posesión de bienes hereditarios contra testamento.

§5. Si iuravero usum fructum mihi dari oportere, non aliter dari debet, quam si caveam boni viri arbitratu me usurum et finito usu fructu restiturum.

§5. Si yo juré que no debes darme el usufructo, solo se me concederá si yo di caución de que lo usaré según criterio de varón recto, y de que lo restituiré una vez finalizado.

31. *GAIUS libro trigensimo ad edictum provinciale. Admonendi sumus interdum etiam post iusiurandum exactum permitti constitutionibus principum ex integro causam agere, si quis nova instrumenta se invenisse dicat, quibus nunc solis usurus sit. Sed hae constitutiones tunc videntur locum habere, cum a iudice aliquis absolutus fuerit (solent enim saepe iudices in dubiis causis exacto iureiurando secundum eum iudicare qui iuraverit): quod si alias inter ipsos iureiurando transactum sit negotiu, non conceditur eandem causam retractare.*

31. GAYO *en el libro trigésimo de los comentarios al edicto provincial.* Debemos recordar que, a veces, incluso tras haber prestado juramento, las constituciones imperiales permiten incoar nuevamente el juicio si alguien dijo que ha encontrado nuevos documentos que solamente usará ahora. Pero parece que tales constituciones proceden cuando alguien fue absuelto por el juez (porque una vez prestado el juramento, los jueces suelen juzgar frecuentemente en las causas dudosas en favor de quien juró). Por otra parte, si el asunto fue objeto de transacción entre quienes realizaron el juramento, no se concede el volver a litigar sobre esta misma causa.

32. *MODESTINUS libro ... diferentiarum. Iusrisiurandi gratiam facere pupillus non potest.*

32. MODESTINO *en el libro tercero de las diferencias.* El pupilo no puede dispensar el juramento.

33. *ULPIANUS libro vicensimo octavo ad Sabinum. Qui per salutem suam iurat, licet per deum iurare videtur (respectu enim divini numinis ita iurat), attamen, si non ita specialiter iusiurandum ei delatum est, iurasse non videtur: et ideo ex integro sollemniter iurandum est.*

33. ULPIANO *en el libro vigésimo octavo de los comentarios a Sabino.* Quien jura por su salud, aunque parece que jura por la divinidad (pues lo hace considerando a un numen divino), si no se le ofreció el juramento en dichos términos, se considera que no juró, y por ello debe volver a jurar solemnemente.

34. *IDEM libro vicensimo sexto ad edictum. Iusiurandum et ad pecunias et*

34. EL MISMO *en el libro vigésimo sexto de los comentarios al edicto.* El

ad omnes res locum habet: etiam de operis iusiurandum deferri potest nec de iniuria queri adversarius potest, cum possit iusiurandum referre. Quid tamen, si ideo dicat reus se liberatum, quoniam Stichum, quem promiserat, putat decessisse? Non erit tutus per relationem. Et ideo ex hac causa putat Marcellus, et recte, aut remittendum ei iusiurandum aut spatium dandum, ut certioretur et sic iuret.

juramento aplica para deudas de dinero y para cualquier cosa; también se ofrece para reclamar los servicios de un liberto, y el adversario no puede quejarse de hacérsele injusticia, pudiendo devolver el juramento. ¿Y qué decir si el demandado declara quedar liberado de la deuda porque cree que falleció Estico, el esclavo que había había prometido dar? No quedará protegido por la devoluciòn del juramento. Por ello, Marcelo opina correctamente que debe dispensársele el juramento o concedérsele un plazo para cerciorarse y luego jurar.

§1. Defensor municipum vel cuiusvi corporis iusiurandum deferre potest, si super hoc mandatum habeat.

§1. El defensor de un municipio o de alguna corporación puede ofrecer juramento si tiene mandato para ello.

§2. Pupillo non defertur iusiurandum.

§2. No puede ofrecérsele el juramento a un pupilo.

§3. Procurator non compellitur iurare nec defensor, et ita Iulianus scribit libro decimo digestorum defensorem iurare non compelli sufficereque ad plenam defensionem, si paratus sit iudicium accipere.

§3. El procurador ni el defensor están obligados a jurar, y así lo escribe Juliano en el libro décimo del digesto, que no se obliga al defensor a jurar, bastando para la debida defensa que esté dispuesto a aceptar el juicio.

§4. Qui iusiurandum defert, prior de calumnia debet iurare, si hoc exigatur, deinde sic iurabitur. Hoc iusiurandum de calumnia aeque patrono parentibusque remittitur.

§4. Quien ofrece el juramento debe jurar previamente de calumnia si esto se exige, y del mismo modo le jurará el adversario. Dicho juramento se dispensa al patrón y a los ascendientes que emanciparon.

§5. Si de qualitate iuramenti fuerit

§5. Si entre las partes surgió duda

inter partes dubitatum, conceptio eius arbitri iudcantis sit.

§6. Ait praetor: 'eum, a quo iusiurandum petetur, solvere aut iurare cogam': alterum itaque eligat reus, aut solvat aut iuret: si non iurat, solvere cogendus erit a praetore.

§7. Datur autem et alia facultas reo, ut, si malit, referat iusiurandum: et si is qui petet condicione iurisiurandi non utetur, iudicium ei praetor non dabit. Aequissime enim hoc afacit, cum non deberet displicere condicio iurisiurandi ei qui detulit: sed nec iusiurandum de calumnia referenti defertur, quia non est ferendus actor, si condicionis quam ipse detullit de calumnia velit sibi iurari.

§8. Non Semper autem consonans est per omnia referri iusiurandum quale defertur, forsitan ex diversitate rerum vel personarum quibusdam emergentibus, quae varietatem inducunt ideoque si quid tale inciderit, officio iudicis conceptio huiuscemodi iurisiurandi terminetur.

§9. Cum res in iusiurandum demissa sit, iudex iurantem absolvit: referentem audiet et, si actor iuret, condemnet reum: nolentem iurare reum si solvat, absolvit,

respecto de la clase del juramento, su formulación queda al arbitrio del juez.

§6. Dice el pretor: 'Al demandado que se le pida juramento le obligaré a pagar o jurar'; en tal sentido, el demandado debe elegir una de estas opciones. Si no jura, el pretor le obligará a pagar.

§7. Al demandado también se le concede facultad para que, si así lo desea, devuelva el juramento al demandante, y si éste no se sirve de dicho juramento, el pretor no le concederá acción. Esto se realiza con toda equidad, ya que el tener que jurar no debe disgustar a quien se lo ofreció al demandado. El demandante tampoco puede ofrecer el juramento de calumnia a quien le devuelve éste, porque no debe tolerarse que el actor quiera que se le jurase de calumnia respecto de la devolución de lo que él mismo ofreció.

§8. No siempre es conveniente devolver el juramento en los términos en que se ofreció, porque a veces, por la diversidad de cosas y de personas surjen normas que inducen a variar su formulación. Por tanto, si ocurriese algo semejante, el juez debe determinar la formulación de este tipo de juramento.

§9. Cuando el litigio se decide por juramento, el juez absuelve al demandado que jura, oirá al que lo devuelve y, si el demandante jura,

non solventem condemnat: ex relatione non iurante actore absolvit reum.

condenará al demandado; si el reo paga pero no quiere jurar, lo absuelve, y si no lo hace, lo condena; cuando el actor, tras devolvérsele el juramento, no jura, el juez absuelve al demandado.

35. *PAULUS libro vicensimo octavo ad edictum. Tutor pupilli omnibus probationibus aliis deficientibus iusiurandum deferens audiendus est: quandoque enim pupillo denegabitur actio.*
§1. Prodigus si deferat iusiurandum, audiendus non est: idemque in ceteris similibus ei dicendum est. Nam sive pro pacto convento sive pro solutione sive pro iudicio hoc iusiurandum cedit, non ab aliis delatum probari debet, quam qui ad haec hábiles sunt.

35. PAULO *en el libro vigésimo octavo de los comentarios al edicto.* Si el tutor del pupilo ofrece el juramento al faltar pruebas, deberá ser escuchado, pues en ocasiones puede negarse acción al pupilo.
§1. Si un pródigo ofrece juramento, no debe ser escuchado. Lo mismo procede con otras personas en idéntica situación, porque si este juramento se toma como pacto convenido, como pago o como juicio, solo debe permitirse que lo ofrezcan quienes son capaces jurídicamente para hacerlo.

§2. Qui non compelluntur Romae iudicium accipere, nec iurare compellendi sunt, ut legati provinciales.

§2. Quienes no son obligados a litigar en Roma, tampoco deben ser obligados a jurar, como sucede con los legados de las provincias.

36. *ULPIANUS libro vicensimo septimo ad edictum. Si actor deferat iusiurandum de sola constituta pecunia et reus iuraverit, exceptione utetur, si de constituta conveniatura: sed si de sorte, id est de priore obligatione conveniatur, exceptio cessabit, nisi de hac quoque iuraverit adversario deferente.*

36. ULPIANO *en el libro vigésimo séptimo de los comentarios al edicto.* Si el actor ofrece el juramento tan solo respecto del dinero constituido a plazo, y el demandado juró hacerlo, éste usará la excepción si se le reclama la cantidad constituida a plazo. Pero si se le demandó la suerte principal, es decir, la primera obligación, no procede la excepción, salvo que jurase también sobre ella al ofrecerle el adversario el juramento.

37. ULPIANUS libro tricensimo tertio ad edictum. Si non fuerit remissum iusiurandum ab eo qui detulerit, sed de calumnia non iuratur, consequens est, ut debeat denegari ei actio: sibi enim imputet, qui processit ad delationem iurisiurandi nec prius de calumnia iuravit, ut sit iste remittenti similis.

37. EL MISMO *en el libro trigésimo tercero de los comentarios al edicto.* Si quien ofreció el juramento no lo dispensó, y no jura de calumnia, se le negará la acción, porque quien ofreció el juramento sin antes jurar de calumnia, no podrá quejarse de ser equiparado al demandante si lo dispensa.

38. PAULUS libros trigensimo septimo ad edictum. Manifestae turpitudinis et confessionis est nolle nec iurare nec iusiurandum referre.

38. PAULO *en el libro trigésimo séptimo de los comentarios al edicto.* No querer jurar ni devolver el juramento es prueba de deshonra manifiesta y de confesión.

39. IULIANUS libro decimo digestorum. Si quis cum debitore suo pepigerit, ne ab eo pecunia peteretur, si iurasset se Capitolium non ascendisse vel aiud quodlibet fecisse vel non fecisse, isque iuraverit, et exceptio iurisiurandi dari debebit et solutum repeti poterit: est enim iusta conventio, si quaelibet causa in condicione iurisiurandi deducta fuerit.

39. JULIANO *en el libro décimo del digesto.* Si alguien pactó con su deudor que no le reclamaría el dinero si jurase no haber subido al Capitolio, o que hizo o no hizo alguna otra cosa, y el deudor juró, se le concederá la excepción de juramento y no podrá repetirse lo pagado. Porque existe lícito acuerdo si en el juramento se incluyó cualquier condición.

40. IDEM libro tertio decimo digestorum. Iusiurandum a debitore exactum efficit, ut pignus liberetur: est enim hc acceptilationi simile: perpetuam certe exceptionem parit. Idcirco poenam quoque petentem creditorem exceptione summoveri oportet et solutum repeti

40. EL MISMO *en el libro décimo tercero del digesto.* El juramento prestado por un deudor extingue la prenda, pues se equipara a la aceptilacion y produce excepción perpetua. Por ello debe rechazarse al acreedor que reclama la pena

potest, utpote cum interpósito eo ab omni controversia discedatur.

por incumplimiento con la excepción, y puede reclamarse lo pagado como indebido, ya que, interpuesto el juramento, se extingue la controversia.

41. *POMPONIUS libro singulari regularum. Labeo etiam absenti et ignoranti iurisiurandi gratiam fieri posse respondit: sed et per epistulam gratia iurisiurandi fieri potest.*

41. POMPONIO *en el libro único de las reglas.* Labeón respondió que también puede dispensarse el juramento al ausente y al ignorante, pudiéndose realizar también por carta.

42. *IDEM libro octavo decimo epistolarum. Creditore, qui de mutua pecunia contra pupillum contendebat, iusiurandum deferente pupillus iuravit se dare non oportere: eandem pecuniam a fideiussore eius petit: an excludendus sit exceptione iurisiurandi? Quid tibi placet, rescribe mihi. Eam rem apertius explicat Iulianus. Nam si controversia inter creditorem et pupillum fuerit, an omnino pecuniam mutuam accepisset, et convenit, ut ab omni condicione discrederetur, si pupillus iurasset, isque iuraverit se dare non oportere, naturalis obligation hac practione tolletur et solute pecunia repeti poterit. Sin vero creditor quidem se mutuam dedisse contendebat, pupillus autem hoc solo defendebatur, quod tutor eius non intervenisset et hoc tale iusiurandum interpositum est, hoc caus fideiussorem praetor non tuebitur, si autem liquid probari on potest, quid actum sit, et in obscure erit (ut plerumque fit), de facto an de iure inter creditorem et pupillum controversia fuerit deferente creditore pupillum*

42. EL MISMO *en el libro décimo octavo de las epístolas.* Un acreedor ofreció el juramento sobre dinero dado en muto a un pupilo contra el que litigaba, y éste juró que no debía dar. Este dinero lo reclamó el acreedor al fiador del pupilo: ¿deberá ser rechazado con la excepción de juramento? Contéstame cuál es tu opinión. Juliano explica este caso muy claramente. Si la controversia entre acreedor y pupilo fue específicamente sobre si se recibió o no el dinero prestado, y se convino en terminar el litigio si el pupilo juraba, y éste juró que no debía dar, la obligación natural se extinguirá con dicho pacto y la cantidad pagada podría repetirse como indebida. En cambio, si el acreedor afirma que prestó en calidad de mutuo y el pupilo se defiende diciendo que no había internevido su tutor, y se interpuso dicho juramento, el

iurasse, intellegere debemus id actum inter eos, ut, si iurasset se dare non oportere, ab omni condicione discederetur: atque ita et solutam pecuniam repeti posse et fideiussoribus exceptionem dari debere existimavimus

pretor no defenderá al fiador en este caso. Pero si no puede probarse con claridad qué se hizo, y fuese oscuro (como muchas veces ocurre) saber si la controversia entre acreedor y pupilo fue de hecho o de derecho, y resulta que el pupilo juró por ofrecimiento del acreedor, debemos entender que si entre ellos se convino que él jurase no dar se acabaría el litigio, y consideramos que no solo puede repetirse como indebido el dinero pagado, sino que también puede concederse excepción a los fiadores.

§1. Si fideiussor iuraverit se dare non oportere, exceptione iurisiurandi reus promittendi tutus est: atquin si, quasi omnino idem non fideiussisset, iuravit, non debet hoc iusiurandum reo promittendi prodesse.

§1. Si el fiador juró que no debía dar, el deudor principal queda protegido con la excepción de juramento. Pero si juró no haber dado fianza, este juramento no debe aprovechar al deudor principal.

§2. Sed et si actore deferente defensor absentir vel praesentis iuravit eum quem defendit dare non oportere, exceptio iurisiurandi ei cuius nomine iurandum fuerit dari debebit. Eadem ratio est et si fideiussoris defensor iuraverit: reo enim detur exceptio.

§2. Si al ofrecer el juramento el actor, el defensor de un ausente o un presente juró que su defendido no debía dar, deberá concedérsele la excepción de juramento a aquel en cuyo nombre se juró. Lo mismo sucede para el defensor del fiador: se le concederá la excepción al deudor principal.

§3. Item si reus iuravit, fideiussor tutus sit, quia et res iudicata secundum alterutrum eorum utrique proficeret.

§3. También quedará exento el fiador si el deudor principal juró, porque la cosa juzgada favorable de uno de ellos beneficiará a ambos.

TITULUS III
DE IN LITEM
IURANDO

TÍTULO III
DEL JURAMENTO
SOBRE LITIGIO
ESTIMADO

1. ULPIANUS libro quinquagensimo primo ad Sabinum. Rem in iudicio deductam non idcirco pluris esse opinamur, quia crescere condemnatio potest ex contumacia non restituentis per iusiurandum in litem: non enim res pluris fit per hoc, sed ex contumacia aestimatur ultra rei pretium.

1. ULPIANO *en el libo quincuagésimo primero de los comentarios a Sabino.* Consideramos que el asunto ventilado en juicio no es de más valor el hecho de que la condena puede aumentar en virtud del juramento de litigio estimado contra el contumaz que no devuelve. Porque no es tanto que la cosa aumente su valor, sino que por la contumacia se estima más allá de su precio real.

2. PAULUS libro tertio decimo ad Sabinum. Sive nostrum quid petamus sive ad exhibendum agatur, interdum quod intersit agentis solum aestimatur, veluti cum culpa non restituentis vel non exhibentis punitur: cum vero dolus aut contumacia non restituentis vel non exhibentis, quanti in litem iuraverit actor.

2. PAULO *en el libro décimo tercero de los comentarios a Sabino.* Ya sea que demandemos algo de nuestra propiedad, ya sea que ejerzamos la acción exhibitoria, a veces la estimación es en interés del actor, como cuando se castiga la culpa de quien no restituye o no exhibe. Pero cuando se castiga el dolo o la contumacia de quien no restituye o no exhibe, se estima en lo que el actor juró sobre el litigio estimado.

3. ULPIANUS libro trigensimo ad edictum. Nummis depositis iudicem non oportet in litem iusiurandum deferre, ut iuret quisque quod sua interfuit, cum certa sit nummorum aestimatio. Nisi forte de eo quis iuret, quod sua interfuit

3. ULPIANO *en el libro trigésimo de los comentarios al edicto.* Respecto del dinero depositado, el juez no debe ofrecer el juramento de litigio estimado, para que así el demandante jure cuánto le interesa

nummos sibi sua die redditos esse: quid enim, si sub poena pecuniam debuit? Aut sub pignore, quod, quia deposita ei pecunia adnegata est, distractum est?

la cosa, pues la estimación del dinero es cierta, salvo que jure respecto al interés que tenía de que el dinero le fuera devuelto en su respectivo día. Porque, ¿qué diremos si esa cantidad la debía el acreedor por una pena estipulada o por una prenda que fue vendida al negársele la cantidad depositada?

4. *IDEM libro trigensimo sexto ad edictum. Videamus in tutelari causa quis iurare et adversus quem possit. Et quidem ipse pupillus, si impubes est, non potest: hoc enim saepissime rescriptum est. sed nec tutorem cogendum vel matrem pupilli admittendam, esti parata esset iurare, divi fratres rescripserunt: grave enim videbatur et ignorantes et invitos tutores sub alieni compendia emolumento etiam periurium anceps subire. Curaotres quoque pupilli vel adulescentis non esse cogendos in litem iurare rescriptis imperatoris nostri et divi patris eius continetur. Si tamen tantam affectionem pupillo suo vel adulescenti tutores vel curatores praestare volunt, auctoritas iuris non refragabitur, quin iudicio, quod inter ipsos acceptum est, finis eiusmodi possit adhiberi. Non enim ad suam utilitatem iurisiurandi referenda aestimatio est, sed ad domini, cuius nomine tutelae ratio postulatur. Adulescens vero si velit iurare potest.*

4. **EL MISMO** *en el libro trigésimo sexto de los comentarios al edicto.* Veamos quién puede jurar en los juicios de tutela y contra quién. No puede hacerlo el pupilo si es impúber, porque esto ya se ha dispuesto muchísimas veces por respuesta escrita. Sin embargo, los Divinos Hermanos Aurelio y Vero respondieron por escrito que tampoco debe forzarse al tutor, ni admitirse a la madre del pupilo, aunque esté dispuesta a hacerlo, pues parece excesivo que los tutores, sin saberlo y contra su voluntad, se arriesguen a un peligroso perjurio con tal de evitar una ganancia ajena. En las respuestas escritas de nuestro emperador Antonino Caracala y de su Divino padre se dispone que tampoco debe obligarse a los curadores de un pupilo o de un menor a jurar por el litigio estimado. Sin embargo si tutores o curadores desean mostrar afecto a su pupilo o al adolescente, la autoridad del derecho no se opondrá a que pueda terminar de este modo un juicio iniciado entre ellos, porque la estimación del juramento no tanto se refiere a la propia utilidad, sino a la del dueño representado, en cuyo nombre se pide cuentas de la tutela. Pero si así lo desea, el adolescente puede jurar.

§1. Deferre autem iusiurandum iudicem oportet: ceterum si alius detulerit iusiurandum vel non delato iuratum sit, nulla erit religio nec ullum iusiurandum: et ita constitutionibus expressum est imperatoris nostri et divi patris eius.

§1. El juez debe ofrecer el juramento, pero si otro lo ofreció o se juró sin haberlo ofrecido, será nulo el juramento y la fe; así se decretó en las constituciones de nuestro emperador Antonino Caracala y su Divino Padre.

§2. Iurare autem in infinitum licet. Sed an iudex modum iuriiurando statuere possit, ut intra certam quantitatem iuretur, ne arrepta occasione in immensum iuretur, quaero. Et quidem in arbitrio esse iudicis deferre iusiurandum nec ne constat: an igitur qui possit iusiurandum non deferre. Idem possit et taxationem iuriiurando adicere, quaeritur: arbitrio tamen bonae fidei iudicis etiam hoc congruit.

§2. Es lícito jurar ilimitadamente. Pero yo pregunto si el juez podrá fijar un límite al juramento para hacerlo dentro de una determinada cantidad, y no se exceda aprovechando la ocasión. Se sabe que queda al arbitrio del juez ofrecer o no el juramento. Por ello, se pregunta si quien puede no ofrecer el juramento podrá también ponerle una tasa; y esto va de la mano con el arbitrio de la buena fe del juez.

§3. Item videndum, possit iudex, qui detulit iusiurandum, non sequi sed vel prorsus absolveré vel etiam minoris condemnare quam iuratum est: et magis est, ut ex magna causa et postea repertis probationibus possit.

§3. También debe analizarse si el juez que ofreció el juramento podrá no seguirlo y, a su vez, absolver o condenar también por una cantidad menor a la que se juró. Y es preferible hacerlo cuando existe una causa grave que lo justifique o hayan sido encontradas pruebas posteriormente.

§4. *Ex culpa autem non esse iusiurandum deferendum constat, sed aestimtionem a iudice faciendam.*

§4. Se sabe que no debe ofrecerse el juramento para estimar la culpa, sino que el juez deberá estimarla.

5. MARCIANUS libro quarto regularum. In actionibus in rem et in ad exhibendum et in bonae fidei iudiciis in litem iuratur.

5. MARCIANO *en el libro cuarto de las reglas.* Se jura para el litigio estimado en las acciones reales, en la exhibitoria y en los juicios de buena fe.

§1. *Sed iudex potest praefinire certam summam, usque ad quam iuretur: licuit enim ei a primo nec deferre.*

§1. Pero el juez puede fijar previamente una determinada suma como límite para jurar, porque le es lícito desde el inicio no ofrecer el juramento.

§2. *Item et si iuratum fuerit, licet iudici vel absolveré vel minoris condemnare.*

§2. El juez también puede absolver o condenar por menor cantidad si ya se juró.

§3. *Sed in his omnibus ob dolum solum in literm iuratur, non etiam ob culpam: haec enim iudex aestimat.*

§3. En todos estos casos se jura para el litigio estimado solo por dolo, no por culpa, porque ésta última la estima el juez.

§4. *Plane interdum et in actione stricti iudicii in litem iurandum est, veluti si promisor Stichi moram fecerit et Stichus decesserit, quia iudex aestimare sine relatione iurisiurandi non potest rem quae non extat:*

§4. A veces debe jurarse para el litigio estimado en los juicios de estricto derecho, por ejemplo, si quien prometió por estipulación al esclavo Estico incurrió en mora y Estico falleciese, porque el juez no puede estimar algo inexistente sin ofrecer juramento,

6. PAULUS libro vicensimo sexto ad edictum. ... alias, si ex stipulatu vel ex testamento agatur, non solet in litem iurari.

6. PAULO *en el libro vigésimo sexto de los comentarios al edicto.* ... y si debido a cosa incierta se ejerce la acción de lo estipulado o la de testamento por un legado, no suele jurarse para el litigio estimado.

7. *ULPIANUS libro octavo ad edictum. Vulgo praesumitur alium in litem non debere iurare quam dominum litis: denique Papinianus ait alium non posse iurare quam eum, qui litem suo nomine contestatus est.*

7. ULPIANO *en el libro octavo de los comentarios al edicto.* Generalmente se considera que solo debe jurar de litigio estimado el dueño del pleito; además, Papiniano dice que solo puede jurar aquel a cuyo nombre se contestó al juicio.

8. *MARCELLUS libro octavo digestorum. Tutor rem adulti, quam possidet, restituere ei non vult: quaero, utrum quanti res est an quanti in litem iuratum fuerit condemnari debet. Respondi: non est aequum pretio, id est quanti res est, litem aestimari, cum et contumacia punienda sit et arbitrio potius domini rei pretium statuendum sit potestate petitori in litem iurandi concessa.*

8. MARCELO *en el libro octavo del digesto.* Un tutor que posee el bien de un mayor de edad no quiere devolvérselo. Pregunto: ¿deberá condenársele por el valor del bien o por cuanto se juró de litigio estimado? Respondí: no es justo que se estime el litigio por su precio, es decir, por el valor del bien, pues también debe castigarse la contumacia, y preferentemente el dueño debe fijar el precio tras conceder a la parte actora la facultad para jurar de litigio estimado.

9. *IAVOLENUS libro quinto decimo ex Cassio. Cum furti agitur, iurare ita oportet tanti rem fuisse cum furtum factum sit, non adici eo plurisve, quia quod res plurius est, utique tanti est.*

9. JAVOLENO *en el libro décimo quinto de la doctrina de Casio.* Cuando se ejerce la acción de robo, debe jurarse así: 'la cosa valía tanto cuando fue sustraída', sin añadirse 'o más', porque en el 'tanto' ya se incluye el valor excedente.

10. *CALLISTRATUS libro primo quaestionum. In instrumentis, qua equis non exhibet, actori permittitur in litem iurare, quanti sua interest ea proferri, ut tanti condemnetur reus: idque etiam divus Commodus rescripsit.*

10. CALISTRATO *en el libro primero de las cuestiones.* Respecto de los documentos que no se exhiben, se permite a la parte actora jurar de litigio estimado según el interés que tenga de que se exhiban, para condenar al reo por dicha cantidad, y esto lo contestó por escrito el Divino Cómodo.

11. *PAULUS libro tertio responsorum. De periurio eius, qui ex necessitate iuris in litem iuravit, quaeri facile non solere.*

11. PAULO *en el libro tercero de las respuestas.* No se admite fácilmente querella sobre el perjurio de quien juró de litigio estimado por imperativo del derecho.

TITULUS IV
DE CONDICTIONE CAUSA DATA CAUSA NON SECUTA

TÍTULO IV
DE LA ACCIÓN EJECUTIVA POR CAUSA NO VERIFICADA

1. *ULPIANUS libro vicensimo sexto ad edictum. Si ob rem non inhonestam data sit pecunia, ut filius emanciparetur vel servus manumitteretur vel a lite discedatur, causa secuta repetitio cessat.*

1. ULPIANO *en el libro vigésimo sexto de los comentarios al edicto.* Si se prestó dinero por un motivo honesto, por ejemplo, para emancipar al hijo, manumitir al esclavo o desistirse del litigio, cesa la repetición de lo dado si se verifica la causa.

§1. *Si parendi condicioni causa tibi dedero decem, mox repudiavero hereditatem vel legatum, possum condicere.*

§1. Si para cumplir la condición yo te entregué diez mil sestercios y luego repudié la herencia o el legado, puedo demandar con la acción ejecutiva.

2. *HERMOGENIANUS libro secundo iuris epitomarum. Sed et si falsum testamentum sine scelere eius qui dedit vel inofficiosum pronuntietur, veluti causa non secuta decem repetentur.*

2. HERMOGENIANO *en el libro segundo del epítome del derecho.* También se podrán repetir los diez mil, como si no se verificase la causa, si se declaró falso o inoficioso el testamento, sin perjuicio que quien los dio.

3. *ULPIANUS libro vicensimo sexto ad edictum. Dedi tibi pecuniam, ne ad iudicem iretur: quasi decidi, an possim condicere, si mihi non caveatur ad iudicem non iri? Et est verum multum interesse, utrum ob hoc solum dedi, ne eatur, an ut et mihi repromittatur non iri: si ob hoc, ut et repromittatur, condici poterit, si non repromittatur: si ut ne eatur, condictio cessat, quamdiu non itur.*

§1. Idem erit et si tibi dedero, ne Stichum manumitas: nam secundum distinctionem supra scriptam aut admittenda erit repetitio aut inhibenda.

§2. Sed si tibi dedero, ut Stichum manumitas: si non facis, possum condicere, aut si me paeniteat, condicere possum.

§3. Quid si ita dedi, ut intra certum tempus manumittas? Si nondum tempus praeteriit, inhibenda erit repetitio, nisi paenitent: quod si praeteriit, condici poterit. Sed si Stichus decesserit, an repeti quod datum est possit? Proculus ait, si post id temporis decesserit, quo manumitti potuit, repetitionem esse, si minus, cessare.

3. ULPIANO *en el libro vigésimo sexto de los comentarios al edicto.* Te entregué una cantidad para no recurrir al juez, como si el pleito se hubiese decidido. ¿Podré ejercer la acción ejecutiva si no se me otorga caución de que no se recurrirá al juez? Y, a decir verdad, hay mucha diferencia entre dar únicamente el dinero para no recurrir o para que se me prometa con estipulación que no se recurrirá. Si es por esto último, podrá ejercerse la acción ejecutiva si no se prometió. Si fue para no recurrir, se extingue la acción ejecutiva mientras no se recurra.

§1. También procede si yo te di para que no manumitas al esclavo Estico, pues, según la distinción anterior, deberá admitirse o rechazarse la repetición.

§2. Si te di para que manumitas al esclavo, y no lo haces, puedo ejercer la acción ejecutiva, o bien si me arrepiento de haber dado.

§3. ¿Qué pasa si di para que manumitas al esclavo dentro de cierto plazo? Si aún no se cumple éste, se negará la repetición, salvo que me arrepienta; pero si ya se cumplió, podrá ejercerse la acción ejecutiva. Pero si Estico murió, ¿podrá repetirse lo ya dado? Próculo dice que si falleció después del plazo en que pudo manumitírsele, procede la repetición; de lo contrario, se extingue.

§4. Quin immo et si nihil tibi dedi, ut manumitteres, placuerat tamen, ut darem, ultro tibi competere actionem, quae ex hoc contractu nascitur, id est condictionem defuncto quoque eo.

§5. Si liber homo, qui bona fide serviebat, mihi pecuniam dederit, ut eum manumittam, et fecero: postea liber probatus an mihi condicere possit, quaeritur. Et Iulianus libro undecimo digestorum scribit competere manumisso repetitionem. Neratius etiam libro membranarum refert Paridem pantomimum a Domitia Neronis filia decem, quae ei pro libertate dederat, repetisse per iudicem nec fuisse quaesitum, an Domitia sciens liberum accepisset.

§6. Si quis quasi statuliber mihi decem dederit, cum iussus non esset, condicere eum decem Celsus scribit.

§7. Sed si servus, qui testamento heredi iussus erat decem dare et liber esse, codicillis pure libertatem accepti et id ignorans dederit heredi decem, an repetere possit? Et refert patrem suum Celsum existimasse repetere eum non posse: sed ipse Celsus naturali aequitate motus putat repeti posse. Quae sentential verior est, quamquam constet ut et ipse ait, cum qui dedit ea spe, quod

§4. Más aun, si no te di nada para manumitirlo, pero se convino que te daría, te compete la acción surgida de este contrato, es decir, la ejecutiva, aunque el esclavo haya muerto.

§5. Si un libre esclavo de buena fe me dio dinero para manumitirlo, y yo lo hice, tras probar que era libre, se pregunta si podrá demandarme con la acción ejecutiva. Juliano escribe en el libro décimo primero del digesto que sí podrá hacerlo. También refiere Neracio en su libro de los pergaminos que el pantomimo Paris recuperó judicialmente de Domicia, hija de Nerón, la suma de diez mil sestercios que le había dado por su libertad, y que no se investigó la cuestión de si Domicia los había aceptado sabiendo que él era libre.

§6. Celso escribe que si un esclavo me dio diez mil sestercios creyendo ser libre bajo condición sin habérsele indicado tal cosa, puede demandarme con la acción ejecutiva.

§7. Y si un esclavo, a quien se le ordenó por testamento dar diez mil sestercios al heredero para poder ser libre, recibió la libertad pura y simplemente en un codicilo, pero ignorándolo dio diez mil al heredero, ¿podrá repetirlos? Y Celso refiere que su padre opinó que no; pero el propio Celso, movido por la

se ab eo qui acceperit remunerari existimaret vel amiciorem sibi esse cum futurum, repetere non posse opinione falsa deceptum.

equidad natural, opinó que si puede repetirlos. Opinión esta última que es más correcta, aunque es claro que, como él mismo dice, que quien dio con la esperanza de poder ser gratificado por quien de él había recibido, o de que podría ser más amigo en lo futuro, no puede repetir aunque su falsa esperanza lo haya engañado.

§8. Suptilius quoque illud tractat, an ille, qui se statuliberum putaverit, nec fecerit numos accipientis, quoniam heredi dedit quasi ipsius heredis numos daturus, non quasi suos, qui utique ipsius fuerunt, adquisiti scilicet post libertatem ei ex testamento competentem. Et puto, si hoc animo dedit, non fieri ipsius: nam et cum tibi nummos meos quasi tuos do, non facio tuos. Quid ergo, si hic non heredi, sed alii dedit, cui putabat se iussum? Si quidem peculiares dedit, nec fecit accipientis: si autem alius pro eo dedit aut ipse dedit iam liber factus, fient accipientis.

§8. También examina con gran detalle este caso. Alguien que se creyó manumitido por testamento bajo condición, entregó dinero al heredero, no como suyo, sino como debiéndolo dar del peculio perteneciente al heredero, adquirido después de la libertad que le correspondía pura y simplemente en virtud del testamento: ¿no volverá suyo el heredero el dinero que cobró? Yo considero que si el manumitido dio el dinero con tal intención, no se vuelve del heredero, porque tampoco adquieres dinero mío que te doy como si fuera tuyo. ¿Qué se dirá si el manumitido no entregó el dinero al heredero, sino a otro a quien creía debía hacerlo para cumplir la condición? Si dio dinero del peculio, tampoco lo adquiere quien lo recibe, pero si otro más lo dio por él o él mismo lo dio ya siendo libre, lo adquiere quien lo cobra.

§9. Quamquam permissum sit statulibero etiam de peculio dare

§9. Aunque se permita al esclavo manumitido bajo condición que la

implendae condicionis causa, si tamen vult heres nummos salvos facere, potest cum vetare dare: sic enim fiet, ut et statuliber perveniat ad libertatem quasi impleta condicione cui parere prohibitus est, et nummi non peribunt. Sed is, quem testator accipere voluit, adversus heredem in factum actione agere potest, ut testatori pareatur.

cumpla pagando con bienes de su peculio, si el heredero quiere dejar a salvo el dinero, puede prohibirle que lo haga, aunque dicho esclavo, a quien se le impidió cumplir la condición, podrá alcanzar la libertad como si ya hubiese cumplido. Y no se perderá el dinero, pero quien quiso que el testador lo recibiera puede reclamar al heredero con la acción por el hecho para que se cumpla la voluntad del testador.

4. *IDEM libro trigensimo nono ad edictum. Si quis accepto tulerit debitori suo, cum conveniret, ut expromissorem daret, nec ille det, potest dici condici posse ei, qui accepto sit liberatus.*

4. EL MISMO *en el libro trigésimo noveno de los comentarios al edicto.* Si alguien realizó acceptilación a su deudor, conviniéndose que presentaría a un nuevo deudor para que pagase por él, y no lo hizo, puede ejercerse la acción ejecutiva contra quien fue liberado por acceptilación.

5. *IDEM libro secundo disputationum. Si pecuniam ideo acceperis, ut Capuam eas, deinde parato tibi ad proficiscendum condicio temporis vel valetudinis impedimento fuerit, quo minus proficiscereris, an condici possit, videndum: et cum per te non steterit, potest dici repetitionem cessare: sed cum liceat paenitere ei qui dedit, procul dubio repetetur id quod datum est, nisi forte tua intersit non accepisse te ob hanc causam pecuniam, nam si ita se res habeat, ut, licet nondum profectus sis, ita tamen rem composueris, ut necesse habeas proficisci, vel sumptas, qui*

5. EL MISMO *en el libro segundo de las disputas.* Si recibiste dinero para que fueras a Capua, y ya estando listo para partir te lo impidió el clima o una enfermedad, debe analizarse si procede la acción ejecutiva. Si no dependió de ti puede decirse que no procede la repetición, pero como es lícito que quien dio se arrepienta, sin duda se repetirá lo dado, salvo que te interese no haber recibido el dinero de este modo; en efecto, aunque todavía no hayas partido, pero tenías todo listo para salir, o

necesarii fuerunt ad profectionem, iam fecisti, ut manifestum sit te plus forte quam accepisti erogasse, condictio cessabit: sed si minus erogatum sit, condictio locum habebit, ita tamen, ut indemnitas praestetur eius quod expendisti.

§1. Si servum quis tradiderit alieni ita, ut ab eo intra certum tempus manumitteretur, si paenituerit eum qui tradiderit et super hoc eum certioraverit et fuerit manumissus post paenitentiam, attamen actio propter paenitentiam competit ei qui dedit. Plane si non manumiserit, constitution succedit facitque eum liberum, si nondum paenituerat eum qui in hoc dedit.

§2. Item si quis dederit Titio decem, ut servum emat et manumittat, deinde paeniteat, si quidem nondum emptus est, paenitentia dabit condictionem, si hoc ei manifestum fecerit, ne si postea emat, damno adficietur: si vero iam sit emptus, paenitentia non facit iniuriam ei qui redemit, sed pro decem quae accepit ipsum servum quem emit restituet aut, si ante decessisse proponatur, nihil praestabit, si modo per eum factum non est. quod si fugit nec culpa eius contigit qui redemit, nihil praestabit: plane repromittere eum oportet, si in potestatem suam pervenerit, restitutum iri.

ya habías hecho los gastos necesarios para el viaje, siendo evidente que gastaste más de lo recibido, no procederá la acción ejecutiva, pero si se gastó menos, sí procede, aunque se te indemnice únicamente lo gastado.

§1. Alguien entregó a un tercero un esclavo para que lo manumitiese en un determinado plazo; luego se arrepintió quien lo entregó y así se lo hizo saber al tercero, pero el esclavo fue manumitido pese al arrepentimiento. En virtud de éste, compete acción a quien lo dio. Pero si no lo manumitió procede la constitución y lo vuelve libre, siempre y cuando no se haya arrepentido quien lo dio para tal fin.

§2. Alguien dio diez mil sestercios a Ticio para que comprase y manumitise a un esclavo y luego se arrepintió. Si todavía no se había comprado, el arrepentimiento producirá la acción ejecutiva siempre que se haya manifestado a tiempo para no perjudicar a quien lo compró; si ya se había comprado, el arrepentimiento no perjudica ya a quien lo compró, pues restituirá el esclavo comprado en lugar de los diez mil recibidos; o bien, si falleció antes no restituirá nada siempre que no fuera por culpa suya. Pero si el esclavo huyó sin culpa del comprador, nada dará,

aunque debe prometer por estipulación que lo devolverá en caso de recuperarlo.

§3. Sed si accepit pecuniam ut servum manumittat isque fugerit prius quam manumittatur, videndum, an condici possit quod accepit. Et si quidem distracturus erat hunc servum et propter hoc non distraxit, quod acceperat, ut manumittat, non oportet ei condici: plane cavebit, ut, si in potestatem suam pervenerit servus, restituat id quod accepit eo minus, quo vilior servus factus est propter fugam. Plane si adhuc eum manumitti velit is qui dedit, ille vero manumittere nolit propter fugam offensus, totum quod accepit restituere cum oportet. Sed si eligat is, qui decem dedit, ipsum servum consequi, necesse est aut ipsum ei dari aut quod dedit restitui. Quod si distracturus non era eum, oportet id quod accepit restitui, nisi forte diligentius eum habiturus esset, si non accepisset ut manumitteret: tunc enim non est aequum eum et servo et toto preptio carere.

§3. Si alguien recibió dinero para manumitir a un esclavo y éste huyó antes de quedar libre, deberá analizarse si procede en su contra la acción ejecutiva. Si estaba dispuesto a vender este esclavo y no lo hizo por haber cobrado para manumitirlo, no procederá la acción. Pero deberá otorgar caución para restituir lo recibido si el esclavo vuelve a su poder, restando lo que disminuyó el valor del esclavo debido a la fuga. Pero si quien dio el dinero todavía quisiera que fuera manumitido, y el otro, ofendido por la fuga, no quiso manumitirlo, deberá restituir todo el dinero dado. Pero si quien dio los diez mil prefiere el esclavo, deberá dárselo o restituir lo que dio. Pero si no estuvo dispuesto a venderlo, debe restituir el dinero recibido, a no ser que tuviese mayor cuidado con el esclavo de no haber cobrado para manumitirlo, porque en tal caso es injusto que pierda el esclavo y su precio.

§4. Sed ubi accepit, ut manumitteret, deinde servus decessit, si quidem moram fecit manumissioni, consequens est, ut dicamus refundere eum quod accepit: quod si moram non fecit, sed cum profectus esset ad praesidem vel apud quem manumittere posset, servus in itinere decesserit, verius est, si quidem

§4. Cuando alguien recibió dinero para manumutir al esclavo y luego éste falleció, si se demoró en liberarlo es correcto afirmar que debe reembolsar lo recibido; pero si no incurrió en mora, sino que el esclavo murió en el camino mientras se dirigía ante el

distracturus erat vel quo ipse usurus, oportere dici nihil eum refundere debere. Enimero si nihil eorum facturus, ipsi adhuc servum obisse: decederet enim et si non accepisset ut manumitteret: nisi forte profectio manumissionis gratia morti causam praebuit, ut vel a latronibus sit interfectus, vel ruina in satabulo oppressus, vel vehiculo obtritus, vel alio quo modo, quo non periret, nisi manumissionis causa proficisceretur.

gobernador o ante quien tuviese facultades para manumitir, es más adecuado decir que, ya sea que estuviese dispuesto a venderlo o a usarlo, no debe restituir nada. Pero si no iba a hacer ninguna de las dos cosas, el esclavo pereció a propio riesgo, porque también moriría aunque no recibiese dinero para manumitirlo, salvo que el viaje para liberarlo fuese la causa de la muerte, por ejemplo, al ser asesinado por ladrones, al morir aplastado por las ruinas de un establo, atropellado por un vehículo o cualquier otra causa que no habría sufrido si no hubiese viajado por causa de la manumisión.

6. *IDEM libro tertio disputationum. Si extraneus pro muliere dotem dedisset et pactus esset, ut, quoquo modo finitum esset matrimonium, dos ei redderetur, nec fuerint nuptiae secuate, quia de his casibus solummodo fuit conventum qui matrimonium sequuntur, nuptiae autem secutae non sint, quaerendum erit, utrum mulieri condictio an ei qui dotem dedit competat. Et verisimile est in hunc quoque casum eum quid at sibi prospicere: nam quasi causa non secuta habere potest condictionem, qui ob matrominium dedit, matrimonio non copulatio, nisi forte evidentissimis probationibus mulier ostenderit hoc eum idem fecisse, ut ipsi magis mulieri quam sibi prospiceret. Sed et si pater pro filia det et ita convenit, nisi evidenter aliud*

6. EL MISMO *en el libro tercero de las disputas.* Si un tercero dio la dote por una mujer, pactando que se le devolviese la dote sin importar la causa de disolución del matrimonio, y no tuvo lugar el matrimonio, como únicamente se convino sobre aquellos casos que se dan después del matrimonio, ¿compete la acción ejecutiva a la mujer o a quien dio la dote? Es conveniente que quien ha dado también prevea este caso en el acuerdo, porque puede ejercer la acción ejecutiva por causa no verificada quien dio por causa de matrimonio sin haberse dado éste, salvo que la mujer demostrase con pruebas contundentes que él lo

actum sit, condictionem patri competere Marcellus ait.

hizo atendiendo más al interés de la mujer que al suyo. Pero si el padre dio dote por la hija y convino lo mismo, dice Marcelo que compete al padre la acción ejecutiva, a no ser que evidentemente se haya acordado otra cosa.

7. *IULIANUS libro sexto decimo digestorum. Sui se debere pecuniam mulieri putabat, iussu eius dotis nomine promisit sponso et solvit: nuptiae deinde non intercesserunt: quaesitum est, utrum ipse potest repetere eam pecuniam qui dedisset, an mulier. Nerva, Atilicinus responderunt, quoniam putasset quidem debere pecuniam, sed exceptione doli mali tueri se potuisset, ipsum repetiturum. Sed si, cum sciret se nihil mulieri debere, promisisset, mulieris esse actionem, quoniam pecunia ad eam pertineret. Si autem vere debitor fuisset et ante nuptias solvisset et nuptiae seculae non fuissent, ipse possit condicere, ut ad nihil aliud debitor compellatur, nisi ut cedat ei condicticia actione.*

7. JULIANO *en el libro décimo sexto del digesto.* Una persona creía deber dinero a una mujer; con autorización de ella lo prometió con estipulación a título de dote a su futuro esposo y pagó, pero después no se dio el matrimonio. Se preguntó: ¿puede repetir aquel dinero quien lo dio o la mujer? Nerva y Atilicino respondieron que, como aquel creía deber el dinero pero podría haberse protegido con la excepción de dolo malo, él mismo repetirá la cantidad. Pero si sabía que no debía nada a la mujer y prometió, la acción será de la mujer, porque a ella pertenecería el dinero. Pero si en verdad era deudor y pagó antes de las nupcias, pero estas no se dieron, podrá ejercer la acción ejecutiva, conservando la mujer íntegro el derecho de la deuda para obligar al deudor a cederle la acción ejecutiva.

§1. Fundus dotis nomine traditus si nuptiae insecutae non fuerint, condictione repeti potest: fructus quoque condici poterunt. Idem iuris est de ancilla et partu eius.

§1. Puede repetirse por la acción ejecutiva el fundo entregado a título de dote si no se dio el matrimonio, y también los frutos. El mismo derecho procede respecto de una esclava y su hijo.

8. NERATIUS libro secundo membranarum. Quod Servius in libro de dotibus scribit, si inter eas personas, quarum altera nondum iustam aetatem habeat, nuptiae factae sint, quod dotis nomine interim datum sit, repeti posse, sic intellegendum est, ut, si divortium intercesserit, priusquam utraque persona iustam aetatem habeat, sit eius pecuniae repetitio, donec autem in eodem ahabitu matrimonii permanent, non magis id repeti possit, quam quod sponsa sponso dotis nomine dederit, donec maneat inter eos adfinitas: quod enim ex ea causa nondum coito, matrimonio datur, cum sic detur tamquam in dotem perventurum, quamdiu pervenire potest, repetitio eius non est.

8. NERACIO *en el libro segundo de los pergaminos.* Lo que escribe Servio en su libro de las dotes, que si dos contrajesen nupcias y una aún no tiene la edad necesaria, puede repetirse lo que entretanto se dio en dote, debe entenderse así: si se diese el divorcio antes de que ambos contrayentes tengan la edad necesaria, procede la repetición de aquel dinero, pero mientras permanezcan en disposición matrimonial, no puede repetirse, como tampoco lo que la prometida dio a su prometido en calidad de dote mientras subsista la afinidad entre ellos, porque lo que se da como dote antes de consumado el matrimonio, al darse para constituir la dote, no puede repetirse mientras pueda llegar a constituirse como tal.

9. PAULUS libro septimo decimo ad Plautium. Si donaturus mulieri iussu eius sponso numeravi nec nuptiae secutae sunt, mulier condicet. Sed si ego contraxi cum sponso et pecuniam in hoc dedi, ut, si nuptiae secutae essent, mulieri dos adquireretur, si non essent secutae, mihi redderetur, quasi ob rem datur et re non secuta ego a sponso condicam.

9. PAULO *en el libro décimo séptimo de los comentarios a Plaucio.* Si lo que yo iba a donar a la mujer lo entregué con su autorización a su prometido, y no se dieron las nupcias, la mujer lo recuperará con la acción ejecutiva. Pero si yo contraté con el esposo y le di dinero, conviniendo que quedase como dote para la mujer si llegaban a darse las nupcias, y éstas no se dieron, deberá devolvérseme el dinero como si hubiese dado para una

§1. Si quis indebitam pecuniam per errorem iussu mulieris sponso eius promisisset et nuptiae secutae fuissent, exceptione doli mali uti non potest: maritus enim suum negotium gerit et nihil dolo facit nec decipiendus est: quod fit, si cogatur indotatam uxorem habere. Itaque adversus mulierem condictio ei competit, ut aut repetat ab ea quod marito dedit aut ut liberetur, si nondum solverit. Sed si solute matrimonio maritus peteret, in eo dumtaxat exceptionem obstare debere, quod mulier receptura esset.

10. *IAVOLENUS libro primo ex Plautio. Si mulier ei cui nuptura erat cum dotem dare vellet, pecuniam quae sibi debebatur acceptam fecit aeque nuptiae insecutae sunt, recte ab eo pecunia condicetur, quia nihil interest, utrum ex numeratione pecunia ad eum sine causa an per acceptilationem pervenerit.*

11. *IULIANUS libro decimo digestorum. Si heres arbitratu liberti*

contraprestación, y al no haber sucedido, yo demandaré al prometido con la acción ejecutiva. §1. Si con autorización de una mujer alguien prometió mediante estipulación al prometido de ésta dinero no debido por error, y se dio el matrimonio, no puede recurrirse a la excepción de dolo malo, porque el marido actuó como gestor de negocios, y no comete dolo ni debe verse perjudicado, como sucedería si se le obligase a dejar sin dote a la mujer. Y así, a aquel le compete acción ejecutiva contra la mujer para repetir de ella lo que dio al marido o para liberarlo de la deuda si aún no ha pagado. Pero si se demanda al marido tras disolverse el matrimonio, debe oponérsele la excepción únicamente en la medida de lo que la mujer llegó a recuperar de él.

10. JAVOLENO *en el libro primero de la doctrina de Plaucio.* Si una mujer, queriendo dar la dote al futuro marido, otorgó la acceptilación del dinero que éste le debía, y luego no se dio el matrimonio, con justa razón lo demandará con la acción ejecutiva, pues no importa que recibiese el dinero mediante pago al contado sin causa o mediante acceptilación.

11. JULIANO *en el libro décimo del digesto.* Si por testamento se

certa summa monumentum iussus facere dederit liberto pecuniam et is acepta pecunia monumentum non faciat, condictione tenetur.

dispuso que el heredero erigiese una sepultura con cierta cantidad que determinaría un liberto, aquél dio el dinero a éste, y tras recibirlo, el liberto no hizo el sepulcro, se le obliga con la acción ejecutiva.

12. *PAULUS libro sexto ad legem Iuliam et Papiam. Cum quis mortis causa donationem, cum convaluisset donator, condicit, fructus quoque donaturum rerum et partus et quod aderevit rei donatae repetere potest.*

12. PAULO *en el libro sexto de los comentarios a la ley Julia y Papia.* Cuando, tras recuperar la salud, un donante reclama con la acción ejecutiva la donación hecha por causa de muerte, puede repetir también los frutos de las cosas donadas, las crías habidas y lo que acreció a la cosa donada.

13. *MARCIANUS libro tertio regularum. Si filius contulerit fratri quasi adgniturus bonorum posesionem et non adgnovit, repetere eum posse Marcellus libro quinto digestorum scribit.*

13. MARCIANO *en el libro tercero de las reglas.* En el libro quinto del digesto Marcelo escribe que si un hijo emancipado hizo colación de bienes con su hermano porque iba a pedir la posesión de bienes hereditarios, y luego no la pide, puede repetirla.

14. *PAULUS libro tertio ad Sabinum. Si procuratori falso indebitum solutum sit, ita demum a procuratore repeti non potest, si dominus ratum habuerit, sed ipse dominus tenetur, ut Iulianus scribit. Quod si dominus ratum non habuisset, etiamsi debita pecunia soluta fuisset, ab ipso procuratore repetetur: non enim quasi indebitum datum repetutur, sed quasi ob rem datum nec res secuta sit ratihabitione non intercedente: vel quod furtum faceret pecuniae falsus*

14. PAULO *en el libro tercero de los comentarios a Sabino.* Si se pago indebidamente a un procurador sin mandato, no puede repetirse de éste si el representado ratificó el acto, pero éste sí queda obligado, como escribe Juliano. Pero si el representado no ratificó, aunque se debiese el dinero pagado, se repetirá del procurador, porque no se repetirá lo dado como indebido, sino como dado por una causa no verificada al no

procurator, cum quo non tantum furti agi, sed etiam condici ei posse.

mediar ratificación, pudiendo decirse que es como si el procurador sin mandato robó dicha cantidad, contra el cual puede intentarse tanto la acción de robo como la ejecutiva.

15. *POMPONIUS libro vicensimo secundo ad Sabinum. Cum servus tuus in suspicionem furti Attio venisset, dedisti eum in quaestionem sub ea causa, ut, si id repertum in eo non esset, redderetur tibi: is eum tradidit praefecto vigilum quasi in facinore deprehensum: praefectus vigilum cum summo suplicio adfecit. Ages cum Attio dare eum tibi oportere, quia et ante mortem dare tibi eum oportuerit. Labeo ait posse etiam ad exhibendum agi, quoniam fecerit quo minus exhiberet. Sed Proculus dari oportere ita ait, si fecisses eius hominem, quo casu ad exhibendum agere te non posse: sed si tuus mansisset, etiam furti te acturum cum eo, quia re aliena ita sit unus, ut sciret se invito domino ut aut dominum si sciret prohibiturum esse.*

15. POMPONIO *en el libro vigésimo segundo de los comentarios a Sabino.* Atio sospechó de un esclavo tuyo por robo, se lo entregaste para interrogarlo con tormento a condición de que, si no se le hallaba culpable, te lo devolviese. Atio lo entregó al prefecto de los vigilantes como si lo hubiese atrapado en flagrante delito, y el prefecto lo condenó a la pena máxima. Demandarás a Atio para que te entregue el esclavo, porque antes de la muerte te lo debía entregar. Dice Labeón que también puede ejercerse la acción exhibitoria, porque de él dependio no presentarlo. Sin embargo, dice Próculo que debe entregarlo si le diste la propiedad del esclavo, en cuyo caso no puedes ejercer la acción exhibitoria; pero si continuó siendo tuyo, lo demandarás también con la acción de robo, porque usó una cosa ajena sabiendo que lo hacía contra la voluntad del dueño, o que el dueño se lo prohibiría si lo supiera.

16. *CELSUS libro tertio digestorum. Dedi tibi pecuniam, ut mihi Stichum*

16. CELSO *en el libro tercero del digesto.* Te entregué dinero para

dares: utrum id contractus genus pro portione emptionis et venditionis est, an nulla hic alia obligatio est quam ob rem dati re non secuta? In quod proclivior sum: et ideo, si mortuus est Stichus, repetere possum quod ideo tibi dedi, ut mihi Stichum dares. Finge alienum esse Stichum, sed te tamen cum tradidisse: repetere a te pecuniam potero, quia hominem accipientis non feceris: et rursus, si tuus est Stichus et pro eviction eius promittere non vis, non liberaberis, quo minus a te pecuniam repetere possim.

que me dieras al esclavo Estico. ¿Este tipo de contrato es en parte una especie de compraventa o no hay más obligación que la que surge de la dación por causa no verificada? Yo me inclino más por lo segundo. Por ello, si muere Estico, puedo repetir lo que te entregué a cambio del esclavo. Supongamos que Estico es de otro dueño y aun así lo entregaste: podré repetir el dinero, porque no hiciste propietario de él a quien recibió el esclavo. Y si Estico es tuyo y no quieres garantizar por su evicción, no quedarás liberado de que yo pueda repetir de ti el dinero entregado.

TITULUS V
DE CONDICTIONE OB TURPEM VEL INIUSTAM CAUSAM

TÍTULO V
DE LA ACCIÓN EJECUTIVA POR CAUSA INMORAL O INJUSTA

1. PAULUS libro decimo ad Sabinum. Omne quod datura ut ob rem datur aut ob causam, et ob rem aut turpem aut honestam: turpem autem, aut ut dantis sit turpitudo, non accipientis, aut ut accipientis dumtaxat, non etiam dantis, aut utrisque.

1. PAULO *en el libro décimo de los comentarios a Sabino.* Todo lo que se da es para lograr alguna cosa o por alguna causa; en el primer caso, puede ser inmoral u honesta; si para cosa inmoral, la inmoralidad puede ser de quien da y no de quien recibe, solo de quien recibe y no de quien da, o de las dos partes.

§1. Ob rem igitur honestam datum ita repeti potest, si res, propter quam datum est, secuta non est.

§1. Lo que se da para obtener una cosa honesta puede repetirse si no se verificó la cosa por la cual se

§2. Quod si turpis causa accipientis fuerit, etiamsi res secuta sit, repeti potest:

§2. Pero si la inmoralidad fue de quien recibe, puede repetirse, aunque se obtuviese la cosa,

2. ULPIANUS libro vicensimo sexto ad edictum. ... ut puta dedi tibi ne sacrilegium facias, ne furtum, ne hominem occidas. In qua specie Iulianus scribit, si tibi dedero, ne hominem occidas, condici posse:

2. ULPIANO *en el libro vigésimo sexto de los comentarios al edicto*. ... por ejemplo, si te di para que no cometieras un sacrilegio, un robo o no matases a un esclavo; Juliano escribe al respecto que si yo te di para no matar a un esclavo, puede ejercerse la acción ejecutiva.

§1. Item si tibi dedero, ut rem mihi reddas depositam apud te vel ut instrumenti mihi redderes.

§1. También si yo te di para que me devuelvas una cosa que deposité en tu poder o para que me devuelvas un documento.

§2. Sed si dedi, ut secundum me in bona causa iudex pronuntiaret, est quidem relatum condictioni locum esse: sed hic quoque crimen contrahit (iudicem enim corrumpere videtur) et non ita pridem imperator noster constituit literm eum perdere.

§2. Si te di para que el juez dictase sentencia a mi favor en una causa justa, se dice con certeza que procede la acción ejecutiva, aunque en este caso contrae un crimen (porque parece que se corrompe al juez), y hace poco nuestro emperador Antonino Caracala dispuso que pierda el pleito.

3. PAULUS libro decimo ad Sabinum. Ubi autem et dantis et accipientis turpitudo versatur, non posse repetir dicimus: veluti si pecunia detur, ut male iudicetur.

3. PAULO *en el libro décimo de los comentarios a Sabino*. Cuando existe inmoralidad por parte de quien da y de quien recibe, decimos que no puede repetirse, por ejemplo, si se da dinero para que se juzgue injustamente.

4. ULPIANUS libro vicensimo sexto ad edictum. Idem si ob stuprum datum sit, vel si quis in adulterio deprehensus

4. ULPIANO *en el libro vigésimo sexto de los comentarios al edicto*. Tampoco procede la repetición si

279

redemerit se: cessaat enim repetitio, idque Sabinus et Pegasus responderunt.

se dio algo para cometer un estupro o para liberar con dinero a alguien sorprendido en adulterio, y así respondieron Sabino y Pegaso.

§1. *Iem si dederit fur, ne proderetur, quoniam utrisque turpitudo versatur, cessat repetitio.*

§1. Igualmente cesa la repetición si un ladrón dio para no ser denunciado, pues hay inmoralidad en ambas partes.

§2. *Quotiens autem solius accipientis turpitudo versatur, Celsus ait repeti posse: veluti si tibi dedero, ne mihi iniuriam facias.*

§2. Cuando la inmoralidad solo atañe a quien recibe, dice Celso que puede repetirse, por ejemplo, si yo te di para que no me provocases una lesión.

§3. *Sed quod meretrici datur, repeti non potest, ut Labeo et Marcellus scribunt, sed nova ratione, non ea, quod utriusque turpitudo verstur, sed solius dantis: illam enim turpiter facere, quod sid meretrix, non turpiter accipere, cum sit meretrix.*

§3. Pero como escriben Labeón y Marcelo, lo que se da a una meretriz no puede repetirse, y ello por una razón distinta: no porque haya inmoralidad en ambas partes, sino solamente por parte de quien da, pues ella obra inmoralmente siendo meretriz, pero no cobra inmoralmente por serlo.

§4. *Si tibi iudicium dedero, ut figitivum meum iudices vel furem rerum mearum, non poterit repeti quod datum est: nec enim turpiter accepisti. Quod si a fugitive meo acceperis, ne eum iudicares, condicere tibi hoc quasi furi possim: sed si ipse fur iudicium a me accepit vel furis vel fugitive socius, puto condictionem locum habere.*

§4. Si yo te di un premio para que encuentres a mi esclavo fugitivo, o al ladrón de mis bienes, no podrá repetirse lo dado, porque no lo recibiste inmoralmente. Pero si recibiste de mi esclavo fugitivo para que no lo denunciases, podré reclamarte con la acción ejecutiva como si fueras un ladrón; mas si el premio lo recibió de mí el propio ladrón o su cómplice, o bien el cómplice del esclavo fugitivo, opino que sí procede la acción ejecutiva.

5. *IULIANUS libro tertio ad Urscium Ferocem. Si a servo meo*

5. JULIANO *en el libro tercero de los comentarios a Urseyo Feroz.* Próculo

pecuniam quis accepisset, ne furtum ab eo factum iudicaret, sive iudicasset sive non, repetitionem fore eius pecuniae Proculus respondit.

respondió que si alguien recibió de mi esclavo dinero para que no denunciase el robo que cometió, procederá la repetición del dinero, haya o no sido denunciado.

6. *ULPIANUS libro octavo decimo ad Sabinum. Perpetuo Sabinus probavit veterum opinionem existimantium id, quod ex iniusta causa apud aliquem sit, posse condici: in qua sententia etiam Celsus est.*

6. ULPIANO *en el libro décimo octavo de los comentarios a Sabino.* Sabino aprobó en muchas ocasiones la opinión de los antiguos, quienes consideraban que lo que alguien retiene por causa injusta puede reclamarse con la acción ejecutiva, opinión que también comparte Celso.

7. *POMPONIUS libro vicensimo secundo ad Sabinum. Ex ea stipulatione, quae per vim extorta esset, si exacta esset pecunia, repetitionem esse constat.*

7. POMPONIO *en el libro vigésimo segundo de los comentarios a Sabino.* Es sabido que procede la repetición si se cobró dinero en virtud de estipulación obtenida con violencia.

8. *PAULUS libro tertio questionum. Si ob turpem causam promiseris Titio, quamvis, si petat, exceptione doli mali vel in factum summovere eum possis, tamen si solveris, non posse te repetere, quoniam sublata proxima causa stipulationis, quae propter exceptionem inanis esset, pristina causa, id est turpitudo, superesset: porro autem si et dantis et accipientis turpis causa sit, possessorem potiorem esse et ideo repetitionem cessare, tametsi ex stipulatione solutum est.*

8. PAULO *en el libro tercero de las cuestiones.* Si prometiste a Ticio por una causa inmoral, aunque, si reclama, puedes rechazarlo con la excepción de dolo malo o la derivada del hecho, pero si pagaste no puedes repetir, porque al eliminarse la causa próxima, que es la estipulación, la cual sería nula en virtud de la excepción, subsistirá la causa primitiva, es decir, la inmoralidad. Y si la causa fue inmoral tanto por parte de quien da como por parte de quien recibe, tiene preferencia el poseedor, y por ello no procede la

repetición, aunque se pagase en virtud de una estipulación.

9. IDEM *libro quinto ad Plautium. Si vestimenta utenda tibi commodavero, deinde pretium, ut reciperem, dedissem, condictione me recte acturum responsum est: quamvis enim propter rem datum sit et causa secuta sit, tamen turpiter datum est.*

§1. *Si rem locatam tibi vel venditam a te vel mandatum ut redderes, pecuniam acceperis, habebo tecum ex locato ven vendito vel mandati actionem: quod si, ut id, quod ex testamento vel ex stipulatu debebas redderes mihi, pecuniam tibi dederim, condictio dumtaxat pecuniae datae eo nomine erit. Idque et Pompopnius scribit.*

9. EL MISMO *en el libro quinto de los comentarios a Plaucio.* Si yo te di en comodato unos vestidos para usarlos y luego te di una cantidad para recuperarlos, justamente demandaré con la acción ejecutiva, porque aunque se diese para obtener una cosa, y se verificase la causa, se dio inmoralmente.

§1. Si recibiste dinero para entregar una cosa que se te dio en arrendamiento, que vendiste o que se te dio en virtud de un mandato, tendré contra ti la acción de arrendamiento, la de venta o la de mandato. Pero si yo te entregué dinero para que me dieses lo que me debías en virtud de un testamento o de una estipulación para reclamar el dinero dado, por ello tan solo procederá la acción ejecutiva. Y así opina también Pomponio.

TITULUS VI
DE CONDICTIONE
INDEBITI

TÍTULO VI
DE LA ACCIÓN
EJECUTIVA DE LO
PAGADO
INDEBIDAMENTE

1. ULPIANUS *libro vicensimo sexto ad edictum. Nunc videndum de indebito soluto.*

1. ULPIANO *en el libro vigésimo sexto de los comentarios al edicto.* Ahora trataremos de lo pagado indebidamente.

§1. Ei quidem si quis indebitum ignorans solvit, per hanc actionem condicere potest; sed si sciens se non debere solvit, cessat repetitio.

§1. Si por error alguien pagó lo que no debía, puede demandar a través de la acción ejecutiva; pero si pagó sabiendo que no debía, no procede la repetición.

2. IDEM libro sexto decimo ad Sabinum. Si quis sic solverit, ut, si apparuisset esse indebitum vel Falcidia emerserit, reddatur, repetitio locum habebit: negotium enim contractum est inter eos.

2. EL MISMO *en el libro décimo sexto de los comentarios a Sabino.* Si alguien pagó una deuda de legado para que se le devuelva si resultaba que no se debía o que excedía a la Ley Falcidia, procederá la repetición, porque entre ellos se contrajo un negocio.

§1. Si quid ex testamento solutum sit, quod postea falsum vel inofficiosum vel irritum vel ruptum apparuerit, repetetur,vel si post multum temporis emerserit aes alienum, vel codicilii diu elati prolato, qui ademptionem continent legatorum solutorum vel deminutionem per hoc, quia aliis quoque legata relicta sunt. Nam divus Hadrianus circa inofficiosum et falsum testamentum rescripsit actionem dandam ei, secundum quem de hereditate iudicatum est.

§1. Si se pagó una deuda en razón de testamento, y después resultó que era falso, inoficioso, irrito o inválido, procederá la repetición, o si después de mucho tiempo apareciese una deuda hereditaria, o se presentasen codicilos ocultos durante largo tiempo que contienen la revocación de los legados pagados, o su disminución por haberse dejado en ellos legados a otras personas, pues el Divino Adriano contestó por escrito diciendo que en el caso del testamento inoficioso o falso debía concederse acción a quien obtuviese sentencia favorable en una causa hereditaria.

3. PAPINIANUS libro vicensimo octavo quaestionum. Idem est et si solutis legatis nova et inopinata causa hereditatem abstulit, veluto nato postumo, quem heres in utero fuisse ignorabat, vel etiam ab hostibus reverso

3. PAPINIANO *en el libro vigésimo octavo de las cuestiones.* Lo mismo procede si, tras pagarse los legados, una causa nueva e inesperada arrebató a alguien la herencia, por ejemplo, al nacer un

filio, quem pater obisse falso praesumpserat: nam utiles actiones postumo vel filio, qui hereditatem evicerat, dari oportere in eos, qui legatum perceperunt, imperator Titus Antoninus rescripsit, scilicet quod bonae fidei possessor in quantum locupletior factus est tenetur nec periculum huiusmodi nominum ad eum, qui sine culpa solvit, pertinebit.

hijo póstumo que el heredero ignoraba que estuviese en el seno materno, o al regresar un hijo de entre los enemigos y que el padre había presumido erróneamente muerto, pues el emperador Tito Antonino Pío respondió por escrito que debían otorgarse al hijo póstumo o al hijo que había vencido en reclamar la herencia las acciones útiles contra quienes habían obtenido el legado, es decir, porque el poseedor de buena fe se obliga en la medida en que se enriqueció, y el riesgo de este tipo de créditos no corresponderá a quien pagó los legados creyéndose heredero.

4. *PAULUS libro tertio ad Sabinum. Idem divus Hadrianus rescripsit et si aliu testamentum proferatur.*

4. PAULO *en el libro tercero de los comentarios a Sabino.* También en dicho sentido respondió por escrito el Divino Adriano en caso de aparecer un testamento posterior.

5. *ULPIANUS libro sexto decimo ad Sabinum. Nec novum, ut quod alius solverit alius repetat. Nam et cum minor viginti quinque annis inconsulte adita hereditate solutis legatis in integrum restituitur, non ipsi repetitionem competere, sed ei, ad quem bona pertinent, Arrio Titiano rescriptum est.*

5. ULPIANO *en el libro décimo sexto de los comentarios a Sabino.* No es raro que alguien repita lo que otra persona pagó. Porque también se respondió por escrito a Arrio Ticiano que cuando se restituye en su totalidad a un menor de veinticinco años, quien pagó los legados y aceptó imprudentemente una herencia, no le compete la repetición, sino a quien pertenecen los bienes hereditarios.

6. *PAULUS libro tertio ad Sabinum. Si procurator tuus indebitum solverit et tu ratum non habeas, posse repeti Labeo libris posteriorum scripsit: quod si debitum fuisset, non posse repeti Celsus: ideo, quoniam, cum quis procuratorem rerum suarum constituit, id quoque mandare videtur, ut solvat creditori, neque postea exspectandum sit, ut ratum habeat.*

§1. Idem Labeo ait, si procuratori indebitum solutum sit et dominus ratum non habeat, posse repeti.

§2. Celsus ait eum, qui procuratori debitum solvit, continuo liberari neque ratihabitionem condierari: quod si indebitum acceperit, ideo exigi ratihabitionem, quoniam nihil de hoc nomine exigendo mandasse videretur, et ideo, si ratum non habeatur, a procuratore repetendum.

§3. Iulianus ait neque tutorem neque procuratorem solventes repetere posse neque interesse, suam pecuniam an pupilli vel domini solvant.

7. *POMPONIUS libro nono ad Sabinum. Quod indebitum per errorem solvitur, aut ipsum aut tantundem repetitur.*

6. PAULO *en el libro tercero de los comentarios a Sabino.* Labeón escribió en los libros de los posteriores que si tu procurador pagó indebidamente y tú no ratificaste, puede repetirse, pero si se debía, no. Celso dice que ello se debe a que cuando se nombra procurador para administrar los bienes, se entiende que se le encomienda también que pague al acreedor, sin tener que esperar a que lo ratifique.

§1. También dice Labeón que si se pagó indebidamente a un procurador, y el representado no ratificó, podrá repetirse.

§2. Dice Celso que quien paga a un procurador lo que se debía queda liberado de inmediato, y que no debe tomarse en cuenta la ratificación, pero si cobró indebidamente debe exigirse la ratificación, porque se entiende que no se otorgó mandanto para exigir tal crédito, y si no se le ratificó, procede la repetición contra el procurador.

§3. Dice Juliano que no pueden repetir el tutor ni el procurador cuando pagan, sin importar que paguen con su dinero, con dinero del pupilo o del representado.

7. POMPONIO *en el libro novena de los comentarios a Sabino.* Cuando se paga indebidamente por error, se repite por la misma cantidad o por su valor.

8. *PAULUS libro sexto ad Sabinum. Quod nomine mariti, qui solvendo non sit, alius mulieri solvisset, repetere non potest: adeo debitum esset mulieri.*

8. PAULO *en el libro sexto de los comentarios a Sabino.* Lo que un tercero pagó a una mujer en nombre del marido insolvente de la dote no puede repetirlo, porque se le debe a la mujer.

9. *ULPIANUS libro sexagensimo sexto ad edictum. Nam et maritus, si, cum facere nihil possit, dotem solverit, in ea causa est, ut repetere non possit.*

9. ULPIANO *en el libro sexagésimo sexto de los comentarios al edicto.* El mismo marido que pagó la dote, si agotó su patrimonio, no podrá repetir.

10. *PAULUS libro septimo ad Sabinum. In diem debitor adeo debitor est, ut ante diem dolutum repetere non possit.*

10. PAULO *en el libro séptimo de los comentarios a Sabino.* Antes del plazo el deudor es deudor, por lo que no puede repetir lo que pagó antes del plazo.

11. *ULPIANUS libro trigensimo quinto ad Sabinum. Si is, cum quo de peculio actum est, per imprudentiam plus quam in peculio est solverit, repetere non potest.*

11. ULPIANO *en el libro trigésimo quinto de los comentarios a Sabino.* Si aquel a quien se demandó con la acción de peculio pagó imprudentemente más allá del valor del peculio, no puede repetir.

12. *PAULUS libro septimo ad Sabinum. Si fundi mei usum fructum tibi dedero falso existimans me eum tibi debere et antequam repetam decesserim, condictio eius ad heredem quoque meum transibit.*

12. PAULO *en el libro séptimo de los comentarios a Sabino.* Si yo te di el usufructo de un fundo de mi propiedad creyendo erróneamente que te lo debía, y falleciese ante de demandarte, la acción ejecutiva respectiva pasará a mi heredero.

13. *IDEM libro decimo ad Sabinum. Naturaliter etiam servus obligatur: et ideo, si quis nomine eius slvat vel ipse*

13. EL MISMO *en el libro décimo de los comentarios a Sabino.* El esclavo también se obliga naturalmente y,

manumissus, ut Pomponius scribit, ex peculio, cuius liberam administrationem habeat, repeti non poterit: et ob id et fideiussor pro servo acceptus tenetur et pignus pro eo datum tenebitur et, si servus, qui peculii administrationem habet, rem pignori in id quod debeat dederit, utilis pigneraticia reddenda est.

por lo tanto, como escribe Pomponio, si alguien pagó en su nombre o lo hace él mismo tras ser manumitido con bienes del peculio que administraba libremente, no podrá repetir. Por ello, también queda obligado el fiador admitido por la deuda del esclavo, quedando en garantía la prenda dada por una deuda suya, y si el esclavo que administra el peculio dio algo en prenda una deuda suya, se concederá la acción útil pignoraticia.

§1. Item quod pupillus sine tutoris auctoritate mutuum accepit et locupletior factus est, si pubes factus solvat, non repetit.

§1. Igualmente, si un pupilo recibió en mutuo sin autorización de su tutor y por ello se enriqueció, si lo paga ya siendo púber no lo repite.

14. *POMPONIUS libro vicensimo primo ad Sabinum. Nam hoc natura aequum est neminem cum alterius detrimento fieri locupletiorem.*

14. POMPONIO *en el libro vigésimo primero de los comentarios a Sabino.* Porque es de equidad natural que nadie se enriquezca perjudicando a otro.

15. *PAULUS libro decimo ad Sabinum. Indebiti soluti condictio naturalis est et ideo etiam quod rei solutae accessit, venit in condictionem, ut puta partus qui ex ancilla natus sit vel quod alluvione accessit: immo et fructus, quos is cui solutum est bona fide percepit, in condictionem venient.*

15. PAULO *en el libro décimo de los comentarios a Sabino.* Es natuarl la acción ejecutiva de lo pagado sin ser debido; por ello, se comprende en dicha acción lo accedido a la cosa pagada, por ejemplo, el hijo nacido de una esclava o lo acrecido por aluvión, así como los frutos percibidos de buena fe por quien cobró.

§1. Sed et si nummi alieni dati sint, condictio competet, ut vel possessio eorum reddatur: quemadmodum si falso

§1. Si se entregó dinero ajeno procederá la acción ejecutiva para que se devuelva su posesión;

existimans possessionem me tibi debere alicuius rei tradidissem, condicerem. Sed et si possessionem tuam fecissem ita, ut tibi per longi temporis praesciptionem avocari non possit, etiam sic recte tecum per indebitam condictionem agerem.

igualmente, si yo te entregase la posesión de alguna cosa creyendo erróneamente que te la debía, procederá tal acción. Pero también si yo te entregué la posesión para que no se te quite en virtud de la prescripción de largo plazo, también te demandaré con la acción ejecutiva de lo indebido.

§2. Sed et si usus fructus in re soluta alicuius sit, deducto usu fructu a te condicam.

§2. Si en la cosa pagada un tercero tiene el usufructo, reclamaré de ti con la acción ejecutiva previa deducción del usufructo.

16. *POMPONIUS libro quinto decimo ad Sabinum. Sub condicione debitum per errorem solutum pendente quidem condicione repetitur, condicione autem exsistente repeti non potest.*

16. POMPONIO *en el libro décimo quinto de los comentarios a Sabino.* Se repite lo debido bajo condición si se paga por error estando pendiente la misma, pero al cumplirse ésta ya no puede repetirse.

§1. Quod autem sub incerta die debetur, die exsistente non repetitur.

§1. Pero lo que se debe a plazo incierto no se repite al cumplirse el mismo.

17. *ULPIANUS libro secundo ad edictum. Nam si cum moriar dare promisero et antea solvam, repetere me non posse Celsus ait: quae sententia vera est.*

17. ULPIANO *en el libro segundo de los comentarios al edicto.* Porque dice Celso que si yo prometí dar cuando muera y pago antes, no puedo repetirlo, opinión que es correcta.

18. *IDEM libro quadragensimo septimo ad Sabinum. Quod si ea condicione debetur, quae omnimodo exstatura est, solutum repeti non potest, licet sub alia condicione, quae an impleatur incertum est, si ante solvatur, repeti possit.*

18. EL MISMO *en el libro cuadragésimo séptimo de los comentarios a Sabino.* Si se debe bajo una condición que de cualquier modo se cumplirá, no puede repetirse lo pagado, aunque si es bajo otra condición, que es incierto, sí podrá repetirse si se paga antes de cumplirse la misma.

19. POMPONIUS *libro vicensimo secundo ad Sabinum. Si poenae causa eius cui debetur debitor liberatus est, naturalis obligatio manet et ideo solutum repeti non potest.*

§1. Quamvis debitum sibi quis recipiat, tamen si is quid at non debitum dat, repetitio competit: veluti si is qui heredem se vel bonorum possessorem falso existimans creditori hereditario solverit: hic enim neque verus heres liberatus erit et is quod dedit repeteri poterit: quamvis enim debitum sibi quis recipiat, tamen si is quid at non debitum dat, repetitio competit.

§2. Si falso existimans debere nummos solvero, qui pro parte alieni, pro parte mei fuerunt, eius summae partem dimidiam, non corporum condicam.

§3. Si putem me Stichum aut Pamphilum debere, cum Stichum debeam, et Pamphilum solvam, repetam quasi indebitum solutum: nec enim pro eo quod debeo videor id solvisse.

§4. Si duo rei, qui decem debebant, viginti pariter solverint, Celsus ait singulos quina repetituros, quia, cum

19. POMPONIO *en el libro vigésimo segundo de los comentarios a Sabino.* Si un deudor se liberó de aquel a quien debe por concepto de pena, subsiste una obligación natural, y por ello no puede repetirse lo pagado.

§1. Aunque alguien cobre lo que se le debe, si quien paga lo hace sin deberlo, procede la repetición; por ejemplo, si alguien pagó a un acreedor de la herencia creyéndose erróneamente heredero o poseedor de los bienes hereditarios, en este caso no se liberará el verdadero heredero y quien dio podrá repetir, aunque quien cobre, cobra lo que se le debe, si alguien paga lo que no debe compete la repetición.

§2. Si creyendo erróneamente que debo, pagué un dinero en parte mío y en parte ajeno, reclamaré con la acción ejecutiva la mitad de aquella suma, no de las monedas.

§3. Si yo consideré que debía entregar al esclavo Estico o al esclavo Pánfilo, y entregué al segundo debiendo entregar al primero, repetiré como habiendo pagado lo indebido, porque no se entiende que con él pagué lo que debo.

§4. Si dos deudores solidarios que debían diez mil sestercios pagaron en conjunto veinte mil, dice Celso

decem deberent, viginti solvissent, et quod amplius ambo solverint, ambo repetere possunt.

que cada uno podrá repetir cinco, pues debiendo diez, pagaron el doble, y lo que cada uno pago de más pueden repetirlo.

20. *IULIANUS libro decimo digestorum. Si reus et fideiussor solverint parinter, in hac causa non differunt a duobus reis promittendi; quare omnia, quae de his dicta sunt, et ad hos transferre licebit.*

20. JULIANO *en el libro décimo del digesto.* Si el deudor principal y el fiador pagaron a al mismo tiempo, no se distingue este caso del de de dos deudores solidarios, porque lo que se dijo de los primeros podrá aplicarse a los segundos.

21. *PAULUS libro tertio quaestionum. Plane si duos reos non eiusdem pecuniae, sed alterius obligationis constitueris, ut puta Stichi aut Pamphili, et pariter duos datos, aut togam vel denaria mille, non idem dici poterit in repetitione ut partes repetant, quia nec solvere ab initio sic potuerunt. Igitur hoc casu electio est creditoris, cui velit solvere, ut alterius repetitio impediatur.*

21. PAULO *en el libro teercero de las cuestiones.* A decir verdad, si tienes dos deudores no de la misma cantidad, sino de una obligación alternativa, por ejemplo, dar al esclavo Estico o al esclavo Pánfilo, y los dos fueron dados al mismo tiempo, o una toga, o mil denarios, no podrá decirse en este caso que repitan las porciones debidas, porque tampoco podrán pagar por partes desde un principio. Por tanto, en este caso el acreedor deberá elegir qué desea que se le pague para impedir la repetición.

22. *POMPONIUS libro vicensimo secundo ad Sabinum. Sed et si me putem tibi aut Titio promisisse, cum aut neutrum factum sita ut Titii persona in stipulatione comprehensa non sit, et Titio solvero, repetere a Titio potero.*

22. POMPONIO *en el libro vigésimo segundo de los comentarios a Sabino.* Pero si yo creí haber prometido dar a ti o a Ticio, y no fue así, o no se incluyó a Ticio en la estipulación, y le pagué a éste, podré repetir contra él.

§1. Cum iter excipere deberem fundum liberum per errorem tradidi: incerti condicam, ut iter mihi concedatur.

§1. Si por error entregué libre de servidumbres un fundo cuando debía deducir la de paso, podré intentar la acción ejecutiva de cosa incierta para que se me conceda dicha servidumbre.

23. ULPIANUS *libro quadragensimo tertio ad Sabinum. Eleganter Pomponius quaerit, si quis suspicetur transactionem factam vel ab eo cui heres est vel ab eo cui procurator est et quasi ex transactione dederit, quae facta non est, an locus sit repetitioni. Et ait repeti posse: ex falsa enim causa datum est. Idem puto dicendum et si transactio secuta non fuerit, propter quam datum est: sed et si resoluta sit transactio, idem erit dicendum.*

23. ULPIANO *en el libro cuadragésimo tercero de los comentarios a Sabino.* Pomponio pregunta prudentemente lo siguiente: si alguien sospecha que aquel de quien es heredero o procurador realizó una transacción, y dio en virtud de la misma que no se hizo, ¿procederá la repetición? Responde que sí porque se dio por causa falsa. En el mismo sentido opino si no se verificó la transacción que motivó la dación. Y se dirá lo mismo si se rescindió la transacción.

§1. *Si post rem iudicatam quis transegerit et solverit, repetere poterit idcirco, quia placuit transactionem nullius esse momento: hoc enim imperator Antoninus cum divo patre suo rescripsit. Retineri tamen atque compensari in causam iudicati, quod ob talem transactionem solutum est, potest. Quid ergo si appellatum sit vel hoc ipsum incertum sit, an iudicatum sit vel an sententia valeat? Magis est, ut transactio vire habeat: tunc emin rescriptis locum esse credendum est, cum de sententia indubitata, quae nullo remedio adtemptari potest, transigitur.*

§1. Si luego de la sentencia alguien transigió y pagó, podrá repetir, porque se determinó que la transacción era nula. Así contestó por escrito el emperador Antonino Caracala con su divino padre, aunque puede retenerse y compensarse en la causa juzgada lo que se pagó en virtud de dicha transacción. ¿Pero qué se dirá si se apeló, o si fue incierto si se juzgó o si fue válida la sentencia? En tal caso es más probable que la transacción tenga efecto, porque se considera que proceden aquellas respuestas por escrito cuando se transige sobre sentencia firme que ya no admite ningún recurso.

§2. *Item si ob transactionem*

§2. Igualmente, si se dio en virtud

aliementorum testamento relictorum datum sit, apparet posse repeti quod datum est, quia transactio senatus consulto infirmatur.

§3. Si quis post transactionem nihilo minus conemnatus fuerit, dolo quidem id fit. Sed tamen sententia valet. Potuit autem quis, si quidem ante litem contestatam transegerit, volenti litem contestari opponere doli exceptionem: sed si post litem contestatam transactum est, nihilo minus poterit exceptione doli uti post secuti: dolo enim facit, qui contra transactionem expertus amplius petit. Ideo condemnatus repetere potest, quod ex causa transactionis dedit. Sane quidem ob causam dedit neque repeti solet quod ob causam datum est causa secuta: sed hic non videtur causa secuta, cum transactioni non stetur. Cum igitur repetitio oritur, transactionis exceptio locum non habet: neque enim utrumque debet locum habere et repetitio et exceptio.

§4. Si qua lex ab initio dupli vel quadrupli statuit actionem, dicendum est solutum ex falsa eius causa repeti posse.

24. *IDEM libro quadragensimo sexto ad Sabinum. Si is, qui perpetua*

de una transacción sobre alimentos señalados en testamento, sin duda puede repetirse lo dado, pues dicha transacción queda anulada por un senadoconsulto.

§3. Si a pesar de una transacción se condenó a alguien, la sentencia es válida aunque esto se hizo obviamente con dolo. Pero si se transigió antes de contestar la demanda, el demandado puede oponer la excepción de dolo a quien quería que fuese contestada; pero si se transigió luego de contestarla, podrá oponer dicha excepción, pues quien prosigue el litigio yendo contra la transacción obra con dolo, y el condenado puede repetir lo que dio. Sin duda que dio en virtud de una causa, y en este caso no suele repetirse cuando se da para conseguir algo y la causa es correspondida, pero aquí no se considera verificada la causa al no observarse transacción. Por lo tanto, cuando nace la repetición no procede la excepción de transacción, pues no deben tener lugar al mismo tiempo repetición y excepción.

§4. Si alguna ley estableció desde el inicio una acción por el duplo o el cuádruple, debe decirse que puede repetirse lo pagado en falso por esa causa.

24. EL MISMO *en el libro cuadragésimo sexto de los comentarios a*

exceptione tueri se poterat, cum sciret sibi exceptionem profuturam, promiserit aliquid ut liberaretur, condicere non potest.

Sabino. Si alguien prometió algo para quedar liberado y pagó, sabiéndose protegido y beneficiado por excepción perpetua, no puede ejercer la acción ejecutiva.

25. *IDEM libro quadragensimo septimo ad Sabinum. Cum duo pro reo fideiussissent quina, placuit eum qui posterior solvit repetere tria posse: hc merito, quia tribus a reo solutis septem sola debita supererant, quibus persolutis tria indebita soluta sunt.*

25. EL MISMO *en el libro cuadragésimo séptimo de los comentarios a Sabino.* Cuando por mismo un deudor dos fiadores ofrecieron diez mil sestercios, y luego el primero pagó tres mil y cinco mil cada fiador, se consideró que quien pagó al último podía repetir tres mil, porque al pagar el deudor tres mil solo se debían siete, pagados los cuales se pagaron tres mil indebidamente.

26. *IDEM libro vicensimo sexto ad edictum. Si non sortem quis, sed usuras indebitas solvit, repetere non poterit, si sortis debitae solvit: sed su supra legitimum modum solvit, divus Severus rescripsit (quo iure utimur) repeti quidem non posse, sed sorti imputandum et, si postea sortem solvit, sortem quasi indebitam repeti posse. Proinde et si ante sors fuerit soluta, usurae supra legitimum modum solutae quasi sors indebita repetuntur. Quid si simul solverit? Poterit dici et tunc repetitiionem locum habere.*

26. EL MISMO *en el libro vigésimo sexto de los comentarios al edicto.* El divino Septimio Severo contestó por escrito, y este derecho aplicamos, que si alguien pagó intereses no debidos no podrá repetir si los pagó de un capital adeudado. Pero si pagó más allá de la tasa legal no pueden repetirse, sino que deben aplicarse al capital, y si después pagó éste, puede repetírsele como indebido. Por tanto, si se pagó antes el capital, los intereses pagados por encima de la tasa legal se repiten como capital indebido. ¿Y qué pasará si se pagaron al mismo tiempo? También procede la repetición.

§1. Supra duplum autem usurae et

§1. No pueden ser objeto de

usurarum usurae nec in stipulatum deduci nec exigir possunt et solutae repetuntur, quemadmodum futurarum usurarum usurae.

§2. Si quis falso se sortem debere credens usuras solverit, potest condicere nec videtur sciens indebitum solvisse.

§3. Indebitum autem solutum accipimus non solum si omnino non debeatur, sed et si per aliquam exceptionem perpetuam peti non poterat: quare hoc quoque repeti poterit, nisi sciens se tutum exceptione solvit.

§4. Si centum debens, quasi ducenta deberem, fundum ducentorum solvi, competere repetitionem Marcellus libro vicensimo digestorum scribit et centum manere stipulationem: licet enim placuit rem pro pecunia solutam parere liberationem, tamen si ex falsa debiti quantitate maioris pretii res soluta est, non fit confusio partis re cum pecunia (nemo enim invitus compellitur ad communionem), sed et condictio integrae rei manet et obligatio incorrupta: ager autem retinebitur, donec debita pecunia solvatur.

estipulación, ni exigirse, intereses que excedan el doble del capital ni intereses sobre intereses; y se repiten tanto los pagados como los intereses de futuros intereses.

§2. Si alguien, creyendo erróneamente que debía el capital, pagó los intereses, puede ejercer la acción ejecutiva, y no se entiende que sabiéndolo pagó indebidamente.

§3. Entendemos por pagar lo indebido no solo si no se debía absolutamente, sino también si no podía reclamarse debido a alguna excepción perpetua. Por tanto, también esto podrá repetirse, salvo que pagase sabiendo que estaba protegido por dicha excepción.

§4. Escribe Marcelo en el libro vigésimo del digesto que si yo debía cien mil sestercios y pagué con un fundo que vale doscientos mil, procede la repetición y subsiste la estipulación de los cien mil, porque aunque se estimó que pagar con una cosa dada en lugar de una cantidad pruduce la liberación, si por error en la cuantía de la deuda se pagó con un bien de mayor valor, no se produce confusión de parte de la cosa con la cantidad debida (porque nadie es obligado a la copropiedad), sino que subsiste la acción ejecutiva de cosa íntegra y la obligación inalterable, pero se retendrá el fundo hasta que se

§5. Idem Marcellus ait, si pecuniam debens oleum dederit pluris pretii quasi plus debens, vel cum oleum deberet, oleum dederit quasi maiorem modum debens, superfluum olei esse repetendum, non torum et ob hoc peremptam esse obligationem.

§6. Idem Marcellus adicit, si, cum fundi pars mihi deberetur, quasi totus deberetur aestimatione facta, solutio pecuniae solidi pretii fundi facta sit, repeti, posse non totum pretium, sed partis indebitae pretium.

§7. Adeo autem perpetua exceptio parit condictionem, ut Iulianus libro decimo scripsit, si emptor fundi damnaverit heredem suum, ut venditorem nexu venditi liberaret, mox venditor ignorans rem tradiderit, posse eum fundum condicere: idemque et si debitorem suum damnaverit liberare et ille ignorans solverit.

§8. Qui filio familias solverit, cum esset eius peculiaris debitor, si quidem ignoravit ademptum ei peculium, liberatur: si scit et solvit, condictionem non habet, quia sciens indebitum solvit.

§9. Filius familias contra

pague el dinero adeudado.

§5. También dice Marcelo que si alguien, debiendo dinero, dio aceite de un valor superior, creyendo que debía más, o si debiendo aceite dio una mayor cantidad de éste, podrá repetirse el excedente, no el total, y con ello se extingue la obligación.

§6. Igualmente añade que si se me debe parte de un fundo, y tras la estimación se pagó el valor del fundo como debiéndolo íntegramente, podrá repetirse el precio de la parte no debida, no todo su valor.

§7. Juliano escribió en el libro décimo del digesto que la excepción perpetua produce de tal manera la acción ejecutiva que si el comprador de un fundo obligó a su heredero a cancelar la obligación de la deuda con el vendedor, y luego el vendedor entregó el bien ignorando la cancelación, podrá reclamar el fundo por medio de la acción ejecutiva. Lo mismo sucederá si le obligó a liberar a su deudor y éste pagó ignorándolo.

§8. Quien siendo deudor de un peculio pagó a un hijo de familia, queda liberado si ignoraba que el peculio le había retirado. Pero si lo sabe y paga no tiene la acción ejecutiva, porque paga indebidamente sabiendo que no debe.

§9. Si se dio en mutuo a un hijo de

Macedonianum mutuatus si solverit et patri suo heres effectus velit vindicare nummos, exceptione summovebitur a vindicatione nummorum.

§10. Si quis quasi ex compromisso condemnatus falso solverit, repetere potest.

§11. Hereditatis vel bonorum possessori, si quidem defendat hereditatem, indebitum solutum condici poterit: si vero is non defendat, etiam debitum solutum repeti potest.

§12. Libertus cum se putaret operas patrono debere, solvit: condicere eum non posse, quamvis putans se obligatum solvit, Iulianus libro decimo digestorum scripsit: natura enim operas patrono libertus debet. Sed et si non operae patrono sunt solutae, sed, cum officium ab eo desderaretur, cum patrono decidit pecunia et solvit, repetere non potest. Sed si operas patrono exhibuit non oficiales, sed fabriles, veluti pictorias vel alias, dum putat se debere, videndum an possit condicere. Et Celsus libro sexto digestorum putat eam esse causam operarum, ut non sint eaedem neque eiusdem hominis neque eidem exhibentur: nam plerumque robur hominis, aetas temporis opportunitasque naturales mutat causam operarum, et ideo nec volens quis reddere potest. Sed hae, inquit, operae recipiunt aestimationem: et interdum licet aliud praestemus, inquit, aliud condicimus: ut puta fundum indebitum dedi et fructus

familia y éste pagó, contraviniendo al senadoconsulto Macedoniano, y tras volverse heredero del difunto quiso reclamar el dinero, será rechazado con la excepción.

§10. Si alguien pagó erróneamente creyéndose condenado en juicio arbitral, puede repetir.

§11. Lo pagado indebidamente podrá reclamarse al poseedor que defiende la herencia o de los bienes hereditarios con la acción ejecutiva, pero si no la defiende puede repetirse incluso lo debido y pagado indebidamente.

§12. Un liberto prestó servicios a su patrón, creyendo debérselos; Juliano escribió en el libro décimo del Digesto que no podía intentar la acción ejecutiva, aunque prestó los servicios creyéndose erróneamente obligado, porque el liberto está obligado de manera natural a prestar servicios al patrón. Pero si no se prestaron los servicios, sino que al reclamarlos el liberto convino con el patrón liberarse pagando cierta cantidad y la pagó, tampoco puede repetirla. Pero si no prestó al patrón servicios ordinarios, sino los de un arte, como la pintura u otro semejante, creyendo deberlos, se pregunta: ¿podrá reclamarlos por medio de la acción ejecutiva? Celso señala en el libro sexto del Digesto que los servicios ni se prestan iguales ni a una misma persona, porque muchísimas veces

condico: vel hominem indebitum, et hunc sine fraude modico distraxisti, nempe hoc solum refundere debes, quod ex pretio habes: vel meis sumptibus pretiosiorem hominem feci, nonne aestimari haec debent? Sic et in proposito, ait, posse condici, quanti operas essem conducturus, sed si delegatus sit a patrono oficiales operas, apud Marcellum libro vicensimo digestorum quaeritur. Et dicit Marcellus non teneri eum, nisi forte in artificio sint (hae enim iubente patrono et alii edendae sunt): sed si solverit oficiales delegatus, non potest condicere neque ei cui solvit creditori, cui alterius contemplatione solutum est quique suum recipit, neque patrono, quia natura ei debentur.

la robustez del individuo, la edad, el momento y la oportunidad cambian la naturaleza y valor de los servicios, y aun ni queriéndolo pueden devolverse. Sin embargo, dice que estos servicios son estimables y, en ocasiones, sucede que entregamos una cosa y por medio de la acción ejecutiva reclamamos otra, por ejemplo, cuando di un fundo indebidamente y repito con la acción ejecutiva los frutos; o un esclavo que no debía lo vendiste sin voluntad de defraudar por un precio inferior, debiendo reintegrar únicamente lo que conservas del precio, o bien, volví más valioso al esclavo haciendo que aprendiese algún oficio a costa mía. ¿Acaso no deben estimarse estas diferencias? Pues también en el caso propuesto Celso dice que procede la acción ejecutiva por el valor del arrendamiento de aquellos servicios. Sin embargo, Marcelo en el libro vigésimo del digesto plantea el caso del patrón que dijo que los servicios ordinarios se prestasen por delegación a un tercero acreedor de aquél, y responde que el liberto no está obligado a ello, salvo sean trabajos técnicos (porque éstos deben prestarse a un tercero si los autoriza el patrón). Pero si el liberto delegado prestó los ordinarios, no puede repetirlos con la acción ejecutiva ni contra el

§13. Si decem aut Stichum stipuatus solvam quinque, quaeritur, an possim condicere: quaestio ex hoc descendit, an liberer in quinque: nam si liberor, cessat condictio, si non liberor, erit condictio. Placuit autem, ut Celsus libro sexto et Marcellus libro vicensimo digestorum scripsit, non paremi partem dimidiam obligationis ideoque eum, qui quinque solvit, in pendenti habendum, an liberaretur, petique ab eo posse reliqua quinque aut Stichum et, si praestiterit residua quinque, videri eum et priora debita solvisse, si autem Stichum praestitisset, quinque eum posse condicere quasi indebita. Sic posterior solutio comprobabit, priora quinque utrum debita an indebita solverentur. Sed et si post soluta quinque et Stichus solvatur et malim ego habere quinque et Stichum reddere, an sim audiendus, quaerit Celsus. Et putat natam esse quinque condictionem, cuamvis utroque simul soluto mihi retinendi quod vellem arbitrium daretur.

acreedor a quien los prestó en consideración de otra persona distinta, pues cobra lo suyo, ni contra el patrón, porque tales servicios se le deben de manera natural.

§13. Estipulé entregar diez mil sestercios o el esclavo Estico y pagué cinco mil. ¿Podré reclamarlos con la acción ejecutiva? La duda proviene de si me liberaría de los cinco mil, porque si es así, no procede la acción ejecutiva, y si no es así, sí procede. Pero como escribieron Celso en el ibro sexto del digesto y Marcelo en el libro vigésimo del digesto, se consideró que no se extingue la mitad de la obligación y, por tanto, queda en suspenso si quien pagó los cinco mil se libera o no, y que puedan reclamársele los restantes cinco mil o el esclavo Estico, de manera que si paga se considera que ya había pagado antes los otros, pero si entregó el esclavo puede repetir los cinco mil como indebidos con la acción ejecutiva. Y así, el pago posterior comprobará si los cinco mil anteriores se pagaron como debidos o indebidos. Pero si después de pagados los cinco mil se entregará también el esclavo, y yo prefiero cobrar el dinero y devolver a Estico, pregunta Celso si podré ser oído en juicio. Y opina que surgió la acción ejecutiva por los cinco mil, aunque

298

si se entregaron al mismo tiempo ambas cosas se me concederá la facultad de retener el que yo quiera.

§14. Idem ait et si duo heredes sint stipulatoris, non posse alteri quinque solutis alteri partem Stichi solvi: idem et si suo sint promissoris heredes. Secundum quae liberatio non contingit, nisi aut utrique quina aut utrique partes Stichi fuerunt solutae.

§14. También dice que si el estipulante dejase dos herederos, una vez pagados cinco mil a uno, no puede pagarse al otro la mitad de Estico. Lo mismo sucede si el promitente en la estipulación dejase dos herederos. Así, procede liberar si se entregaron cinco mil a cada uno o una parte de Estico a cada uno.

27. *PAULUS libro vicensimo octavo ad edictum. Qui loco certo debere existimans indebitum solvit, quolibet loco repetet: non enim existmationem solventis eadem species repetitionis sequitur.*

27. PAULO *en el libro vigésimo octavo de los comentarios al edicto.* Quien pago indebidamente creyendo que debía en determinado lugar, lo repetirá en cualquier sitio, porque la modalidad de la repetición no depende de la errónea creencia de quien paga.

28. *IDEM libro trigensimo secundo ad edictum. Iudex si male absolvit et absolutus sua sponte solverit, repetere non potest.*

28. EL MISMO *en el libro trigésimo segundo de los comentarios al edicto.* Si el juez absolvió injustamente y el absuelto paga voluntariamente lo que debía, no puede repetir.

29. *ULPIANUS libro secundo disputationum. Interdum persona locum facit repetitioni, ut puta si pupillus sine tutoris auctoritate vel furiosus ve is cui bonis interdictum est sovlerit: nam in his personis generaliter repetitioni locum esse non ambigitur. Et si quidem exstant nummi, vindicabuntur, consumptis vero condictio locum habebit.*

29. ULPIANO *en el libro segundo de las disputas.* En ocasiones la condición de la persona da lugar a la repetición, por ejemplo, si un pupilo, un demente o un pródigo declarado interdicto de sus bienes pagó sin autorización del tutor o curador, porque generalmente procede la repetición si pagan estas personas. Si subsiste el dinero se reivindicará, pero si se consumió procederá la acción ejecutiva.

30. *IDEM libro decimo disputationum. Qui invicem creditor idemque debitor est, in his casibus, in quibus compensatio locum non habet, si solvit, non habet condictionem veluti indebiti soluti, sed sui crediti petitionem.*

30. EL MISMO *en el libro décimo de las disputas.* En los casos donde no procede la compensación, si paga quien es al mismo tiempo acreedor y deudor, no tiene la acción ejecutiva como si hubiese pagado indebidamente, sino que conserva la reclamación de su crédito.

31. *IDEM libro primo opinionum. Is, qui plus quam hereditaria portio efficit per errorem creditori caverit, indebiti promissi habet condictionem.*

31. EL MISMO *en el libro primero de las opiniones.* Quien erróneamente otorgó caución a un acreedor por un importe superior a su porción hereditaria, tiene la acción ejecutiva de lo prometido indebidamente.

32. *IULIANUS libro decimo digestorum. Cum is qui Pamphilum aut Stichum debet simul utrumque solverit, si, posteaquam utrumque solverit, aut uterque aut alter ex his desiit in rerum natura esse, nihil repetet: id enim remanebit in soluto quod superest.*

32. JULIANO *en el libro décimo del digesto.* Cuando el deudor del esclavo Pánfilo o del esclavo Estico pagó ambos al mismo tiempo, y después dejaron de existir los dos o uno de ellos, no repetirá nada, porque el que sobrevive de los dos quedará como pago.

§1. *Fideiussor cum paciscitur, ne ab eo pecunia petatur, et per imprudentiam solverit, condicere stipulatori poterit et odeo reus quidem manet obligatus, ipse autem sua exceptione tutus est. nihil autem interest, fideiussor an heres eius solvat: quod si huic fideiussori reus heres*

§1. Cuando un fiador pacta que no se le demande el dinero e imprudentemente pagó, podrá intentar la acción ejecutiva contra el estipulante, quedando obligado el deudor principal pero protegido el fiador por la excepción, sin

extiterit et solverit, nec repetet et liberabitur.

importar si paga el fiador o el heredero. Pero si el deudor quedase como heredero de este fiador y pagó, no repetirá pero quedará liberado.

§2. Mulier si in ea opiniione sit, ut credat se pro dote obligatam, quidquid dotis nomine dederit, non repetit: sublata enim falsa opinione relinquitur pietatis causa, ex qua solutum repeti non potest.

§2. Si una mujer cree estar obligada a dar la dote, no repite lo que hubiese dado por tal causa, porque, dejando a un lado su error, subsiste la causa de piedad, en virtud de la cual no puede repetirse lo pagado.

§3. Qui hominem generaliter promisit, similis este i, qui hominem aut decem debet: et ideo si, cum existimaret se Stichum promisisse, eum dederit, condicet, alium autem quemlibet dando liberari poterit.

§3. Quien prometió genéricamente un esclavo por estipulación se equipara a quien lo debe o diez mil sestercios. Por ello, si creyendo que prometió al esclavo Estico lo dio, podrá reclamarlo con la acción ejecutiva, pero podrá liberarse entregando otro cualquiera.

33. IDEM libro trigensimo nono digestorum. Si in arca tua aedificassem et tu aedes possideres, con dictio locum non habebit, quia nullum negotium inter nos contraheretur: na mis, qui non debitam pecuniam solverit, hoc ipso aliquid negotii gerit: cum autem aedificium in arca su ab alio positum dominus occupat, nullum negotium contrahit. Sed et si is, qui in aliena area aedificasset, ipse possessionem tradidisset, condictionem non habebit, quia nihil accipientis faceret, sed suam rem dominus habere incipiat. Et ideo constat, si quis, cum existimaret se heredem esse, insulam hereditariam fulsisset, nullo alio modo quam per

33. EL MISMO *en el libro trigésimo noveno del digesto.* Si yo edifiqué en un fundo tuyo y poseyese la casa, no procederá la acción ejecutiva, porque no se contrataría negocio alguno entre nosotros, pues quien pagó dinero indebidamente realiza ya un negocio por el hecho de pagar, pero cuando el dueño ocupa lo construido por otra persona en su solar, no realiza negocio alguno. Pero si quien edificó en fundo ajeno entregó la posesión al propietario, tampoco procederá la acción ejecutiva, pues no transmite propiedad alguna a quien recibe, sino que el dueño

retentionem impensas servare posse.

comenzará a tener lo que es suyo. Por ello, consta que si alguien, creyéndose heredero, levantó un edificio de viviendas en el fundo hereditario, solo tendrá la retención para recuperar los gastos.

34. *IDEM libro quadragensimo digestorum. Is cui hereditas tota per fideicommissum relicta est et praetera fundus, si decem dedisset heredi, et heres suspectam hereditatem dixerit, et eam ex Trebelliano restituerit, causam dandae pecuniae non habet, et ideo quod eo nomine quasi implendae condicionis gratia dederit, condictione repetet.*

34. EL MISMO *en el libro cuadragésimo de los comentarios al edicto.* Aquel que se volvió fideicomisario universal y de un fundo a condición de dar diez mil sestercios al heredero, si éste declaró que la herencia era sospechosa y la restituyó en virtud del senadoconsulto Trebeliano, carece de causa para dar el dinero. Por tanto, repetirá con la acción ejecutiva como si hubiese dado para cumplir una condición indebida.

35. *IDEM libro quadragensimo quinto digestorum. Qui ob rem non defensam solvit, quamvis postea defendere paratus est, non repetet quod solverit.*

35. EL MISMO *en el libro cuadragésimo del digesto.* Quien pagó para no tener que defender una cosa de su posesión, no repetirá lo pagado aunque después esté dispuesto a hacerlo.

36. *PAULUS libro quinto epitomarum Alfeni digestorum. Servus cuiusdam iuscente domino magidem commodavit: is cui commodaverat pignori eam posuit et fugit: qui accepit non alier se redditurum aiebat, quam si pecuniam accepisset: accepit a servulto et reddidit magidem: quaesitum est, an pecunia ab eo repeti possit. Respondit, si*

36. PAULO *en el libro quinto del epítome del digesto de Alfeno.* Un esclavo dio en comodato un platón sin que su dueño lo supiera; el comodatario lo dio en prenda y huyó. Quien lo recibió dijo que lo devolvería si se le cubría la cantidad debida; el esclavo pagó y devolvió el platón. Se preguntó:

is qui pignori accepisset magidem alienam scit apud se pignori deponi, furti eum se obligasse ideoque, si pecuniam a servulo accepisset redimendi furti causa, posse repeti: sed si nescisset alienam apud se deponi, non esse furem, Item, si pecunia eius nomine, a quo pignus acceperat, a servo ei soluta esset, non posse ab eo repeti.

¿podrá reclamársele el dinero? Si quien recibió en prenda el platón supo que se le dejaba un bien ajeno, quedó obligado por la acción de robo y, por tanto, si recibió el dinero del esclavo como precio de la cosa robada, podía repetirse; pero si ignoraba que la dejaban una cosa ajena, no se le considera ladrón, y por tanto, si cobró del esclavo a por la deuda garantizada con la prenda, no podrá repetirse de él esa cantidad.

37. IULIANUS *libro tertio ad Urseium Ferocem.* Servum meum insciens a te emi pecuniamque tibi solvi: eam me a te repetiturum et eo nomine condictionem mihi esse omnimodo puto, sive scisses meum esse sive ignorasses.

37. JULIANO *en el libro tercero de los comentarios a Urseyo Feroz.* Te compré un esclavo sin saber que era mío; opino que puedo repetirlo, y por tal moitvo tengo la acción ejecutiva, sin importar si sabías o no que era mío.

38. AFRICANUS *libro nono quaestionum.* Frater a fratre, cum in eiusdem potestate essent, pecuniam mutuatus post mortem patris ei solvit: quaesitum est, an repetere possit. Respondit utique quidem pro ea parte, qua ipse patri heres exstitisset, repetituturm, pro ea vero, qua frater heres exstiterit, ita repetiturum, si non minus ex peculio suo ad fratrem prevenisset: naturalem enim obligationem quae fuisset hoc ipso sublatam videri, quod peculii partem frater sit consecutus, adeo ut, si praelegatum filio eidemque debitori id fuisset, deduction huius debiti a fratre ex eo fieret. Idque maxime consequens

38. AFRICANO *en el libro noveno de las cuestiones.* Un hermano recibió dinero en mutuo de otro hermano, estando ambos bajo potestad paterna, y lo pagó tras la muerte del padre. ¿Podrá repetirse el dinero como indebido? Juliano respondió que sin duda procede la repetición, pero solo en cuanto a la confusión de la parte que heredó del padre, y en la de su hermano deudor solo repetirá si a éste le correspondió mayor cantidad de peculio que la correspondiente a la deuda no confundida, porque la obligación natural que hubiese existido se

esse ei sententiae, quam Iulianus probaret, si extraneo quid debuisset et ab eo post mortem patris exactum esset, tantum iudicio eum familiae erciscundae reciperaturum a coheredibus fuisse, quantum ab his creditor actione de peculio consequi potuisset. Igitur et si re integra familiae erciscundae agatur, ita peculium divide aequum esse, ut ad quantitatem eius indemnis a cohered praestetur: porro eum, quem adversus extraneum defendi oportet, longe magis in eo, quod fratri debuiset, indemnem esse praestandum.

considera extinguida por haber recibido el hermano parte del peculio, de modo que si éste fue prelegado a aquel que era hijo y deudor al mismo tiempo, se haría la deducción de esta deuda en favor del hermano; y esto es congruente con aqeulla opinión de Juliano, de que si el hijo debía algo a un tercero y éste lo cobró tras la muerte de su padre, en el juicio de partición de herencia el hijo debía recuperar de los coherederos tanto como el acreedor pudiese conseguir de ellos mediante la acción de peculio. Así, si se ejerce la acción de partición de herencia antes de que reclame el acreedor, es justo que se divida el peculio para que el coheredero prometa contribuir según la cuantía del mismo; por último, quien debe ser defendido contra un tercero deberá ser indemnizado con mayor razón por aquello que debiese al hermano.

§1. Quaesitum est, si pater filio crediderit isque emancipatus solvat, an repetere possit. Respondit, si nihil ex peculio apud patrem remanserit, non repetiturum: nam manere naturalem oblitagionem argumento esse, quod extraneo agente intra annum de peculio deduceret pater, quod sibi filius debuisset.

§1. Se preguntó lo siguiente: si un padre prestó a su hijo, y éste paga tras ser emancipado, ¿podrá repetirlo como indebido? Juliano respondió que si no quedaba nada del peculio en poder del padre no podrá hacerlo, porque perdura la obligación natural, y la prueba es que si un tercero demanda dentro del año con la acción de peculio, el padre deducirá lo que el hijo debía.

§2. Contra si pater quod filio debuisset

§2. Por el contrario, si un padre

eidem emancipato solverit, non repetet: nam hic quoque manere naturalmem obligationem eodem argumento probatur, quod, si extraneus intra annum de peculio agat, etiam quod pater ei debuisset computetur. Eademque erunt et si extraneus heres exheredato filio solverit id, quod ei pater debuisset.

pagó al hijo emancipado lo que le debía, no lo repetirá porque aquí también sigue vigente la obligación natural, pues si un tecero ejerce dentro del año la acción de peculio también se computará lo que el padre debía a ese hijo. Y lo mismo ocurrirá si un tercero heredero pagó a un hijo desheredado lo que el padre le debía.

§3. Legati satis accepi et cum fideiussor mihi solvisset, apparuit indebitum fuisse legatum: posse eum repetere existimavit.

§3. Recibí una fianza por razón de un legado, y tras haberme pagado el fiador, resultó que el legado no se debía. Opino que el fiador podía repetirlo como pagado indebidamente.

39. *MACROBIUS libro octavo institutionum. Si quis, cum a fideicommissario sibi cavere poterat, non caverit, quasi indebitum plus debito eum solutum repetere posse divi Severus et Antoninus rescripserunt.*

39. MARCIANO *en el libro octavo de las instituciones.* Los divinos Septimio Severo y Antonino Caracala respondieron por escrito que quien no pidió caución del fideicomisario de quien había podido hacerlo, puede repetir lo pagado de más como pago indebido.

40. *IDEM libro tertio regularum. Qui exceptionem perpetuam habet, solutum per errorem repetere potest: sed hoc non est perpetuum. Nam si quidem eius causa exception datur cum quo agitur, solutum repetere potest, ut accidit in senatus consulto de intercessionibus: ubi vero in odium eius cui debetur exception datur, perperam solutum non repetitur, veluti si filius familias contra Macedonianum mutuum pecuniam*

40. EL MISMO *en el libro tercero de las reglas.* Quien tiene a su favor una excepción perpetua puede repetir lo pagado erróneamente como indebido. Pero esto no es frecuente, porque si la excepción se concede en atención al demandado, puede repetirse lo pagado, como sucede en el senadoconsulto Veleyano sobre actos de intercesión de fianzas por

acceperit et pater familias factus solverit, non repetit.

parte de mujeres; pero cuando la excepción se concede por odio hacia el acreedor, no se repite lo pagado indebidamente, como no repite un hijo de familia que tomó dinero en mutuo contra lo dispuesto en el senadoconsulto Macedoniano, y una vez vuelto cabeza de familia lo pagó.

§1. Si pars domus, quae in diem per fideicommussum relicta est, arserit ante diem fideicommissi cedentem et eam heres sua impensa refecerit, deducendam esse impensam ex fideicommisso constat et, si sine deductione domum tradiderit, posse incerti condici, quasi plus debito dederit

§1. Si se incendió una parte de la casa dejada en fideicomiso a plazo antes del día en que se cumple dicho fideicomiso, y el herdero la reconstruyó a su costa, es sabido que deberán deducirse del fideicomiso los gastos realizados. Y si entregó la casa sin haber hecho la deducción, puede intentarse la acción ejecutiva de cosa incierta por haberse dado más de lo debido.

§2. Si pactus fuerit patronus cum liberto, ne operae ab eo petantur, quidquid postea solutum fuerit a liberto, repeti potest.

§2. Si un patrón pactó con su liberto que no le reclamaría los servicios, puede repetirse como indebido cualquier servicio que después hubiese prestado el liberto.

41. NERATIUS libro sexto membranarum. Quod pupillus sine tutoris auctoritate stipulanti promiserit solverit, repetitio est, quia nec natura debet.

41. NERACIO *en el libro sexto de los pergaminos.* Procede la repetición de aquello que el pupilo prometió al estipulante sin la autorización del tutor y lo pagó, porque ni siquiera hay deuda natural.

42. ULPIANUS libro sexagensimo octavo ad edictum. Poenae non solent repeti, cum depensae sunt.

42. ULPIANO *en el libro sexagésimo octavo de los comentarios al edicto.* No suelen repetirse los pagos de las penas cuando cuando se litigó

para calumniar.

43. *PAULUS libro tertio ad Plautium. Si quis iurasset se dare non oportere, ab omni contentione discedetur atque ita solutam pecuniam repeti posse dicendum est.*

43. PAULO *en el libro tercero de los comentarios a Plaucio.* Si alguien juró que no estaba obligado a dar, se desistirá de toda la controversia y el dinero que después se pague como indebido podrá repetirse.

44. *IDEM libro quarto decimo ad Plautium. Repetitio nulla est ab eo qui suum recepit, tametsi ab alio quam vero debitore solutum est.*

44. EL MISMO *en el libro décimo cuarto de los comentarios a Plaucio.* No procede la repetición contra quien cobró lo que se le debe, aunque le haya pagado quien no era el verdadero deudor.

45. *IAVOLENUS libro secundo ex Plautio. Si is, qui hereditatem vendidit et emptori tradidit, id, quod sibi mortuus debuerat, non retinuit, repetere poterit, quia plus debito solutum per condictionem recte recipietur.*

45. JAVOLENO *en el libro segundo de la doctrina de Plaucio.* Si quien vendió una herencia y la entregó al comprador no retuvo lo que le debía al difunto, podrá repetirlo, porque con la acción ejecutiva se recuperará lo pagado indebidamente.

46. *IDEM libro quarto ex Plautio. Qui heredis nomine legata non debita ex nummis ipsius heredis solvit, ipse quidem repetere non potest: sed si ignorante herede nummos eius tradidit, dominus, ait, eos recte vidicabit. Eadem causa rerum corporalium est.*

46. EL MISMO *en el libro cuarto de la doctrina de Plaucio.* Quien pagó indebidamente legados en nombre del heredero con dinero de éste, no puede repetir; pero si entregó dinero del heredero sin que éste lo supiera, dice Plaucio que el dueño del dinero podrá reivindicarlo. Lo mismo sucede en cuanto a las cosas corporales específicas.

47. *CELSUS libro sexto digestorum. Indebitam pecuniam per errorem promisisti: eam qui por te fideisserat*

47. CELSO *en el libro sexto del digesto.* Sin saberlo, me prometiste por estipulación dinero que no se

solvi. Ego existimo, si nomine tuo solverit fideiussor, te fideiussori, stipulatorem tibi obligatum fore: nec exspectandum est, ut ratum habeas, quoniam potes videri id ipsum mandasse, ut tuo nomine solveretur: sin autem fideiussor suo nomine solerit quod non debebat, ipsum a stipulatore repetere posse, quoniam indebitam iure Gentium pecuniam solvit: quo minus autem consequi poterit ab eo cui solvit, a te mandati iudicio consecuturum, si modo per ignorantiam petentem exceptione non summoverit.

debía y tu fiador pagó. Opino que si éste pagó en tu nombre quedarás obligado con el fiador, y el estipulante contigo por la devolución, y no debe observarse si ratificó, porque puede considerarse que le mandaste a pagar en tu nombre. Y si el fiador pagó en su nombre indebidamente, puede repetir del estipulante, porque pagó dinero no debido por derecho de gentes, aunque lo que no pudo obtener de aquel a quien pagó deberá obtenerlo de ti por la acción de mandato contraria, si es que por ignorancia no rechazó al demandante por medio de la excepción.

48. IDEM *libro sexto digestorum. Qui promisit, si aliquid a se factum sit vel cum aliquid factum sit, dare se decem, si, priusquam id factum fuerit, quod promisit dederit, non videbitur fecisse quod promisit atque ideo repetere potest.*

48. EL MISMO *en el libro sexto del digesto.* Quien prometió por estipulación dar diez mil sestercios a cambio de que él u otro hiciera algo, y antes de que se hiciera dio lo prometido, se entenderá que hizo lo que no prometió y podrá repetir lo pagado.

49. *MODESTINUS libro tertio regulrum. His solis pecunia condicitur, quibus quoquo modo soluta est, non quibus proficit.*

49. MODESTINO *en el libro tercero de las reglas.* El dinero pagado indebidamente se repite con la acción ejecutiva solo de aquellos a quienes se les pagó de alguna manera, no de aquellos a quienes beneficia.

50. *POMPONIUS libro quinto ad Quintum Mucium. Quod quis sciens*

50. POMPONIO *en el libro quinto de los comentarios a Quinto Mucio.* Lo

indebitum dedit hac mente, ut postea repeteret, repetere non potest.

que alguien entregó sabiendo que no lo debía, pero con intención de repetirlo después, no podrá recuperarlo como indebido.

51. *IDEM libro sexto ad Quintum Mucium. Ex quibus causis retentionem quidem habemos, repetitionem autem non habemus, ea si solverimus, repetere non possumus.*

51. EL MISMO *en el libro sexto de los comentarios a Quinto Mucio.* No podemos repetir como indebido si pagamos por las causas que nos permiten retener pero no demandar.

52. *IDEM libro vicensimo septimo ad Quintum Mucium. Damus aut ob causam aut ob rem: ob causam praeteritam, veluti cum ideo do, quod aliquid a te consecutus sum vel quia aliquid a te factum est, ut, etiamsi falsa causa sit, repetitio eius pecuniae non sit: ob rem vero datur, ut aliquid sequatur, quo non sequnte repetitio competit.*

52. EL MISMO *en el libro vigésimo séptimo de los comentarios a Quinto Mucio.* Damos por una causa o para obtener otra cosa; por una causa pasada, como cuando doy porque conseguí algo de ti, o porque a través de ti se hizo algo, de modo que aunque la causa sea falsa no pueda repetirse aquel dinero; se da para conseguir otra cosa con objeto de que se siga algo, y si no es así procede la repetición.

53. *PROCULUS libro septimo epistularum. Dominus testamento sevo suo libertatem dedit, si decem det: servo ignorante id testamentum non valere data sunt mihi decem: quaeritur, quis repetere potest. Proculus respondit: si ipse servus peculiares nummos dedit, cum ei a domino id permissum non esset, manent nummi domini eosque non per condictionem, sed in rem actione petere debet. Si autem alius rogatu servi suos nummos dedit, facti sunt me eosque dominus servi, cuius nomine dati sunt,*

53. PRÓCULO *en el libro séptimo de las epístolas.* Un amo otorgó la libertad por testamento a su esclavo si éste daba diez mil sestercios; ignorando el esclavo la invalidez del testamento, me dio los diez mil. Se pregunta: ¿quién puede repetirlos? Próculo respondió que si el esclavo dio el dinero de su peculio sin permiso del dueño, el dinero sigue siendo del esclavo y deberá reclamarlo no con la acción ejecutiva, sino con la

per condictionem petere potest; sed tam benignius quam utilius est recta via ipsum qui nummos dedit suum recipere.

acción real. Pero un tercero dio los diez mil de su dinero si por petición del esclavo, entonces el dinero se hizo mío y el dueño del esclavo a cuyo nombre fue dado puede reclamarlo con la acción ejecutiva. Pero es útil y equitativo que quien dio el dinero recupere lo suyo por vía directa.

54. *PAPINIANUS libro secundo quaestionum. Ex his omnibus causis, quae iure non valuerunt vel non habuerunt effectum, secuta per errorem solutione condictioni locus erit.*

54. PAPINIANO *en el libro segundo de las cuestiones.* La acción ejecutiva procede si se pagó erróneamente debido a cualquier causa inválida en derecho o que no tuvo efecto.

55. *IDEM libro sexto quaestionum. Si urbana praedia locaverit praedo, quod mercedis nomine ceperit, ab eo qui solvit non repetetur, sed domino erit obligatus. Idemque iuris erit in vecturis navium, quas ipse locaverit aut exercuerit, item mercedibus servorum, quorum operae per ipsum fueritn locatae. Nam si servus non locates mercedem ut domino praedoni rettulit, non fiet accipientis pecunia. Quod si vecturas navium, quas dominus locaverat, item pernsiones insularum acceperit, ob indebitum ei tenebitur, qui non est liberates solvendo. Quod ergo dici solet praedoni fructus posse condici, tunc locum habet, cum domini fructus fuerunt.*

55. EL MISMO *en el libro sexto de las cuestiones.* Si un poseedor de mala fe arrendó unos predios urbanos, el arrendatario no repetirá la renta pagada como indebida, sino que el arrendador quedará obligado con el dueño. Lo mismo sucede respecto a los transportes de los barcos que un poseedor de mala fe arrendó directamente o por intermediario. También respecto a los salarios de los esclavos cuyos servicios arrendó dicho poseedor, pero si el esclavo no dado en arrendamiento le entregó su salario como si fuera su dueño, el dinero no se hará propiedad de quien lo recibe, sino del verdadero dueño. Y si cobró los transportes de los barcos que el dueño había arrendado o la renta de los inmuebles, se obligará por cobrar lo indebido en favor de

quien no se liberó pagando. Y lo que suele decirse, que no pueden reclamarse al poseedor de mala fe los frutos con la acción ejecutiva, procede si los frutos fueron antes del dueño que demanda.

56. IDEM *libro octavo quaestionum. Sufficit ad causam indebiti incertum esse, temporaria sit an perpetua exceptionis defensio. Nam si qui, ne conveniatur, dondec Titius consul fiat, paciscatur, quia potest Titio decedent perpetua fieri exception, quae ad tempus est Titio consulatum ineunte, summa ratione dicetur, quod interim solvitur, repeti: ut enim pactum, quod in tempus certum collatum est, non magis inducit condictionem, quam si ex die debitor solvit, ita prorsum defensio iuris, quae causam incertam habet, condictionis instar optinet.*

56. EL MISMO *en el libro octavo de las cuestiones.* Para la acción ejecutiva por causa indebida basta que sea incierto si la excepción del deudor es temporal o perpetua. Porque si se pactó que no se demande hasta que Ticio sea cónsul, con justa razón se dirá que se repiteirá lo que se paga antes, pues la excepción temporal referida al ascenso de Ticio al consulado puede hacerse perpetua al morir éste, pues así como el pacto que se refiere a un tiempo cierto no produce más acción ejecutiva que si el deudor paga después del plazo, así la defensa por excepción, que tiene causa incierta, da lugar a la acción ejecutiva.

57. IDEM *libro tertio responsorum. Cum indebitum impuberis nomine tutor numeravit, impuberis condictio est.*

57. EL MISMO *en el libro tercero de las cuestiones.* Cuando un tutor indebidamente pagó en nombre del impúber, competer a éste la acción ejecutiva.

§*1. Creditor, si procuratori suo debitum redderetur, mandavit: maiore pecunia soluta procurator indebiti causa convenietur: quod si nominatim, ut maior pecunia solveretur, delegavit, indebiti cum eo qui delegavit erit actio,*

§1. Un acreedor mandó que se entregase lo que se le debía a su procurador; si se le pagó a éste una cantidad mayor, el procurador será demandado a causa de lo indebido, pero si el acreedor

311

quae non videtur perempta, si frustra cum procuratore lis fuerit instituta.

expresamente delegó que se le pagase mayor cantidad, la acción de lo indebido procederá contra quien le delegó, la cual no se extingue si se demandó sin resultado al procurador.

58. *IDEM libro nono responsorum. Servo manumisso fideicommisssum ita reliquit, si ad libertatem ex testament pervenerit: post acceptam sine iudice pecuniam ingenuus pronuntiatus est: idebiti fideicommissi repetition erit.*

58. EL MISMO *en el libro noveno de las respuestas.* Un testador dejó a un esclavo manumitido un fideicomiso a condición de obtener la libertad por medio del testamento. Tras recibir el dinero sin intervención del juez, fue declarado ingenuo: procederá la repetición del fideicomiso indebido.

59. *IDEM libro secundo definitionum. Si fideiussor iure liberatus solverit errore pecuniam, repetenti non oberit: si vero reus promittendi per errorem et ipse postea pecuniam solverit, non repetet, cum prior solutio, quae fuit irrita, naturale vinculum non dissolvit, ne civile, si reus promittendi tenebaturl.*

59. EL MISMO *en el libro segundo de las definiciones.* Si el fiador liberado por derecho pagó erróneamente una deuda, ello no impedirá repetir. Pero si luego el promitente pagó la suma por error, no la repetirá, porque el primer pago, al ser nulo, no disolvió el vínculo natural ni el civil si el promitente estaba obligado.

60. *PAULUS libro tertio quaestionum. Iulianus verum debitorem post litem contestatam manente adhuc iudicio negabat solventem repetere posse, quia nec absolutus nec condemnatus repetere posset: licet enim absolutus sit, natura tamen debitor permanet: similemque esse ei dicit, qui ita promisit, sive navis ex Asia venerit sive non venerit, quia ex una causa alterius*

60. PAULO *en el libro tercero de las cuestiones.* Juliano negaba que quien debiese realmente pudiese repetir, habiendo pagado una vez contestada la demanda pero estando pendiente el juicio, porque no podría repetir ni siendo absuelto ni condenado, ya que aunque fuese absuelto sigue vigente la obligación natural. Y lo

solutionis origo proficiscitur.

§1. Ubi autem quis quod pure debet sub condicione novandi animo promisit, plerique putant pendente novatione solutum repetere posse, quia ex qua obligatione solvat, adhuc incertum sit: idemque esse etiam, si diversas personas ponas eandem pecuniam pure et sub condicione novandi animo promisisse. Sed hoc dissimile est: in stipulatione enim pura et condicionali eundem debitorum certum est.

61. *SCAEVOLA libro quinto responsorum. Tutores pupilli quibusdam creditoribus patris ex patrimonio paterno solverunt, sed postea non sufficientibus bonis pupillum abstinuerunt: quaeritur, an quod amplius creditoribus per tutores pupilli solutum est vel totum quod acceperunt restituere debeant. Respondi, si nihil dolo factum esset, tutori quidem vel pupillo non deberi, creditoribus autem aliis in id, quod amplius sui debiti solutum est, teneri.*

compara con quien prometió por estipulación: 'si el barco llegase de Asia o no llegase', porque la causa de uno y otro pago es la misma.

§1. La mayoría considera que cuando alguien promete bajo condición lo que debe pura y simplemente con ánimo de novar, si está pendiente la condición de la novación puede repetirse lo pagado, pues aún es incierto bajo qué obligación pagará; lo mismo ocurre si varias personas prometieron la misma cantidad pura y simplemente con con ánimo de novar bajo condición. Pero este caso es distinto, porque es cierto que en la estipulación pura y en la condicional el deudor es el mismo.

61. ESCÉVOLA *en el libro quinto de las respuestas.* Los tutores de un pupilo pagaron a algunos acreedores del padre con el patrimonio paterno, pero luego, al no ser suficientes los bienes, pidieron para el pupilo la abstención de la herencia. Se pregunta: ¿deberán restituir los acreedores solo lo cobrado de más a los tutores o todo lo cobrado? Respondí que si no se actuó con dolo no debían restituir al tutor o al pupilo, pero que deben a los demás acreedores lo que se les pagó de más teniendo en cuenta lo insuficiente de la herencia.

62. MAECIANUS libro quarto fideicommissorum. Fideicommissum in stipulatione deductum tametsi non debitum fuisset, quia tamen a sciente fidei explendae causa promissum esset, debetur.

62. MARCIANO *en el libro cuarto de los fideicomisos.* El fideicomiso que entra en una estipulación como objeto, aunque fuese indebido, al ser prometido para cumplir la obligación sí se debe.

63. GAIUS libro singulari de casibus. Neratius casum refert, ut quis id quod solverit repetere non possit, quasi debitum dederit, nec tamen liberetur: velut si is, qui eum certum hominem deberet, statuliberum dederit: nam ideo cum non liberari, quod non in plenum stipulatoris hominem fecerit, nec tamen repetere cum posse, quod debitum dederit.

63. GAYO *en el libro único de los casos.* Neracio cuenta el caso de alguien que no puede repetir lo pagado por haber dado lo debido, y aun así no se libera de la obligación, como quien debía un esclavo determinado y dio otro manumitido bajo condición: no se libera por no haber vuelto pleno propietario del esclavo al estipulante, ni tampoco puede repetir porque dio lo que debía.

64. TRYPHONINUS libro septimo disputationum. Si quod dominus servo debuit, manumisso solvit, quamvis existmans ei aliqua teneri actione, tamen repetere non poterit, quia naturale adgnovit debitum: ut enim libertus naturali iure continetur et dominatio ex gentium iure introcuta est, ita debiti vel non debiti ratio in condictione naturaliter intellegenda est.

64. TRIFONINO *en el libro séptimo de las disputas.* Si un amo pagó lo que debía a un esclavo tras manumitirlo, aunque lo hiciese creyendo erróneamente que podía reclamársele con alguna acción, no podrá repetir porque cumplió con una deuda natural, pues así como la libertad es propia del derecho natural y el poder sobre esclavos es del derecho de gentes, así también en la acción ejecutiva debe entenderse la razón de lo debido o de lo indebido por naturaleza.

65. PAULUS libro septimo decimo ad Plautium. In summa, ut generaliter de repetitione tractemus, sciendum est dari

65. PAULO *en el libro décimo séptimo de los comentarios a Plaucio.* En resumen, para que proceda la

aut ob transactionem aut ob causam aut propter condicionem aut ob rem aut indebitum: in quibus omnibus quaeritur de repetitione.

§1. Et quidem quod transactionis nomine datur, licet res nulla media fuerit, non repetitur: nam si lis fuit, hoc ipsum, uod a lite disceditur, causa videtur esse. Sin autem evidens calumnia detegitur et transactio imperfecta est, repetitio dabitur.

§2. Id quoque, quod ob causam datur, puta quod negotia me adiuta ab eo putavi, licet non sit factum, quia donari volui, quamvis falso mihi persuaerim, repeti non posse.

§3. Sed agere per condictiionem propter condictionem legati vel hereditatis, sive non sit mihi legatum sive ademptum legatum, possura, ut repetam quod dedi, quoniam non contrahendi animo dederim, quia causa, propter quam dedi, non est secuta. Idem et si hereditatem adire nolui vel non potui. Non idem potest dici, si servus meus sub condicione heres institutus sit et ego dedero, deinde manumissus adierit: nam hoc casu secuta res est.

repetición debe saberse antes que la dación se realiza por una transacción, por una causa, para cumplir una condición, para conseguir otra cosa o por pago indebido.

§1. Lo que se da a título de transacción, aunque no medie cosa alguna, no se repite, porque si hubo litigio, el desistimiento mismo vale como causa. Pero si hay evidente calumnia, y la transacción no se ha perfeccionado, procede la repetición.

§2. Tampoco se repite lo dado por una causa, por ejemplo, por creer que alguien había ayudado a mis negocios, aunque no fuese así, pues aunque haya creído erróneamente, tuve la voluntad de donar.

§3. Sin embargo, puedo demandar con la acción ejecutiva para repetir lo que di con objeto de cumplir la condición de un legado o una herencia cuando no se me legó o se me revocó el legado, porque no di con intención de contratar, pues no se verificó la causa por la que di. Lo mismo sucede si no quise o no pude aceptar la herencia. Pero no puede decirse lo mismo si mi esclavo fue instituido heredero de alguien bajo condición y yo di algo para cumplirla, y tras haberlo manumitido él aceptó la herencia, porque en tal caso se cumplió la cosa por la que se dio.

§4. *Quod ob rem datur, ex bono et aequo habet repetitionem: veluti si dem tibi, ut aliquid facias, nec feceris.*

§4. Lo que se da para conseguir alguna cosa produce la repetición fundada en la bondad y la equidad, por ejemplo, si te di una cosa para que hagas algo y no lo hiciste.

§5. *Ei, qui indebitum repetit, et fructus et partus restituí debet deducta impensa.*

§5. A quien repite lo pagado indebidamente deben restituírsele los frutos y los hijos de las esclavas tras haber deducido los gastos de quien los tenía.

§6. *In frumento indebito soluto et bonitas est et, si consumpsit frumentum, pretium repetet.*

§6. En el caso de haberse entregado indebidamente trigo, se debe tener en cuenta también la calidad, y si se consumió se repetirá el precio.

§7. *Sic habitatione data pecuniam condicam, non quidem quanti locari potuit, sed quanti tu conducturus fuisses.*

§7. Si se dio indebidamente habitación repetiré la cantidad con la acción ejecutiva, pero no por el precio en que pude arrendarla, sino por el precio en que tú debiste tomarla en alquiler.

§8. *Si servum indebitum tibi dedi eumque manumisisti, si sciens hoc fecisti, teneberis ad pretium eius, si nesciens, non teneberis, sed propter operas eius liberti et ut hereditatem eius restituas.*

§8. Si te di indebidamente un esclavo y lo manumitiste, estás obligado a restituirme su precio si lo hiciste sabiendo que no se debía, pero si lo ignorabas tan solo te obligas al valor de sus servicios y a restituir la herencia con la que hubiese lucrado.

§9. *Indebitum est non tantum, quod omnino non debetur, sed et quod alii debetur, si alii solvatur, aut si id quod alius debebat alius quasi ipse debeat solvat.*

§9. Indebido no solo es lo que no se debe en absoluto, sino también lo que se debe a una persona y se paga a otra diferente, o si lo que debía una persona lo paga otra como si ella lo debiera.

66. *PAPINIANUS libro octavo quaestionum. Haec condictio ex bono et aequo introducta, quod alterius apud*

66. PAPINIANO *en el libro octavo de las cuestiones.* Esta acción ejecutiva, introducida por razones

alterum sine causa deprehenditur, revocare consuevit.

de equidad, suele ejercerse para recuperar lo que una persona retiene de otra sin causa.

67. *SCAEVOLA libro quinto digestorum. Stichus testamento eius, quem dominum suum arbitrabatur, libertate acepta, si decem annis ex die mortis annuos decem heredibus praestitisset, per octo annos preafinitam quantitatem ut iussus erat dedit, postmodum se ingenuum comperit nec reliquorum annorum dedit et pronuntiatus est ingenuus: quaesitum est, an pecuniam, quam heredibus dedit, ut indebitam datam repetere et qua actione possit. Respondit, si eam pecuniam dedit, quae neque ex operis suis neque ex re eius, cui bona fide serviebat, quaesita sit, posse repeti.*

67. ESCÉVOLA *en el libro quinto del digesto.* Estico recibió la libertad por testamento de alguien que creía su sueño, y durante diez años a partir de la muerte del supuesto testador pagó diez mil sestercios anualmente a los herederos. Dio esa cantidad durante ocho años, según se le había mandado; luego descubrió que era ingenuo, dejó de pagar los años faltantes y fue declarado ingenuo. Se pregunta: ¿podrá repetir como pagado indebidamente el dinero dado a los herederos y con qué acción? Respondió que sí podía repetir si el dinero no provenía de su trabajo ni de los bienes de aquel de quien había sido esclavo de buena fe.

§1. Tutor creditori pupilli sui plus quam debebatur exsolvit et tutelae iudicio pupillo non imputavit: quaero, an repetitionem adverseus creditorem haberet. Respondit habere.

§1. Un tutor pagó al acreedor de su pupilo más de lo debido, y en el juicio de tutela esto no se incluyó en las cuentas entregadas al pupilo. Pregunto: ¿tendrá éste la repetición contra el acreedor? Respondió que sí.

§2. Titius cum multos creditores haberet, in quibus et Seium, bona sua privatim facta venditione Maevio concessit, ut satis creditoribus faceret: sed Maevius solvi pecuniam Seio tamquam debitam, quae iam a Titio fuerta soluta: quaesitum est, cum postea repperiantur apochae apud Titium debitorem partim

§2. Teniendo Ticio muchos acreedores, entre ellos a Seyo, aquél vendió en privado sus bienes a Mevio para que pagase a los acreedores, pero Mevio pagó a Seyo como aún debido dinero que ya había pagado Ticio. Se preguntó: si se le encuentran a

solutae pecuniae, cui magis repetitio pecuniae indebitae solutae competit, Titio debitori an Maevio, qui in rem suam procurator factus est. Respondit secundum ea quae proponerentur ei, qui postea solvisset.

§3. Idem quaesiit, an pactum, quod in pariationibus adscribit solet in hunc modum ex hoc contractu nullam inter se controversiam amplius esse impediat repetitionem.

§4. Lucius Titius Gaio Seio minori annis viginti quinque pecuniam certam credidit et ab eo aliquantum usurarum nomine accepit, et Gaii Seii minoris heres adversus Publium Maevium a praeside provinciae in integrum restitutus est, ne debitum hereditarium solveret, et nec quicquam de usuris eiusdem sortis, quas Seius minor annis viginti quinque exsolveret, repetendis tractatam apud praesidem aut ab eo est pronuntiatum: quaero, an usuras, quas Gaius Seius minor annis viginti quinque quoad viveret creditori exsolveret, heres eius repetere possit. Respondit secundum ea quae proponerentur condici id, quod usurarum nomine defuntus solvisset, non posse. Item quaero, si existimes repeti non posse, an ex alio debito heres retinere eas possit. Respondit ne hoc quidem.

Ticio los recibos del dinero pagado parcialmente, ¿a quién compete la repetición del dinero pagado indebidamente, al deudor Ticio o a Mevio, nombrado procurador en interés propio? Respondió que, según el caso planteado, a quien pagó posteriormente.

§3. También preguntó: ¿el pacto que al momento de liquidar se incluye en estos términos: 'no habrá más controversia entre las partes en virtud del presente contrato', impide la repetición? Respondió que nada se dice para impedirlo.

§4. Lucio Ticio prestó cierta cantidad a Cayo Seyo, un menor de veinticinco años, y recibió de éste algún dinero en razón de intereses. El gobernador de la provincia restituyó por el todo al heredero del menor Cayo Seyo en juicio contra Publio Mevio [en realidad se refiere a Lucio Ticio] para no pagar la deuda hereditaria, pero no se ventiló ante la autoridad nada respecto a la repetición de los interéses del capital pagados por el menor Seyo, ni se sentenció por tal motivo. Pregunto: ¿podrá repetir el heredero de Cayo Seyo los interéreses que éste pagó a su acreedor siendo menor de veintinco años? Respondió que, según el caso planteado, no podía repetirse con la acción ejecutiva lo que el difunto pagó en razón de intereses. También pregunto: si opinas que no, ¿entonces podrá el heredero deducir los intereses en compensación de otra deuda? Respondió que tampoco.

TITULUS VII
DE CONDICTIONE
SINE CAUSA

TÍTULO VII
DE LA ACCIÓN
EJECUTIVA POR FALTA
DE CAUSA

1. ULPIANUS libro quadragensimo tertio ad Sabinum. Est et haec species condictionis, si quis sine caus promiserit vel si solverit quis indebitum. Qui autem promisit sine causa, condicere quantitatem non potest quam non dedit, sed ipsam obligationem.

1. ULPIANO *en el libro cuadragésimo tercero de los comentarios a Sabino.* También procede la acción ejecutiva si alguien prometió sin mediar causa o si alguien pagó indebidamente. Pero quien prometió sin causa no puede demandar con la acción ejecutiva la cantidad que no dio, sino la misma obligación.

§1. Sed et si ob causam promisit, causa tamen secuta non est, dicendum est condictionem locum non habere.

§2. Sive ab initio sine causa promissum est, sive fuit causa promittendi quae finita est vel secuta non est, dicendum est condictioni locum fore.

§1. Pero aunque prometiese con causa y ésta no se verificó, procede la acción ejecutiva.

§2. La acción ejecutiva procede ya sea que se prometa desde un principio sin causa o con causa, pero ésta se extinguió o no se verificó.

§3. Constat id demum posse condici alicui, quod vel non ex iusta causa ad eum pervenit vel redit ad non iustam causam.

§3. Consta que solo puede demandarse a alguien con la acción ejecutiva porque obtuvo algo sin causa justa o porque vuelve a él por causa injusta.

2. IDEM *libro trigensimo secundo ad edictum. Si fullo vestimenta lavanda conduxerit, deinde amissis eis domino pretium ex locato conventus praestiterit posteaque dominus invenerit vestimenta, qua actione debeat consequi pretium quod dedit? Et ait Cassius eum non solum ex conducto agere, verum condicere domino posse: ego puto ex conducto omnimodo eum habere actionem: an autem et condicere possit, quaesitum est, quia non indebitum dedit: nisi forte quasi sine causa datum sic putamus condici posse: etenim ventismentis inventis quasi sine causa datum videtur.*

2. EL MISMO *en el libro trigésimo segundo de los comentarios al edicto.* Un batanero arrendó el lavado de unos vestidos, y tras haberlos perdido, indemnizó al dueño su precio tras haberlo demandado con la acción de locación; luego, el dueño encontró los vestidos. ¿Con qué acción recobrará el precio dado? Dice Casio que puede ejercer contra el dueño la acción de conducción y también la ejecutiva; yo opino que, desde luego, tiene la acción de conducción. Pero se preguntó lo siguiente: ¿podrá ejercer también la acción ejecutiva por haber pagado indebidamente? Si se considera lo pagado como dado sin causa, opino que puede intentarla, pues parece que se dio sin causa una vez hallados los vestidos.

3. IULIANUS *libro octavo digestorum. Qui sine caus obligantur, incerti condictione consequi possunt ut liberentur: nec refert, omnem quis obligationem sine causa suscipiat an maiorem quam suscipere eum oportuerit, nisi quod alias condictione id agitur, ut omni obligatione liberetur, alias ut exoneretur: veluti qui decem promisit, nam si quidem nullama causam promittendi habuit, incerti condictione consequitur, ut tota stipulatio accepto fiat, at si, cum quinque promittere deberet, decem promisit, incerti consequetur, ut quinque liberetur.*

3. JULIANO *en el libro octavo del digesto.* Quienes se obligan sin causa pueden conseguir la liberación por medio de la acción ejecutiva de cosa incierta, sin importar que alguien adquiera sin causa toda la obligación u una parte mayor de la debida, solo que en un caso se intenta la ejecutiva para liberarse de toda la obligación, y en otro para que se reduzca, como aquel que prometió diez mil sestercios: si no tuvo ninguna causa para prometer, con la acción ejecutiva de cosa incierta logra que se le haga acceptilación de toda la estipulación, pero si prometió diez mil en lugar de cinco mil, con dicha acción logrará que se le libere de cinco.

4. *AFRICANUS libro octavo quaestionum. Nihil refert, utrumne ab initio sine causa quid datum sit an causa, propter quam datum sit, secuta non sit.*

4. AFRICANO *en el libro octavo de las cuestiones.* No importa si desde un principio se dio una cosa sin causa o la causa por la cual se dio si no se verificó.

5. *PAPINIANUS libro undécimo quaestionum. Avunculo nuptura pecuniam in dotem dedit neque nupsit: an eandem repetere possit, quaesitum est. dixi, eum ob turpem causam dantis et accipientis pecunia numeretur, cessare condictiionem et in delicto pari potiorem esse possessorem: quam rationem fortassis aliquem secutum respondere non habituram mulierem condictionem: sed recte defendi non turpem causam in proposito quam nullam fuisse, cum pecunia quae daretur in dotem conveniri nequiret: non enim stupri, sed matrimonii gratia datam esse.*

5. PAPINIANO *en el libro décimo primero de las cuestiones.* Una mujer que iba a casarse ilícitamente con su tío materno le dio en dote cierta cantidad de dinero y luego ya no se casó. Se preguntó: ¿podrá repetira? Dije que cuando se da y se recibe dinero por causa inmoral no procede la acción ejecutiva, y que ante delitos semejantes es mejor la condición del poseedor; ateniéndose a dicha razón, tal vez alguien responda que la mujer no tendrá la acción ejecutiva. Sin embargo, creo que en este caso puede decirse en justicia que la causa no fue inmoral, sino nula, pues el dinero dado no podría quedar como dote, ya que no se dio por causa de estupro, sino de matrimonio.

§1. Noverca privigno, nurus socero pecuniam dotis nomine dedit neque nupsit. Cessare condictio prima facie videtur, quoniam iure gentium incestum committitur: atquin vel magis in ea specie nulla causa dotis dandae fuit,

§1. Una madrastra dio a su hijastro, o una nuera a su suegro, determinada cantidad en razón de dote, y al final no hubo unión. A primera vista parece que no procede la acción ejecutiva,

condictio igitur competit.

porque por derecho de gentes se comete un incesto, pero en este caso la causa de la dote fue nula. Por tanto, sí procede la acción ejecutiva.

SOBRE EL TRADUCTOR

Julio César Navarro Villegas (México, 1972) estudió la Licenciatura en Derecho en la UNAM, donde se graduó con mención honorífica en 1997. Por invitación de la Comunidad Europea realizó entre 2004 y 2006 la Maestría en Sistema Jurídico Romanista: Unificación del Derecho y Derecho de la Integración en la Universidad "Tor Vergata" de Roma, Italia. Cursó la Maestría en Ciencias Jurídicas entre 2012 y 2014 en la Universidad Panamericana (México), y actualmente es becario del Doctorado en Derecho en esta Institución.

Ha sido titular de las asignaturas de Derecho Romano I y II en la Universidad Nacional Autónoma de México, la Universidad Panamericana y la Universidad Internacional de la Rioja; es profesor titular de los dos cursos de Derecho Romano y de la materia Derecho Eclesiástico del Estado en la Universidad Pontificia de México; ha impartido cursos de especialización sobre exégesis de las fuentes jurídicas romanas, bases de la argumentación jurídica y oratoria parlamentaria en la Universidad Nacional Autónoma de México; ha impartido seminarios sobre exégesis jurídica romana en la Universidad Panamericana; ha impartido cursos de latín jurídico en diversos estados de la República Mexicana; ha participado en congresos de Derecho Romano y Derecho Protocolario en México; ha sido conferencista de temas relacionados con el derecho romano y el humanismo clásico en diversas universidades nacionales; ha colaborado en la reforma a planes de estudio de la Licenciatura en Derecho en la Universidad Pontificia de México; ha publicado diversos artículos en revistas especializadas del país; ha sido crítico literario y musical en programas de radio y televisión en línea; ha publicado en formato digital e impreso obras variadas en los ámbitos jurídico, humanista, histórico y literario con el apoyo de Amazon.

Correo electrónico para comentarios y sugerencias: iusromanum@yahoo.com.mx

NOTA FINAL

Estimado lector:

Deseo agradecerte enormemente el interés mostrado por este modesto trabajo. Hoy, la tecnología nos brinda posibilidades de interacción impensadas en el pasado. El boca a boca tiene a las redes sociales como aliados; el lector ha adquirido cada vez más protagonismo en la vida de una obra literaria. Si esta, o cualquier otra obra de tu servidor, te ha gustado, no dejes de comentársela a tus amigos, de mencionarla en tu perfil de Facebook, de Twittearla. Y especialmente, te solicito un comentario en la página de Amazon donde la adquiriste. Será un enorme aliciente para continuar, siendo positiva la opinión, y para mejorar, si es una crítica constructiva a este trabajo de escritor.

También te invito a seguir las novedades y los detalles más recientes de mi actividad literaria en la página https://julionavarrosite.wordpress.com/, donde podrás compartir todas tus inquietudes sobre alguna de las obras que tu servidor va publicando.

Julio César Navarro Villegas
México, agosto de 2020

www.ingramcontent.com/pod-product-compliance
Lightning Source LLC
Chambersburg PA
CBHW070324220526
45467CB00001B/19